익산, 마한·백제연구의 새로운 중심

저자(집필순)

최완규 전북문화재연구원

김규정 전북문화재연구원

이문형 원광대학교 마한·백제문화연구소

최경환 국립나주박물관

진정환 국립전주박물관

이강래 전남대학교 사학과

김선기 원광대학교 박물관

익산, 마한·백제연구의 새로운 중심

초판인쇄일	2014년 4월 30일	
초판발행일	2014년 4월 30일	
편　　저	국립전주박물관 ｜ 원광대학교 마한·백제문화연구소	
발　　행	**국립전주박물관**	
	주소 : 전라북도 전주시 완산구 쑥고개로 249	
	전화 : 063-223-5652 / 팩스 : 063-224-0799	
	http://jeonju.museum.go.kr	
출　　판	**서경문화사**	
	주소 : 서울시 종로구 이화장길 70-14(동숭동) 105호	
	전화 : 743-8203, 8205 / 팩스 : 743-8210	
ISBN	978-89-6062-132-9　93910	

※ 파본은 본사나 구입처에서 교환하여 드립니다.

정가 22,000원

익산,
마한·백제연구의 새로운 중심

국립전주박물관 | 원광대학교 마한·백제문화연구소 편

서경문화사

목 차

익산지역의 발굴성과와 과제 ⋯ 227

김선기 원광대학교 박물관 학예연구팀장

김규정 전북문화재연구원 원장

익산, 마한·백제연구의 새로운 중심

왕도 익산의
역사·문화적 가치

최완규
전북문화재연구원 이사장

I. 머리말

익산지역은 마한의 고도, 백제 말기 천도(별도)지라는 관점에서 많은 학자들의 논쟁이 있어왔지만, 아직까지 이에 대해서는 일치된 의견으로 정리되지 못하고 있다. 그러나 최근 미륵사지 서탑에서 사리봉안기를 비롯한 사리장엄의 발견과 왕궁성을 비롯한 고고학적인 발굴조사 결과, 한국 고대사연구에서 익산지역의 중요성을 새삼 인식하는 계기가 되었을 뿐만 아니라, 이 지역에 대한 문화 정체성 확립의 필요성이 강하게 제기되고 있다.

마한과 백제는 시 · 공간적인 면에서 중복되고 있기 때문에 두 정치체간의 정치나 문화양상을 구별해서 파악한다는 것은 간단한 문제는 아닐 것이다. 특히 마한의 정치문화에 대한 연구가 매우 미진한 상태였기 때문에 두 정치체간의 상호간 대립관계나 갈등구조에 대한 연구 역시 매우 제한적일 수밖에 없었다. 그러나 최근 충청 전라 서해안일대의 마한고지에 대한 고고학적인 연구성과를 바탕으로 마한문화의 정체성에 대한 이해 폭을 넓혀 가면서 마한과 백제의 상호관계에 대한 새로운 관점에서 접근이 가능하게 되었다.

익산지역은 마한과 백제의 정치문화의 고도 혹은 천도지로서 문헌에 기록되어 있기도 하지만, 이러한 사실을 뒷받침할 수 있는 고고학적인 많은 문화유적들이 집중되어 있다. 또한 익산지역은 북으로부터 내려오는 백제세력과 남으로 밀려 내려간 영산강유역의 마한 잔존세력과 지리적으로 중간지대에 위치하고 있다. 따라서 마한과 백제의 상호관계에 대한 연구를 진행하는데 있어 익산의 지역적 연구는 매우 의미가 있는 일이라 생각된다.

따라서 여기에서는 익산지역 문화의 정체성을 확립함으로서 한국 고대사에 있어서 익산의 위치를 새롭게 자리매김하는데 일조하고자 한다.

Ⅱ. 고도 익산의 전통세력

마한에 대한 문헌기록은 3세기 중엽의 중국 역사서인『삼국지(三國志)』동이전에 아주 간략하게 기록된 이래, 이를 바탕으로 우리나라 후대의 사서에 그 내용이 전해 오고 있다. 문헌을 통해서 보면 마한은 기원전 3세기경에 성립되었고, 4세기 중엽 백제 근초고왕에 의해서 백제에 복속된 것으로 알려져 있다. 그러나 백제의 고지에서는 6세기까지 마한의 분묘들이 축조되고 있어 정치와 별개로 문화적인 전통은 더욱 오랜 기간 지속된 것으로 볼 수 있다.

익산과 관련된 마한에 대한 기록은 고조선의 '준왕'이 위만의 난을 피해 정치적 망명지로 익산지역을 택해 내려온 내용에서 비롯된다. 특히 이러한 내용은 고려시대 이후의 사서에서는 구체적으로 금마를 지칭하고 있기도 하다. 그리고 최근에는 이와 관련된 고고학적인 자료들이 속속 발견되고 있어 문헌기록의 신빙성을 뒷받침하고 있다.

익산지역에는 한강이남에서 최초로 철기문화의 유입을 말해주는 유적들이 가장 밀집되어 있는데, 그 공간적 범위는 미륵산에서 모악산에 이르는 널따란 평야지대이다. 대표적으로 익산 팔봉동 이제유적,[1] 신동리,[2] 평장리,[3] 다송리,[4] 오룡리,[5] 완주 갈동,[6] 전주 여의동,[7]

---

1 김원용,「익산군 이제출토청동일괄유물」,『사학연구』20, 1968.
2 최완규 · 조선영 · 박상선,『익산 신동리 간이골프장 시설부지내 문화유적 발굴조사 보고서Ⅰ 익산 신동리 유적 -5 · 6 · 7지구-』, 2005.
3 전영래,「금강유역 청동기문화권 신자료」,『마한 · 백제문화』10, 원광대학교 마한 · 백제문화연구소, 1987.
4 전영래,「익산 함열면 다송리 청동유물출토묘」,『전북유적조사보고』5집, 1975.
5 원광대학교 마한 · 백제문화연구소,『익산 오룡리 유적』, 2013.
6 호남문화재연구원,『완주 갈동유적(Ⅱ)』, 2009.
7 전영래,『전주, 여의동선사유적 발굴조사보고서』, 전주대학교 박물관, 1990.

중화산동,[8] 중인리[9] 등 인데, 모두 분묘유적이다. 이들 토광묘에서 출토된 유물의 조합상은 세형동검을 비롯한 청동 무기류와 동경과 같은 의기류, 동사와 동착 등 청동 공구류, 그리고 철부, 철사, 철겸 등 철기 농공구류와 토기류로는 점토대토기와 흑도장경호로 구성되어 있다. 각 유적간의 규모를 비교해 보면 각기 집단 내에서는 커다란 위계차는 보이지 않지만 집단간의 위계차는 확인된다. 또한 규모에 따른 위계와 더불어 출토유물에서도 그 차이가 현격하게 나타나고 있다.[10]

일찌기 김원용 선생은 익산지역을 중심으로 반경 60km 이내에 분포되어 있는 청동유물 출토유적에 주목하고 익산 문화권으로 설정한 바 있다.[11] 그리고 금강, 만경평야가 마한의 근거지이며 익산지역 청동기인들은 후에 마한인으로 발전하는 이 지역의 선주민으로 파악하였다. 이후 충청, 전라지역의 청동유물과 공반되는 철기의 성격을 마한사회의 소국성립과 관련짓고 그 배경에는 서북한 지방의 정치적 파동과 관련된 주민이동에서 비롯되었는데, 대표적으로 준왕의 남천 사건을 예시하고 있다.[12] 이와 더불어 갈동 유적의 절대연대편년 자료가 참고가 될 것인데, 보정년대 값을 통해본 상한은 B.C. 250년, 중심연대는 B.C. 190년을 기점으로 하고 있다. 따라서 완주 갈동, 익산 신동리, 전주 중화산동과 중인리의 목관묘와 토광직장묘는 준왕의

---

8 전북문화재연구원, 『전주 중화산동유적』, 2008.

9 전북문화재연구원, 『전주 중인동유적』, 2008.

10 갈동에서는 무기류, 의기류 등이 풍부하게 매납되어 있지만, 중화산동이나 중인리에서는 세형동검의 봉부편만을 부장하고 있기도 하여 상징적인 의미가 강하다.

11 김원용, 「익산지역의 청동기문화」, 『마한·백제문화』 2, 원광대학교 마한·백제문화연구소, 1977.

12 전영래, 「마한시대의 고고학과 문헌사학」, 『마한·백제문화』 12, 원광대학교 마한·백제문화연구소, 1990; 이현혜, 『삼한사회형성사연구』, 일조각, 1990.

남천과 관련되는 집단들로 상정할 수 있다. 결국 고조선 준왕의 남천지로서 익산과 전주, 완주지역을 지목할 수 밖에 없는데[13] 서북한지역의 토광묘들과 직접 연결되는 목관묘나 토광직장묘들이 이를 뒷받침하고 있고, 군집내에서 계층성마저 확인되기 때문에 마한사회에서 정치 문화적 중심지로서 자리매김할 수 있었던 것으로 추정된다.

그러나 서북한 지역에서 이입되어온 토광묘 문화와 그 다음 단계에서 등장하는 주구묘 계통의 분묘와는 그 구조적 속성이나 출토유물에서 전혀 달라 계속성을 찾을 수 없는데, 현재로선 고고학적인 자료만으로는 해결하기 쉽지 않은 문제이다. 그런데 『삼국지(三國志)』나 『후한서(後漢書)』 동이전에 기록되어 있는 고조선 준왕이 마한을 공파하고 한왕이 되었으나 그 후 절멸했다는 기사가 주목된다.[14] 이 두 사서에서 공통적으로 준왕 이후의 연속적 관계가 아니라 전자는 오히려 한(마한)인에 의해서 제사가 받들어지거나 그들 스스로 왕이 되었다고 적고 있다. 곧 토광묘의 문화내용을 준왕의 남천과 관련시켜볼 때 이후 단계 사이에 분묘문화의 단절성을 이해할 수 있는 기사가 아닌가 볼 수 있다. 결국 철기문화를 가지고 온 집단은 재지세력이 아닌 외래계 세력으로 얼마간 우월적 존재로 있었지만, 강한 토착문화의 전통은 다시 부활하여 새로운 마한전통의 문화를 유지해 나갔던 것을 확인할 수 있었다.

철기문화를 수용해 마한의 정치 문화 중심지가 되었던 익산지역

---

13 고조선 준왕의 남천 지역으로 『고려사』 지리지, 『세종실록지리지』, 『신증동국여지승람』 등에는 익산지역을 지목하여 기록하고 있다.
14 『三國志』 東夷傳韓傳 「侯準旣僭號稱王爲燕亡人衛滿所攻奪將其左右宮人走入海居韓地自號韓王其後絶滅今韓人猶有其祭祀者 ……」
『後漢書』 東夷傳漢傳 「初朝鮮王準爲衛滿所破乃將其餘衆數千人走入海攻馬韓破之自立韓王準後絶滅馬韓人復自立爲辰王 ……」

에서는 백제 영역화 이후에도 백제의 분묘를 수용하지 않고 마한 전통의 분묘를 고수하면서 생활했음을 알 수 있다. 그 대표적인 유적으로는 익산 영등동,[15] 율촌리,[16] 모현동,[17] 간촌리,[18] 완주 상운리,[19] 전주 장동,[20] 마전 유적[21] 등의 분구묘 유적으로 마한 전통을 확인할 수 있다. 그러나 이들 분묘와 같은 시기이지만 금강유역의 입점리나 웅포리 등의 유적에서는 백제 분묘가 수용되었던 것을 확인할 수 있다. 이는 금강유역이 백제의 대외관문이 되는 중요한 요충지였기 때문에 일찍이 백제의 중앙문화가 진출했을 것으로 생각된다.[22] 그렇지만 백제 무왕대에 익산에 천도가 이루어지면서 전 지역에 백제 중앙묘제인 석실분이 비로소 등장하게 된다. 결국, 다른 유적에 비해 전통성과 보수성이 매우 강한 속성을 가지고 있는 분묘 유적을 통해서 보면, 익산지역의 선조들은 마한 고도의 주민이라는 강한 자부심을 가지고 그 전통을 이어 갔으며, 백제 무왕대에 왕도 주민이 되어서야 비로소 백제 분묘를 수용한 역사문화의 전통성을 찾을 수 있다.

한편 『고려사(高麗史)』에서 금마군을 본래 마한국이라고 기록한 이후 후대의 많은 사서에서는 백제와 관련된 기사보다는 마한과 관련지어 익산을 설명하고 있다. 즉, 문헌기록 역시 익산지역에 살았던 주민들 역사인식에 스스로 마한인이라는 강한 자부심을 가지고 있었

15 최완규 · 김종문 · 김규정, 『익산 영등동 유적』, 원광대학교 마한 · 백제문화연구소, 2000.
16 최완규 · 이영덕, 『익산 율촌리 분구묘』, 원광대학교 마한 · 백제문화연구소, 2002.
17 호남문화재연구원, 『익산 모현동 2가 유적 I · II』, 2011.
18 호남문화재연구원, 『익산 간촌리 유적』, 2002.
19 김승옥 외, 『상운리 I · II · III』, 전북대학교 박물관, 2010.
20 전북문화재연구원, 『전주 장동유적』, 2008.
21 호남문화재연구원, 『전주 마전유적(IV)』, 2008.
22 최완규, 『금강유역 백제고분의 연구』, 숭실대학교 대학원 박사학위논문, 1997.

기에 그렇게 기록되어 내려 왔다고 확신한다. 다시 말하면 백제를 마한이라 표기한 것이 誤記가 아니라 실제 역사인식에 근거한 기록이라고 볼 수 있는 것이다.

Ⅲ. 백제의 왕도 익산

1. 왕도 익산의 완전성

백제 왕도인 공주, 부여, 익산지역은 천도와 관련해 각각 서로 다른 역사적 배경이 있었고 그에 따라 도성의 구조나 그 내용에서도 차이를 보이고 있다. 백제의 왕도에는 그 근간을 이루는 왕궁, 성곽, 사찰, 능묘, 제사유적 등이 잘 갖춰져 있었을 것이나 왕도로서의 기능이 상실되면서 점차 멸실되었을 것이며, 최근 산업화와 더불어 그 경관마저도 크게 훼손되어 왔다. 특히 초기의 백제 왕도였던 한강유역의 도성관련 유적들이 멸실되어 현존하는 유적이 적다는 점은 매우 안타깝게 생각된다. 또한 금강유역의 공주, 부여도 익산에 비해 경관이나 유적들이 멸실된 예가 많아 왕도를 복원하는데 장애가 되고 있다. 따라서 각 왕도 간에 이러한 차이들을 잘 인식하고 상호 보완을 통해 나아간다면, 백제의 왕도를 복원하는데 있어서 객관적인 모습으로 그려 낼 수 있을 것으로 생각된다.

익산은 백제 왕도 가운데 고대 동아시아 도성의 필수요소인 왕궁, 사찰, 능묘, 관방유적 등과 더불어 자연경관이 완전하게 보존되어온 지역이다. 따라서 익산지역의 백제사상 위치를 백제 무왕대의 천도론을 비롯하여 별도, 별부, 천도계획지, 익산 경영설, 이궁, 행궁설, 심지어 신도 등 백가쟁명식의 견해가 표출되었다.

먼저 백제는 물론 삼국 가운데 유일한 익산의 왕궁리유적[23]은 북동-남서 방향으로 완만하게 경사진 지형에 남-북 방향의 구릉은 삭토하여 평탄하게 조성하고 이때 굴토된 흙은 동서쪽 저지대를 대규모 성토하여 궁성의 중심공간을 확장한 것으로 확인되었다. 내부에서는 자연지형을 절토·복토하여 궁성관련 건물을 축조하기 위한 평탄대지를 조성한 동서석축 4곳이 확인되었다. 특히 확인된 동서석축이 일정한 비율로(2 : 1 : 2 : 1) 확인되는 것으로 보아 궁성의 내부공간은 일정한 비례 원칙에 따라 계획적으로 조성된 것으로 확인되었다.

성벽은 궁궐을 보호하기 위한 궁장으로 동벽 492.8m, 서벽 490.3m, 남벽 234.06m, 북벽 241.39m로 동서벽의 길이는 거의 비슷하지만, 북벽이 남벽에 비해 약간 넓게 계측된다. 체성부의 폭은 3~3.6m이며, 내·외부에 보도 혹은 낙수물 처리를 위한 폭 1m 정도의 부석시설과 석렬시설을 포함하였을 경우에는 성벽의 너비는 약 10m에 이른다. 축조수법은 하부를 정지한 후, 장대석과 사구석을 이용하여 외면과 내면을 쌓고 내부에 토석혼축을 한 것으로 확인되었다.

왕궁의 공간 활용은 크게 왕실의 중심공간인 남측의 생활공간과 북동측의 후원과 북서측의 공방공간으로 구분된다. 왕실의 중심공간은 남측 중문과 일직선상의 정전으로 추정되는 대형건물지(건물지 22)와 현 석탑 하부에서 확인된 건물지, 그리고 동쪽으로 약간 치우친 와적기단건물지(건물지 10)와 정원시설 등을 들 수 있다. 이러한 배치상태를 도입부(출입 공간)-중심부1(행정관서)-중심부2(궁궐관

---

23 국립부여문화재연구소, 『익산 왕궁리』, 1997.
   1989년부터 현재까지 발굴조사가 진행 중에 있으며, 총 9책의 발굴조사보고서가 간행되었다.

련시설)-후미부로 구분하고 특히 대형건물지(건물지 22)에서 출토된 「수부(首府)」명 인장와와 규모로 볼 때 내전이나 조회 등을 치른 정전으로 추정하고 있다.

궁궐내부의 일상생활과 관련된 화장실 유구가 궁성 내부의 서북편에서 조사되었는데, 동서석축 배수로와 연결되어 일정량의 오물이 차면 석축배수로를 통해 서측 담장 밖으로 배출된 구조를 하고 있다. 모두 3기의 대형화장실이 확인되었는데 서측의 가장 큰 화장실의 규모는 동서 10.8m, 남북 1.7m로, 내부에서 확인된 기둥으로 볼 때 동-서 5칸, 남-북 1칸으로 깊이는 3.4m 내외이다. 특히 내부 벽면과 바닥면에는 방수 처리를 위한 점토가 발라져 있다. 화장실 내부에서는 목제품과 더불어 뒤처리용 막대, 짚신, 토기편, 기와편이 출토되었으며 토양을 분석한 결과 회충, 편충, 간흡충의 기생충 알이 확인되었다.

제석사지는 원래 이곳은 제석면(帝石面)이라는 행정구역명이기도 하지만, 「제석사(帝釋寺)」명의 기와와 함께 백제시대의 와당이 발견되어 백제시대의 제석사지임을 알 수 있게 되었다.[24] 이 사찰이 주목되는 이유는 『관세음응험기(觀世音應驗記)』에 백제 무왕대 익산 천도 사실이 직접적으로 언급됨과 동시에, 이 사찰의 화재 기사를 담고 있기 때문이다. 최근 제석사지의 발굴결과를 보면 가람배치는 기본적으로 사비기의 백제 사찰과 동일하며 그 규모도 매우 컸음이 확인되었다.[25] 그런데 목탑지와 금당지 사이의 서편에서 목탑과 규모와 축조수법이 동일한 방형건물지의 기초부가 새롭게 발견되었다. 이 제석사가 왕실의 원찰이면서 제석신앙이 국조신앙과 결부된 관점에

---

24 黃壽永,「百濟 帝釋寺址의 硏究」,『百濟硏究』 4, 충남대학교 백제연구소, 1973.
25 국립부여문화재연구소,『익산 제석사지 제2차 발굴조사보고서』, 2013.

서 보면 이 방형 건물지는 시조를 모신 건물이었을 것으로 묘사(廟寺)의 기능을 수행했던 것으로 추정할 수 있다.[26] 한편 제석사가 소실된 이후 생겨난 폐기물들을 완벽하게 수거하여 인근에 매몰했던 것이 발굴조사에서 밝혀짐에 따라[27] 관세음응험기의 신뢰성을 확인할 수 있게 되었다.

무왕과 그의 왕비릉으로 전해오는 쌍릉은 일반적으로 인식하고 있는 왕도 곧 공주나 부여가 아닌 익산지역에 자리 잡고 있다는 사실 자체가 구조적 측면이나 출토유물은 논외로 하더라도 충분히 주목할 가치가 있다고 여겨진다. 쌍릉 봉토의 규모는 직경 30m, 높이 5m이며, 왕비릉은 직경 24m, 높이 3.5m로서 쌍릉의 규모가 약간 크다. 그 규모 면에서는 능산리 왕릉급의 고분보다 오히려 대형으로 쌍릉이 왕릉으로서 손색이 없다는 점을 확인할 수 있다. 출토된 유물은 목관, 도제완, 옥제장신구, 치아 3점 등이며, 왕비릉에서는 도금관식 금교구편, 관정, 금동투조금구 등이다. 특히 내부에서 발견된 목관에 사용된 목재는 코우야마끼(高野槇)[28]로서 능산리에서 출토된 목관과 같은 점도 이 피장자의 신분이 왕이나 왕비였음이 증명되고 있다.[29]

---

26 최완규, 「백제말기 무왕대 익산천도의 재검토」, 『백제 말기 익산 천도의 제문제』, 원광대학교 마한 · 백제문화연구소, 2011.

27 金善基 · 趙詳美, 『益山 王宮里 傳瓦窯址(帝釋寺廢棄場)發掘調査報告書』, 圓光大學校博物館, 2006.
제석사 폐기장이 발굴조사를 통해 확인됨으로서 『관세음응험기』의 내용을 신빙할 수 있는 절대적인 근거가 마련되었다.

28 朝鮮古蹟研究會, 『昭和十二年度 朝鮮古蹟調査報告』, pp. 141~142; 齋藤 忠, 『日本考古學用語辭典』, 學生社, 1992.
高野槇은 침엽수의 일종인데 일본 紀州地方에서 九州地方까지 분포하고 있고 세계에서 一科一屬一種으로, 일본에서만 산출되는 樹種으로 물에 강하고 부식이 잘 되지 않는 특징을 가지고 있다.

29 최완규, 「익산지역 백제고분과 무왕릉」, 『마한 · 백제문화』 15, 원광대학교 마한 · 백

한편 왕궁을 중심으로 서쪽 2km 정도 떨어진 신동리에서 소위 대벽건물지가 발견되었다.[30] 이 유구의 구조는 능산리 대벽건물지와 평면형태나 주변에 목책같은 시설이 있는 점에서 매우 유사하다. 다만 신동리에서는 앞서 지적한 대로 대벽건물지와 더불어 동일지역에 구조가 전혀 다른 일반적 성격의 백제시대 주거지가 분포하고 있기 때문에 그 성격도 서로 달랐을 것으로 판단된다. 따라서 신동리유적의 대벽건물지도 정지산유적[31]과 같이 천지신天地神에게 제사를 지냈던 의례시설일 가능성은 매우 높을 것으로 추정할 수 있다.

이외에도 익산지역에는 금마 시가지에서 북쪽으로 인접해서 저토성[32]과 오금산성[33]이 축조되어 있는데, 저토성은 부소산성과 같은 축조수법을 채용하고 있고, 오금산성은 석축과 토석혼축으로 축조되었다. 이 두 성곽의 발굴조사 결과 모두 백제시대의 것으로 밝혀졌는데, 부여 부소산성과 같이 유사시에 피난성으로서 성격을 가지고 있었다고 판단된다.

익산지역은 군사 방어적인 천혜의 지리적인 요건을 갖추고 있는데, 멀리 북으로는 금강이 자연 해자의 역할을 해내고, 가까이 동북으로는 노령 준령이 험준하게 자리잡고 있어 이곳에 미륵산성과 용화산성, 그리고 낭산산성 등 많은 산성을 배치함으로서 완전한 방어체계를 구비한 지역이다.

앞서 예시한 바와 같이 익산지역의 도성유적은 『주례(周禮)』고공기(考工記)의 '左祖右社面朝後市'의 내용을 충실하게 따르고 있다고

제문화연구소, 2001.
30 원광대학교 마한 · 백제문화연구소, 『익산 신동리 유적 -1 · 2 · 3지구』, 2006.
31 국립공주박물관, 『정지산』, 1996.
32 원광대학교 마한 · 백제문화연구소, 『익산 저토성 시굴조사보고서』, 2001.
33 전영래, 『익산 오금산성 발굴조사보고서』, 원광대학교 마한 · 백제문화연구소, 1984.

할 것이다. 곧 익산은 고대 도성체계의 완전성을 잘 갖추고 있는 백제 왕도라 할 수 있는 것이다.

2. 미륵사 창건과 익산천도

익산천도와 관련된 기록은『관세음응험기(觀世音應驗記)』에서 보이지만,『삼국사기(三國史記)』'법왕'조 및 『삼국유사(三國遺事)』의 '법왕금살'조를 주목할 필요가 있다. 먼저 삼국사기의 내용을 보면 법왕 즉위년 12월에 금살령을 내리고 이듬해 정월에 왕흥사를 창건하고 도승 30인을 두었다는 내용이다. 일반적으로 이 왕흥사는 부여 규암면에 소재했던 사찰로서 삼국사기 기록을 따라 법왕 2년(600)에 창건하고 무왕 35년(634)에 완성된 것으로 알려져 왔다. 그러나 최근 발굴조사 결과 목탑지 심초석에서 발견된 사리기의 명문을 통하여 577년(위덕왕 24)에 창건된 사실이 밝혀졌다.[34] 그렇다면 삼국사기에 기록되어 있는 왕흥사가 과연 부여 규암소재의 왕흥사인가 하는 의문을 가지게 된다. 그런데 삼국유사 무왕조의 미륵사 창건연기에 말미에 '국사에서는 왕흥사라 했다'라고 주석을 달아 미륵사와 왕흥사를 동일한 사찰로 취급하고 있다.[35] 최근 왕흥사 발굴에서 나타난 왕흥사 목탑지와 미륵사 중원의 목탑지만의 규모를 단순 비교해도 미륵사 목탑이 월등하게 큰 규모였음이 확인된다. 나아가 삼원 가람의 미륵사와 일탑식 가람의 왕흥사의 전체적인 가람 비교는 많은 차이가 난다. 따라서 35년이나 걸쳐 완성된 사찰은 부여 왕흥사

---

34 『삼국사기』위덕왕 24년조는 물론 재위기간 創寺관련 기사는 보이지 않는다.
35 왕흥사(王興寺)를 '王業之興寺'의 의미를 담는 보통명사로 해석할 수도 있을 것이다.

라기보다 익산 미륵사로 보는 것이 합리적 생각일 것이다. 곧 삼국유사의 주석 내용대로 법왕과 무왕대에 걸쳐 조성된 왕흥사는 현재의 미륵사로 보는 것이 타당할 것이다.

한편 미륵사지 발굴조사에서 「정축(丁巳)」(597), 「을축(乙丑)」(605), 「갑신(甲申)」(624), 「정해(丁亥)」(627), 「기축(己丑)」(629)명의 인각와가 발견되어 창건연대나 지붕의 보수연대를 알 수 있는 자료들이다. 그러나 발굴보고서에서는 미륵사 창건을 무왕대에 한정해서 생각한 나머지 「정사(丁巳)」, 「을축(乙丑)」명의 연대를 한 갑자(甲子) 늦춰 657년, 665년으로 비정하고 있으나 「정사」명의 연대는 597년으로, 「을축(乙丑)」명의 연대는 605년으로 비정해도 무리가 없을 것이다.

이와 같이 미륵사 창건이 법왕대부터 이루어졌다는 사실은 무왕 이전에 익산천도 계획이 있었을 것으로 추측되는데, 이를 뒷받침할 수 있는 것이 바로 법왕 즉위년에 내려진 '금살생' 명령이라 할 것이다. 이와 같이 법왕이 즉위하면서 곧 바로 금살령을 내린 것은 분명한 이유가 있었을 것인데, 아마 천도와 같은 국가적인 대사를 앞두고 귀족은 물론 하부 백성까지도 이 일에 동참하도록 하는 소위 포고령에 해당하는 강력한 법령으로 해석할 수 있을 것이다. 나아가 천도를 단행하는 과정에서 불필요한 충돌이나 갈등을 제어하기 위한 법적인 안전장치로도 볼 수 있다. 당시 백제사회는 천도와 관련하여 왕실과 귀족들 사이에 많은 대립과 갈등이 있었을 것은 쉽게 짐작할 수 있는 일로서 혜왕이나 법왕이 재위 1년 만에 사망하게 했던 요인이 되기에 충분한 것으로 여겨진다.

한편 왕흥사 발굴결과 창건연대를 참고하면서 삼국유사의 법왕 금살조를 보면 익산천도 사실이 더욱 분명해진다. 법왕이 내린 금살령에 관한 내용과 왕흥사가 법왕대에 기초를 세우고 돌아가시니 무왕이 이를 이어 완성했다는 기사이다. 그런데 '創王興寺於時都泗沘城' 이라는 내용을 "왕흥사를 그때 수도인 사비에 창건했다"는 것으로 해석하고 있는 것이 일반적이다. 그렇지만 '創王興寺'와 '於時都泗沘 城'을 분리하여 이 구절의 해석한다면 "왕흥사를 창건할 당시의 도 읍은 사비"라고 해석할 수도 있을 것이다. 왜냐하면 왕흥사 혹은 미 륵사 완성과 관련된 시점에서 백제의 수도가 사비였다면 당연한 사 실을 굳이 창건 당시의 수도명을 기재할리가 없었을 것이다. 결국 왕 흥사의 완성시점의 수도는 사비가 아닌 바로 익산이었음을 알려주는 결정적인 내용인 것이다. 삼국사기의 기록처럼 '創王興寺'라고만 해 도 그 의미를 전달하는데 아무런 장애가 없을 터인데 왜 '於時都泗沘 城'이란 사족을 붙이고 있는 것일까? 이는 삼국유사의 찬자인 일연 이 무엇인가 분명히 전달하고자 하는 메시지가 함축되어 있을 것으 로 생각된다. 다시 말하면 왕흥사의 창건시점과 완성시점에서 백제 의 왕도가 달랐기 때문에 이와 같이 완곡하게 표현한 것은 아닐까? 또한 '始立栽而升遐 武王繼統 父基子構 歷數紀而畢成 其寺亦名彌勒 寺'의 내용을 그대로 보면 '터를 닦기 시작하여 승하하니 무왕이 계 승하여 36여 년에 걸쳐 완성하니 그 절 또한 미륵사다'라하여 결국 왕흥사와 미륵사가 동일 사찰임을 알 수 있게 된다. 또한 미륵사 주 변경관에 대해서는 익산지역의 고지형을 보면 수로교통로로 배가 다 니는데 커다란 불편함이 없이 왕래가 가능했을 것임을 알 수 있다. 따라서 사비도성시에 시작된 미륵사가 익산도성 때인 무왕대에 완성 을 보게 된 것으로 보는 것이 타당한 것으로 생각된다. 또한 일연은 왕흥사가 미륵사라는 사실을 강조하기라도 하듯 무왕과 그 왕비에 의해 미륵사가 초창되었는데 고기에 나오는 내용과 좀 차이가 있음 도 주기하고 있다. 결국 미륵사 창건으로 대표되는 익산천도는 법왕 대부터 계획적으로 진행되어 왔다고 보아야 할 것이다.

한편, 미륵사 서탑 해체과정에서 사리장엄과 더불어 사리봉안기가 발견되어 서탑 건립에 대한 절대연대와 건립주체에 대한 정보를 파악할 수 있게 되었다.[36] 이에 따르면 己亥年 정월 29일에 사리를 봉안했는데, 곧 무왕 39년(639)에 해당한다. 사리 봉안기의 내용에 따라서 미륵사 창건연대에 대해서 논란이 일기도 했으나, 최근 서탑의 기단을 조사한 결과 기단토를 판축하는 과정에서 혼입된 창건당시의 연화문와당이 동서 양쪽에서 각각 1편씩 발견되었다.[37] 이러한 사실은 서탑이 건립될 당시에 이미 미륵사의 어느 건물에서는 기와의 보수가 이루어져 폐기된 기와가 산재되어 있음을 말해주는 것이다. 다시 말하면 미륵사 창건에서부터 전체의 가람이 완성되기까지는 기와의 내구연한인 최소한 30여 년의 시간이 소요되었음을 의미하는 것이다. 결국 미륵사 발굴결과에서 보이는 시간축과 문헌기록의 시간축이 거의 일치하는 것을 알 수 있다.

또한 『삼국사기(三國史記)』에도 익산이 당시의 수도였음을 추정케 하는 내용이 보이는데, 무왕 31년조에 '重修泗沘之宮 王幸熊津城 夏旱 停泗沘之役 秋七月 王至自熊津城'이라 하여 사비의 궁궐을 수리한 기록이 그것이다. 그런데 왜 굳이 당시의 수도명을 덧붙여 '重修泗沘之宮', '停泗沘之役'이라 표현한 것일까? 삼국사기 백제본기에는 여러 차례의 궁궐 수리 기록이 보이지만[38] 단지 '重修之宮室'이

---

36 김상현, 「미륵사 서탑 사리봉안기의 기초적 검토」, 『대발견 사리장엄 미륵사의 재조명』, 원광대학교 마한·백제문화연구소, 2009.

37 국립문화재연구소, 『彌勒寺址 石塔 기단부 발굴조사보고서』, 2012.

38 『삼국사기』 백제본기에 나타난 궁궐수리의 용례를 보면 "溫祚王 15年 新作宮室", "比流王 17年 築射臺於宮西", "同王 30年 修宮室", "辰斯王 7年 重修宮室", "文周王 3年 重修宮室", "東城王 8年 重修宮室" 등이 있다. 한편 궁궐의 신축이나 중수에 관해서 『삼국사기』 고구려본기에서 5건, 신라본기에서 12건 확인되지만, 어느 한 곳도 왕도 명칭에 '宮'을 부가한 사례는 보이지 않는다.

라고만 되어 있을 뿐, 어디에도 당시 수도명을 부가하지 않고 있다. 이 내용에서 무왕 31년(631) 당시의 수도는 사비가 아닌 다른 곳, 곧 익산이었기 때문에 이렇게 표현한 것이 분명하다고 하겠다.

3. 익산천도의 원인과 배경

최근 익산지역의 고고학적인 성과를 보면 궁궐유적이 서서히 그 모습을 드러내고, 미륵사지 서탑 사리봉안기에서 왕후의 발원으로 왕실과 직접 관련을 가지고 창건된 사실도 정확히 알 수 있게 되었 다. 따라서 익산천도에 대해서는 좀 더 새로운 관점에서 접근할 필요 성이 제기되고 있다. 여기에서는 웅진천도 이후 사비시대까지 지속 적으로 왕실과 대립과 갈등을 빚어왔던 귀족세력을 토착적인 한(마 한)계 세력으로 상정하고, 두 세력 간의 근본적인 갈등 구조를 해결 하고자 했던 해답이 익산천도였음을 밝히고자 한다.

백제가 서남부 일대의 마한을 완전히 복속시키는 시점에 대해서는 『일본서기(日本書紀)』 신공기의 기사에 따라 근초고왕대 이루어진 것으로 파악되어 왔다. 그러나 영산강유역을 비롯한 한반도 서남부 의 마한고지에 대한 고고학적인 조사와 연구 성과에서 보면 횡혈식 석실분의 출현과 관련지어 백제 중앙세력의 확대를 대비시켜 왔다. 이러한 관점에서 보면 근초고왕대 보다는 좀 더 늦은 시기까지 마한 세력이 잔존하고 있었고 백제에 복속되는 시점도 일률적인 것이 아 니라 지역에 따라 다르게 나타나는 것으로 이해하고 있다.

이외에도 백제의 지방통치와 관련해서 상징적인 고고학적인 예는 수도 이외 지역에서 발견되는 최고의 위세품이라 할 수 있는 금동관 모나 금동신발, 그리고 중국제 청자 등이 부장된 고분 피장자와 중앙과 관련 속에서 찾기도 한다. 곧 서산 부장리, 천안 용원리, 공주 수촌리, 익산 입점리, 나주 신촌리, 복암리, 고흥 길두리 유적 등에서 출토된 위세품적인 유물은 중앙에서 사여한 것으로 보아 직접이거나 간접적으로 지방통치가 이루어진 것으로 보는 견해가 지배적이었다.[39] 그리고 그 시기는 웅진기의 동성왕과 무령왕대에 해당하며 백제 지방통치의 한 방식인 왕후제나 담로제와 연결시키고 있기도 하다. 그러나 이들 지방세력들이 이후 완전하게 중앙통치하에 편입된 것은 아니라고 보는 것이 필자의 견해이다. 동성왕이 지방 실력자인 백가에게 피살되는 사건이 그 단적인 예라 하겠다. 이러한 현상을 고고학적으로 보면 그들이 중앙과 깊은 관련을 맺으면서도 중앙묘제를 채용하지 않고 그들 전통의 묘제를 고수하고 있기 때문이다. 묘제 전통이란 그 수용에 있어 강제적인 강요에 의해 되는 것이 아니라 자발적인 수용의사가 있어야 가능한 것으로 생각되기 때문이다.

한편 왕실에서도 주변의 지방 세력을 통치하에 편입시키고 왕권 강화를 위해 꾸준히 노력한 결과, 그들과의 차별화를 진행해 온 것은 쉽게 짐작할 수 있다. 백제 왕실은 웅진 천도 직후 고유한 왕실문화를 이루지 못하고 재지세력의 문화를 수용한 것으로 보이는데, 묘제에 있어서 이러한 사실을 찾을 수 있다. 중앙묘제의 대표적인 소산이라고 이해되던 횡혈식석실분이 웅진천도 이전부터 각지에서 조성된 것을 알 수 있는 자료가 최근 증가하고 있는데, 백제 왕실도 웅진천도 직후에는 송산리 고분에서 보이듯이 이 묘제를 공유했던 것으로 보인다. 그러나 이 고분군에서 무령왕릉과 같은 중국 양나라의 전축분이 갑자기 등장하게 되는데 이는 백제 왕실이 재지세력과의 차별화를 꾀하고 왕권을 강화하려는 의지를 대변해 주는 증거인 셈이다.

---

39 영산강유역은 6세기 초까지도 독자적인 세력을 형성하고 있었다는 견해도 있다.

백제 왕실과 대립 속에서 긴장관계를 계속 유지하고 있었던 세력은 한성기에는 해씨, 진씨, 목씨, 웅진기에 있어서는 백씨로 대표되며 사비기에는 팔성대족으로 표현되고 있다. 그렇다면 이들 성씨집단의 정체성을 무엇일까? 그 해답은 분묘의 전통성과 지속성에 찾을 수 있다고 생각한다. 마한 분구묘의 속성 가운데 가장 대표적인 것은 혈연을 기반으로 묘역이나 분구가 조성되며, 하나의 분구 내에도 오랜 기간 매장이 이루어진다는 사실이다.[40] 최근 조사결과를 보면 영산강유역을 제외하더라도 마한 분구묘가 백제 고지에서 5세기 후반까지 지속적으로 축조된 사실이 확인되며 그 발견 예는 늘어날 것으로 추측된다. 특히 마한 전기의 주구묘가 군집을 이루고 있는 지역에서 늦은 시기까지 지속적으로 분구묘가 축조되고 있다. 따라서 지방의 성씨집단으로 대표되는 세력들은 마한 분구묘 축조집단과 자연스럽게 연결시킬 수 있을 것이다.[41]

그런데 웅진기에 있었던 왕실과 재지세력과의 대립과 긴장은 사비기에도 반복된 것으로 보인다. 사비천도는 팔성대족의 협조 하에 이루어진 것이지만 성왕 전사 이후 이러한 협조적인 관계 또한 지속적이고 안정적이지 못했던 것으로 보인다. 특히 성왕은 사비천도 이후 국호를 남부여로 개칭하고 왕실의 성을 부여씨로 하는 등 백제가 북방의 부여 정체성을 이어받고 있음을 강조하고 있는데, 이러한 성왕의 의도적인 정치적인 행동은 토착세력의 반감을 사기에 충분한 것

---

40 나주 복암리 3호분에는 400여 년간 매장 행위가 이루어진 것으로 밝혀졌다. 이러한 분묘 특징은 마한 사회가 농경을 기본으로 하는 사회였기 때문에 비롯된 것으로 보이고, 혈연를 기반으로 했던 사회체제는 고대국가로 성장하는데 제약이 되었고, 그렇기 때문에 백제에 잠식되어갔을 것으로 볼 수 있다.

41 금동관모를 비롯한 위세품과 중국제 청자 등이 출토되는 고분은 마한 분구묘 계통이 다수를 점하지만 고흥 길두리나 천안 용원리는 분구묘와 달리 그 지역적 전통적인 분묘이기 때문에 모두 마한계라고 보지는 않는다.

이었을 것이다. 그러나 왕실은 중앙과 지방제도의 정비를 통해 왕권 강화와 지방통치를 실천해 나가고자 했던 것으로 22부사의 설치를 예로 들 수 있다. 그럼에도 불구하고 위덕왕대를 거쳐 혜왕과 법왕대 에는 국왕이 재위 1년 만에 사망하는 등 극도의 정치적으로 혼란이 있었음을 알 수 있다. 따라서 백제 왕실에서는 되풀이되는 이러한 정치적 혼란에 대한 근본적인 대책이 절실히 요구되었을 것이다. 결국 그 해답은 익산천도를 통해 찾으려 했던 것으로 보인다.

왜 익산으로 천도를 계획하게 되었을까? 앞서 설명했듯이 익산지역은 준왕의 남천지로서 마한 조기 청동유물과 철기를 공반하는 토광묘가 집중 분포하고 있는 지역이며, 이후 마한의 고도로서 그 위상을 가지고 5세기 후반까지 분구묘가 지속적으로 축조되고 있었다. 따라서 마한의 상징적인 지역인 익산을 선택하여 천도를 단행함으로서 금강 이남의 마한계 세력을 아울러 왕권강화와 백제 중흥의 꿈을 펼치고자 했을 것으로 추정된다.

이러한 결과는 전통적이고 보수적인 분묘문화의 변화에서 그러한 사실을 찾아 볼 수 있다. 7세기 들어서 마한문화전통이 지속적으로 강하게 유지되고 있었던 영산강유역의 분구묘 내에서 백제 사비유형의 석실분이 등장하게 되며 사비유형 석실분이 군집으로 축조되는 예도 증가하게 된다. 물론 당시 수도인 익산의 금마일원에서도 비로소 사비유형의 백제 중앙묘제가 군집을 이루고 축조되기 시작한다. 또한 마한문화 전통이 강하게 자리잡고 있었던 금강 이북 지역에서도 마한문화의 르네상스가 일어나게 된다. 이러한 예는 보령 연지리, 서산 여미리, 청양 장승리 등인데, 사비유형의 횡혈식석실분의 속성에 마한 분구묘의 속성이 결합되어 복합양상을 보인다. 결국 분묘문화는 강제적으로 수용되는 것이 아니라 내면적인 면에서 수용태도가 되었을 때 자발적으로 받아들이는 것으로서 사비유형의 횡혈식석실분이 백제 전역에서 축조되는 것은 비로소 백제인이 마음속으로 하나가 되었음을 의미한다.

IV. 맺음말

앞에서 간략히 고도 익산의 역사와 문화에 대하여 설명한 내용을 간략히 정리하면서 글을 맺고자 한다.

익산지역이 마한의 고도로 자리매김하게된 것은 농경하기에 매우 유리한 지리적 조건을 갖춘 곳으로, 청동기시대 이후 준왕의 남천을 계기로 철기문화를 일찍이 수용하여 마한 제소국의 중심으로 자리할 수 있었기 때문에 가능한 것이었다.

철기문화를 가지고 온 집단은 재지세력이 아닌 외래계 세력으로 얼마간 우월적 존재로 있었지만, 강한 토착문화의 전통은 다시 부활하여 새로운 마한전통의 문화를 유지해 나갔던 것을 확인할 수 있었다.

이러한 전통은 백제 영역화 이후에도 지속적으로 확인되는데, 부여계의 백제 왕실과의 끊임없는 갈등과 대립의 실체이기도 했다. 따라서 백제 무왕대에 근본적인 내부 갈등의 치유책으로 마한 고도인 익산에 천도함으로서 금강 이남의 마한계 세력의 지지를 받아 왕권강화와 백제의 중흥을 꿈꾸었던 것이다. 이러한 결과는 마한전통이 뿌리 깊게 남아있던 영산강유역에서 자발적으로 백제의 사비유형의 중앙묘제를 수용하게 되었고, 백제 전역에서 마한문화의 부흥이 있었음을 분묘를 통해 확인할 수 있었다.

한편 익산 천도에 관한 기록은 『관세음응험기(觀世音應驗記)』 외에도 『삼국사기(三國史記)』나 『삼국유사(三國遺事)』의 '법왕'조와 '무왕'조에서 읽어낼 수 있었다. 미륵사 창건은 천도를 위한 국가적 사업의 일환으로 법왕대부터 진행되어 왔으며, 국가적인 대사를 원만히 수행하기 위하여 '금살령' 같은 포고령적 성격의 법령을 반포한 것으로 볼 수 있다.

결국 고도 익산의 역사와 문화적 가치는 한강 이남의 최초 정치체인 마한의 성립지로서 그 의의를 찾을 수 있고, 특히 백제 무왕의 익산 천도에서 우리 민족의 소통과 화합의 메시지를 읽어낼 수 있다는 것이다.

익산, 마한·백제연구의 새로운 중심

익산지역 청동기시대
전·중기 취락

김규정
전북문화재연구원 원장

Ⅰ. 머리말

 익산은 대부분 해발 20~50m 내외의 저구릉지와 곡간지, 해안평
탄지를 이루고 있으며 서북쪽은 금강(錦江), 남쪽은 만경강(萬頃江),
동쪽은 천호산(500m), 미륵산(430m), 용화산(340m)이 자연경계를
이루고 있고, 서북쪽은 금강을 따라 함라산(241m)이 북에서 남으로
병풍처럼 펼쳐져 있다. 하천은 미륵산 북서쪽에서 발원하는 소하천
은 북서쪽으로 흘러 금강으로 유입되고, 미륵산 남쪽에서 발원한 소
하천은 남쪽으로 흘러 만경강으로 유입되고 있어 수로를 통한 주변
지역과 활발한 문화교류가 가능하며,[1] 先史時代부터 歷史時代에 이
르는 다양한 문화유적이 확인되고 있다.

 청동기시대 유적은 1997년 익산시 문화유적 분포조사를 통해 구
릉을 중심으로 다량의 무문토기산포지가 분포하고 있는 것으로 확인
되었는데,[2] 이는 農耕을 기반으로 하는 청동기인들이 취락을 조성하
기에는 최적의 입지조건을 가지고 있었기 때문이다.

 익산지역 청동기문화에 대한 연구는 1970년대부터 시작되었는데
당시는 간헐적으로 수습된 청동유물을 중심으로 연구가 진행되었다.
먼저 김원룡은 익산지역에서 수습된 청동유물을 통해 볼 때, 익산을
평양·경주와 함께 한반도 청동기문화의 중요한 거점의 하나로 益山
靑銅文化圈을 설정한 바 있고,[3] 전영래는 익산을 포함한 논산을 중심

---

1 金三龍, 『益山文化圈의 硏究』, 圓光大學校 馬韓·百濟文化硏究所, 1977; 金三龍, 「地
  政學的 측면에서 본 익산 -水路交通路를 中心으로-」, 『益山文化圈의 硏究』, 圓光大學
  校 馬韓·百濟文化硏究所, 2003.
2 圓光大學校 馬韓·百濟文化硏究所, 『文化遺蹟 分布地圖 -益山市-』, 1998.
3 金元龍, 「益山地域의 靑銅器文化」, 『馬韓·百濟文化』 2, 圓光大學校 馬韓·百濟文化
  硏究所, 1977.

으로 다량의 청동유물이 조밀한 분포권을 형성하고 있어 錦江流域 靑銅器文化圈을 설정한 바 있다.[4]

그러나 정식 발굴조사는 1993년 부송동 택지개발사업 진행과정에 단애면에서 주거지가 확인되어 발굴조사가 이루어졌고, 1996년에는 영등동 택지개발사업에 따른 발굴조사에서 청동기시대 전기의 특징적인 장방형주거지와 중기의 송국리식주거지가 조사되었다. 이후 2000년대부터 각종 택지개발과 공단조성, 도로개설 등 대규모 토목공사가 진행되면서 발굴조사가 급증하여 현재까지 32개소에 이르는 유적이 조사되었으며, 전기-중기-후기 등 다양한 시기의 유적이 조사되었다.

이글은 익산지역에서 지금까지 조사된 청동기시대 유적을 대상으로 하였으나, 점토대토기를 특징으로 하는 後期(初期鐵器)는 분묘를 제외하면 聚落의 가장 중요한 요소 가운데 하나인 주거지가 거의 확인되지 않아 제외하고 전·중기취락을 중심으로 취락의 구조와 특징을 중심으로 작성되었다.

II. 時期別 遺蹟의 檢討

익산지역에서 지금까지 발굴조사를 통하여 확인된 유적의 현황은 〈표 1〉과 같다.

---

4   全榮來,「錦江流域 靑銅器文化圈 新資料」,『馬韓·百濟文化』10, 圓光大學校 馬韓
    ·百濟文化硏究所, 1987.

표 1 익산 청동기시대 유적 조사현황(연번은 그림 1과 동일)

연번	유적명	시기	주거지			수혈	굴립주건물	기타	분묘				조사년도	참고문헌
			전기	중기	후기				석관	토광	옹관	목관		
1	부송동	중기		3									1993	마백연구소, 1994
2	석천리	전기									3		1993	이건무 · 신광섭 1994
3	영등동	전 · 중기	7	18			4						1996	마백연구소, 2000
4	율촌리	중기		3					4	1	1		1998	마백연구소, 2002
5	화산리 신덕	중기				1			2	2	3		2000	전주박물관, 2002
6	모현동	중기		1									2000	마백연구소, 2004
7	어양동	후기									1		2000	호문연, 2002
8	원수리	중기		6									2002	호문연, 2004
9	웅포리	중기									1		2003	마백연구소, 2004
10	웅포리 I	중기							7				2004	전북연, 2008
11	신동리	전기	2									3	2005	마백연구소, 2005
12	금성리	중기		1									2005	마백연구소, 2005
13	부송동 242-73	중기		5									2006	전북연, 2008
14	흥암리	중기		1									2007	호문연, 2009
15	광암리	중기		2									2007	호문연, 2009
16	부평	중기		8		2							2008	전북연, 2010
17	장신리	중기		4		2			1	3	4		2009	전북연, 2009
18	모현동	중기		7		11							2009	마백연구소, 2011
19	섬다리	전기	2			1				3	4		2009	호문연, 2011
20	묵동	중기		1									2009	호문연, 2011
21	학동	중기		2									2009	호문연, 2011
22	어량리	중기		5		3			5	13	10		2010	호문연, 2012
23	계문동	후기										1	2010	호문연, 2012
24	서두리	중 · 후기				1					3	1	2011	호문연, 2013
25	보삼리	중기		1									2011	호문연, 2013
26	오룡리	후기										4	2010	마백연구소, 2013

연번	유적명	시기	주거지			수혈	굴립주건물	기타	분묘				조사년도	참고문헌
			전기	중기	후기				석관	토광	옹관	목관		
27	율촌리(호)	중기		2									2011	호문연, 2013
28	용기리	전·중기	4	5	1	1							2011	전북연, 2011
29	구평리	후기										4	2011	전북연, 2011
30	와리 정동	중기		8		5	1						2012	마백연구소, 2012
31	금마 신용리	중기		1		2							2012	마백연구소, 2012
32	어량리 마산	중기	5	3		6		구1					2013	호문연, 2013
	계		20	87	1	35	5		19	22	30	13		

〈표 1〉은 익산에서 현재까지 조사된 청동기시대 유적을 조사연도에 따라 나열한 것으로 지금까지 32개 유적이 조사되었다. 이 가운데 주거지는 23개 유적 107기가 조사되었으며 시기별로 살펴보면 전기는 영등동, 신동리, 섬다리, 용기리, 어량리 마산 등 5개 유적 20기, 중기는 익산 전역에 고르게 분포하고 있으며 21개 유적 87기가 조사되었다. 수혈은 11개 유적 35기, 굴립주건물은 2개 유적 5기가 조사되었다. 분묘는 석관묘가 5개 유적 19기, (석개)토광묘가 5개 유적 22기, 옹관묘가 9개 유적 30기가 조사되었다.

익산지역 청동기시대 유적의 분포 현황은 〈도 1〉과 같다.

1. 靑銅器時代 前期

1) 住居址

청동기시대 전기는 돌대문토기를 표지로 하는 미사리유형, 이중

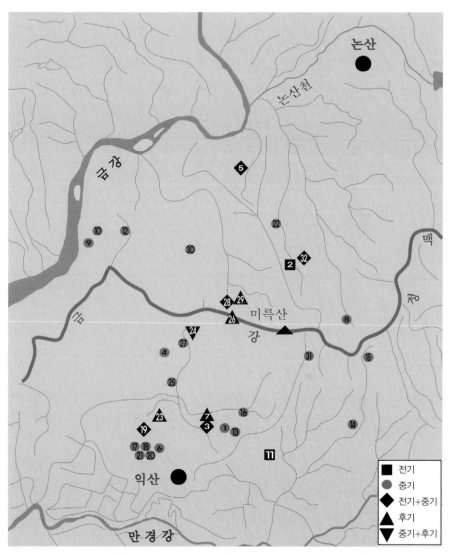

도 1   익산지역 청동기시대 유적 분포현황(유적번호는 표 1과 동일)

구연(단사선)을 표지로 하는 가락동유형, 공렬을 표지로 하는 역삼동·흔암리유형으로 대표된다. 주거지는 1~2기로 구성되어 있으며 1기의 주거지에 한 단위의 혈연에 기반을 두고 있는 세대공동체가 거주한다. 주거지의 평면형태는 방형과 (세)장방형으로 구분되며 내부시설은 爐址, 貯藏穴, 柱穴, 壁溝, 壁柱穴 등이 설치되어 있다. 유물은 돌대문의 미사리식토기, 이중구연(단사선문)의 가락동식토기, 공렬의 역삼동식토기, 공렬과 단사선 및 구순각목이 결합된 복합문양의 흔암리식토기 등 다양한 토기들이 출토된다. 석기는 이단병식석검, 삼각만입촉, 이단경식석촉, 반월형석도, 합인석부, 편평편인석부 등이 출토되었다.

익산지역에서 지금까지 조사된 전기주거지의 현황으로 영등동 7기, 신동리 2기, 섬다리 2기, 용기리 4기 등 4개 유적 15기의 주거지가 조사되었다. 그리고 최근 왕궁리유적과 어량리 마산유적에서도 전기 장방형주거지가 조사되었다.

주거지의 입지를 살펴보면 모두 잔구성 구릉의 능선을 따라 단독으로 배치되거나 2~3기가 독립적으로 조성된 단위취락으로 주변은 곡간지가 형성되어 있거나, 소하천이 발달된 지역에 분포하고 있다. 주거지의 평면형태는 장단비에 따라 구분하면, 방형(1 : 1.5 미만), 장방형(1 : 2.5 미만), 세장방형(1 : 2.5 이상)으로 구분된다. 방형은 영등동 I-2호·I-17호·I-18호, 신동리 2호, 섬다리 1호, 용기리 I-2호·I-3호·I-4호 등 8기가 해당되고 장방형은 영등동 I-3호·II-7호 등 2기, 세장방형은 영등동 III-6호 1기로 대부분 방형으로 볼 수 있다.

주거지의 면적은 20m² 미만을 소형, 20~40m² 미만을 중소형, 40~60m² 미만을 중형, 60~80m² 미만을 중대형, 80m² 이상을 대형으

표 2 익산지역 청동기시대 전기주거지 조사현

유적	호수	평면형태	규모(cm) 장축	단축	깊이	면적(㎡)	장단비	노지	저장혈	주혈	벽구	벽주혈	주요출토유물	비고
영등동	I-1	방형?	400?	300?									구순각목토기호, 마연토기호, 토제방추차, 토제어망추 24, 석착	바닥만 잔존
	I-2	방형	436	310	25	13.6	1.4				○		이중구연+단사선+구순각목, 이중구연+단사선문, 구순각목, 대팻날, 방추차	
	I-3	장방형	1,072	635	25	68.1	1.68	상3	○	○	○	○	호, 구순각목심발형토기, 절상돌대심발형토기, 발, 완, 이중구연+단사선문토기, 적색마연토기 호, 완, 석검, 편평편인석부, 석도편, 이단경촉, 삼각만입촉, 어망추 4, 방추차 2	화재 폐기
	I-17	방형	829	645	10	53.4	1.28	상1	○	○	○	○	이중구연+단사선문토기편, 일단경촉, 석검편, 어망추 2	
	I-18	방형	850	574	47	48.8	1.48			○		○	심발형토기, 석부편, 편평편인석부	
	II-7	장방형	1,790	780	40	139.6	2.3	위2	○	2×9	○	○	이중구연+단사선+구순각목, 적색마연토기, 일·이단경촉, 각만입촉, 합인석부, 석도, 석겸, 유혈구이단병식석검, 대팻날, 석제방추차 1, 토제방추차 1, 토제어망추 28	
	III-6	세장방형	784	236	10	18.5	3.32			○			저부편	주혈
신동리	1	말각방형	300		16	9?	1	점?		○			이중구연+단사선+구순각목, 구순각목, 미완성석기, 토제어망추 2	점토 노지로 추정
	2	방형	364	268		9.75	1.35	상1		○			직립구연호편	

유적	호수	평면형태	규모(cm)			면적 (㎡)	장단비	내부시설					주요출토유물	비고
			장축	단축	깊이			노지	저장혈	주혈	벽구	벽주혈		
섬다리	1	방형	308	242	10	7.45	1.27	상1					무문토기편	배수로
	2	장방형?	824	432?	18	35.6?	1.7?	상1	○	○	○		심발형토기, 돌대문토기, 이중구연+단사선문토기, 유두돌기토기, 토제어망추 2, 석도편, 석착편	한쪽 장벽 유실
용기리	I-1	장방형?	860?	446?	11	38.35?	2.3?	상2	○	○	○		무문토기편, 석도 3, 어망추 3, 방추차 4, 박편석기, 박편석기, 지석, 박편, 탄화곡물 (쌀, 콩, 조, 기장)	화재 폐기
	I-2	방형	580	493	40	28.5	1.17	상1	○	○			구순각목+공열+단사선문토기, 구순각목문토기, 호형토기편, 어망추2, 일단경촉, 합인석부, 지석, 박편석기, 탄화미	화재 폐기
	I-3	방형	640	508	36	32.5	1.25	상1	○	○		○	이중구연+단사선문토기, 어망추 1, 미완성석기, 박편석기, 지석, 탄화미	북벽 벽체를 따라 단시설
	I-4	방형	414	290	25	12.0	1.42	상1					무문토기편, 지석	송국리식주거지와 중복, 先

로 분류할 때[5] 면적을 알 수 있는 주거지는 소형은 6기로 영등동 I-2호 · III-6호, 신동리 1호 · 2호, 섬다리 1호, 용기리 I-4호이고, 중소형은 2기로 용기리 I-2호 · I-3호, 중형은 2기로 영등동 I-17호

---

5   공민규, 『青銅器時代 前期 錦江流域 聚落 研究』, 숭실대학교 대학원 박사학위논문, 2013, p. 67.

·Ⅰ-18호, 중대형은 1기로 영등동 Ⅰ-3호, 대형은 1기로 영등동 Ⅱ-7호가 해당된다.

내부시설은 爐址, 貯藏穴, 柱穴, 壁溝, 壁柱穴이 설치되어 있다. 爐址는 圍石式, 上面式, 土壙式으로 구분되는데 영등동 Ⅱ-7호에서 위석식노지 2기가 설치된 것을 제외하면 대부분 상면식노지이다. 노지의 수는 영등동 Ⅰ-3호 3기, Ⅱ-7호 2기, 용기리 Ⅰ-1호 2기 등 복수의 노지이며 나머지 주거지는 모두 단수의 노지이다. 그리고 영등동 Ⅰ-2호, Ⅲ-6호는 노지가 설치되지 않았다. 이들 주거지는 전기의 늦은 단계에 축조된 주거지로 볼 수 있으며 노지가 설치되지 않은 이유에 대해서는 명확하지 않다. 그리고 신동리 1호 주거지의 경우 바닥 중앙에서 소결된 점토판이 출토된 것으로 보아 점토를 이용한 노지가 설치되었던 것으로 보인다.

저장혈은 규모가 비교적 큰 주거지들에서 확인되는데 대체로 한쪽 단벽으로 치우쳐 설치되어 있다. 저장혈 내부에서는 일부 토기편이 출토된 것을 제외하면 다른 유물은 출토되지 않았다. 柱穴은 주거지의 상부구조를 파악할 수 있는 중요한 시설로 영등동 Ⅰ-1호, Ⅰ-2호, 섬다리 1호, 용기리 Ⅰ-4호를 제외한 모든 주거지에서 확인되지만, 영등동 Ⅱ-7호에서만 중앙에 2열×9행의 정형성이 확인될 뿐 나머지 주거지에서는 정형성이 확인되지 않는다.

벽구는 영등동 Ⅰ-2호, Ⅰ-3호, Ⅰ-17호, Ⅰ-18호, Ⅱ-7호, 섬다리 2호, 용기리 Ⅰ-1호에서 확인되는데 영등동 Ⅰ-3호, Ⅰ-17호, Ⅰ-18호, Ⅱ-7호는 4벽을 따라 벽구가 설치되어 있으며 나머지 주거지는 일부에만 벽구가 설치되어 있다. 벽주혈은 영등동 Ⅰ-3호, Ⅰ-18호, Ⅱ-7호 등 3기의 주거지에서 일정한 간격으로 설치되어 있어 벽체를 세우기 위한 기둥을 세웠던 흔적으로 볼 수 있다. 나머지 주거지들에서는 벽주혈의 정형성은 보이지 않는다.

유물은 토기의 경우 미사리식(I식), 가락동식(II식), 역삼동·흔암리식토기(III), 구순각목토기(IV식), 호형토기, 심발, 마연토기 등이 출토되었다. 미사리식토기는 영등동 I-3호, 섬다리 2호에서 출토되었는데 필자의 분류[6] Ib식(절상돌대)토기로 볼 수 있다. 가락동식토기의 경우 IIb식(이중구연+단사선문)토기는 영등동 I-2호, I-3호, I-17호, II-7호, 섬다리 2호에서 출토되었고, IIc식(이중구연+단사선문+구순각목문토기)토기는 영등동 II-7호에서 출토되었으며 IId식(퇴화형식)토기는 영등동 I-2호, I-3호, 용기리 I-3호에서 출토되었다.

토기 가운데 주목되는 것은 섬다리 2호 출토 IIb식(이중구연+단사선문)토기와 용기리 I-2호 출토 흔암리식토기(구순각목+공렬+단사선)이다. 섬다리 2호 출토 이중구연토기는 가락동식토기로 분류하였으나, 기존 가락동식토기와 문양시문방법에 있어 차이를 보인다. 가락동식토기가 종방향으로 단사선을 시문하는 것에 반하여 섬다리 2호 출토품은 이중구연을 따라 횡방향으로 낟알문을 눌러찍듯 시문하였다. 이처럼 단사선이 아닌 낟알문 형태의 문양이 시문된 토기는 아직 호남지역에서 출토된 예가 없는 유물로 검단리식토기와 비교된다. 검단리식토기는 울산을 중심으로 하는 영남동남해안에 한정된 지역성이 강한 토기[7]로 대부분 홑구연인데 반하여 섬다리 2호 출토품의 경우 이중구연이 뚜렷하고 공간적인 분포 및 시기적으로도 차이가 있기 때문에 검단리식토기와 직접적인 관련은 없다.

다음으로 용기리 I-2호 출토 흔암리식토기(구순각목+공렬+단사

6 金奎正,「湖南地域 青銅器時代 前期文化의 特徵」,『韓國青銅器學報』9, 韓國青銅器學會, 2011.
7 李秀鴻,「檢丹里式土器의 視空間的 位置와 性格에 대한 一考察」,『嶺南考古學』36, 嶺南考古學會, 2005.

선)는 호남북서부지역에서는 용기리 I-2호 출토품을 비롯하여 전주 장동 I-9호, 완주 구암리 주거지, 비응도 패총 등에서 출토되었다. 용기리 I-2호 출토품은 Ⅲc식(구순각목+공렬+단사선)으로 이중구연은 선상으로 흔적만 남아 있으며 전주 장동 I-9호 출토품은 Ⅲd식(이중구연+구순각목+공렬+단사선), 비응도 출토품은 Ⅲb식(구순각목+공렬)이다. 이들 유적에서 공반된 토기의 경우 비응도 패총을 제외하면 모두 가락동식토기와 공반된다. 이는 서로 다른 물질문화가 지역을 달리하여 분포하며 서로 문화적 교류 내지는 특정 양식을 수용하는 과정에 파생된 것으로 볼 수 있다.[8] 특히 흔암리식토기는 역삼동식의 물질문화를 바탕으로 이중구연단사선문이라는 요소만 가미된 것으로[9] 호남지역에서 흔암리식토기 단독으로 출토되는 유적은 현재까지 보성 옥평유적이 유일하다.[10] 이처럼 일상에서 사용하는 일상용토기는 일상의 생활패턴에 깊이 뿌리박힌 것이기 때문에 교체되기가 어렵고, 그럴만한 생계방식의 변화나 상징성이 없다는 점에서 주민의 교체가 일어나지 않는 한 전통적인 토기가 그대로 제작·사용된 것으로 볼 수 있다.[11]

호형토기는 전기의 대표적 기종으로 구연부 형태, 구연부와 견부의 연결상태, 동체의 형태에 따라 분류된다. 호형토기는 영등동 I-3호에서 1점이 출토되었다. 구연은 길고 직립되었으며 구연과 견부의 경계가 뚜렷하다. 저부에서 동체상위까지 완만한 곡선으로 올라가

---

8   金奎正, 『湖南地域 靑銅器時代 聚落硏究』, 慶尙大學校大學院 博士學位論文, 2013.
9   김장석, 「무문토기시대 조기설정론 재고」, 『韓國考古學報』 69, 韓國考古學會, 2008, p. 107.
10   金奎正, 「湖南地域 靑銅器時代 前期聚落 檢討」, 『日韓集落硏究の新たな視角を求めて』, 2010.
11   安在晧, 「南韓 靑銅器時代 硏究의 成果와 課題」, 『동북아 청동기문화 조사연구의 성과와 과제』, 2009, p. 55.

동체 상위에서 최대경을 형성하고 있으며 견부는 곡선을 이루고 있다. 호남지역 출토 호형토기의 변화양상을 살펴보면 구연부의 길이가 짧아지고, 직립에서 외반으로 변화되며 견부는 뚜렷한 것에서 완만하게 연결되고 동최대경은 상위에서 중위로 내려오며 최후에는 장란형으로 변화된 것으로 보고 있다.[12] 영등동 I-3호 출토 호형토기는 기형상으로 보아 전기 전반으로 편년 가능하다.

발과 완은 영등동 I-3호에서 출토되었다. 발은 천발과 심발로 구분되며 심발은 다시 크기에 따라 소형과 대형으로 구분된다. 심발은 영등동 I-3호 · I-18호, 섬다리 2호에서 출토되었다. 영등동 I-3호 출토품은 저부에서 구연까지 거의 직립되어 올라가는 심발과 구연부에서 약간 내만되다 구순부에서 외반된 심발, 저부에서 구연까지 거의 직립되어 구순에서 약간 외반된 소형심발이 출토되었다. 영등동 I-18호 출토품은 동체상위에서 최대경을 형성하고 구연부가 급격하게 내만된다. 섬다리 2호 출토품은 동최대경이 동체 최상위에 있고 구연이 직립에 가깝게 약하게 내만된다.

마연토기는 영등동 I-1호 · I-3호 · II-7호에서 출토되었다. 영등동 I-1호 출토품은 평저장경호로 장경호는 굽이 있는 형식에서 굽이 탈락한 형식으로 변화된다.[13] 영등동 I-1호 주거지는 바닥만 남아 있어 정확한 기형은 알 수 없지만, 구순각목문이 시문된 호, 토제어망추와 공반된다. I-3호에서는 호와 완이 출토되었다. 호는 2점이 편으로 출토되었었다. 1점은 말각평저에 동체 하위에 최대경을 형성하고 완만하게 곡선으로 내만되어 올라가며 1점은 구형의 동체이다. II-7

---

12 양영주, 「전북지역 전기무문토기의 전개양상」, 『한국 청동기시대 편년』, 한국청동기학회 편, 서경문화사, 2013, p. 308.
13 송영진, 「韓半島 南部地域의 赤色磨研土器 硏究」, 『嶺南考古學』 38, 嶺南考古學會, 2006.

호 출토 호는 원저에 가까운 말각평저에 동최대경이 저부쪽에 있으며 완만하게 내만되어 올라가 경부를 형성하고 구연은 직립에 가깝게 벌어져 올라가 구순부에서 살짝 외반되는 송영진의 분류 ⅡBb식에 해당된다. 마연토기 완은 Ⅰ-3호에서 1점이 출토되었다. 축약된 저부에 동체는 완만하게 곡선으로 벌어져 올라가 그대로 구연과 연결된다.

석기는 석도, 석검, 석촉, 석부가 있다. 석도는 영등동 Ⅰ-3호 · Ⅱ-7호, 섬다리 2호, 용기리 Ⅰ-1호에서 출토되었다. 이 가운데 형식을 알 수 있는 것은 영등동 Ⅱ-7호 출토품 2점과 용기리 Ⅰ-1호 출토품 2점이다. 영등동 Ⅱ-7호 출토품은 2점 모두 주형에 직배호인이며 용기리 Ⅰ-1호 출토품은 2점 모두 어형에 1점은 호배호인, 1점은 호배직인이다. 인부의 형태는 Ⅱ-7호 출토품은 2점 모두 편인인데 반하여 용기리 Ⅰ-1호 출토품은 양인 2점, 편인 1점이다. 그리고 섬다리 2호 출토품은 배부는 결실되었으며 직인에 인부는 편인이다. 孔의 수는 완형으로 남아 있는 용기리 Ⅰ-1호 출토품 2점이 2孔이다. 석도는 인부의 외형에 의해 직인과 호인으로 분류할 수 있으며 금강유역에서 출토되는 석도는 전기에는 어형과 주형석도가 주로 사용되다가 송국리문화가 유입되는 시기에는 편주형과 삼각형으로 대체된 것으로 보고 있다.[14] 익산지역에서 출토된 석도는 모두 주형과 어형으로 전기의 특징적인 석도로 볼 수 있다.

석검은 영등동 Ⅰ-3호에서 소형석검 1점, Ⅱ-7호에서 유혈구이단병식석검 1점이 출토되었다. Ⅰ-3호 출토품은 소형석검으로 아직 다른 지역에서 출토된 예가 없다. Ⅱ-7호 출토품은 병부 하단이 결실되었지만, 병부 양단에 홈이 있는 형식으로 신부에는 혈구가 있다. 석검

---

14 孫晙鎬, 『靑銅器時代 磨製石器 硏究』, 서경문화사, 2006, p. 106.

은 주거지에서는 거의 출토되지 않고 분묘에서 주로 출토되는 것으로 보아 주로 무덤의 부장품으로 이용된 것으로 보인다. I-17호에서는 석검병부편이 출토되었는데 병부에 일정한 간격으로 횡방향으로 침선이 돌아가는 장식석검으로 추정된다.

석촉은 영등동 I-3호 · I-17호 · II-7호 · 용기리 I-2호에서 출토되었다. 석촉은 신부의 단면형태, 경부의 유무, 경부의 형태, 기부의 형태에 따라 세분한다.[15] 삼각만입촉은 영등동 I-3호에서 4점, II-7호에서 1점이 출토되었다. 기부의 형태는 모두 만입되었다. 이단경촉은 영등동 I-3호에서 1점, II-7호에서 2점이 출토되었으며 일단경촉은 영등동 I-17호에서 1점, II-7호에서 3점, 용기리 I-2호에서 1점이 출토되었다. 삼각만입촉과 이단경촉은 주로 전기 주거지에서 출토되고 있지만, 일단경식은 전기 주거지는 물론 중기 주거지에서 일반적으로 출토되고 있다. 익산지역에서 출토된 일단경촉은 이단경촉에 비해 크기가 작은 것이 대부분인데 이는 재가공에 의한 것일 가능성도 있다.

석부는 인부의 형태에 따라 양인과 편인으로 구분되는데, 이는 기능적인 차이에 따른 구분이며, 편인은 주상편인석부, 편평편인석부, 석착, 대팻날로 세분된다.[16] 양인석부는 영등동 I-3호 · II-7호, 용기리 I-2호에서 출토되었다. 주상편인석부는 영등동 II-7호에서 1점이 출토되었으나, 편으로 출토되어 정확한 형태는 알 수 없다. 편평편인

---

15 孫晙鎬, 『靑銅器時代 磨製石器 硏究』, 서경문화사, 2006, p. 52.
16 본고에서 편평면인석부, 석착, 대팻날의 구분은 길이, 너비, 두께 등 세부적인 특징과 길이 대 너비의 비를 기준으로 하였다. 편평편인석부는 너비에 비해 두께가 얇고 편평하며 길이 대 너비가 2 : 1 이상이다. 석착은 너비와 두께가 거의 같고 세장한 형태로 길이 대 너비의 비가 3 : 1 이상이다. 대팻날은 너비에 비해 두께가 얇고 길이 대 너비의 비가 1 : 1 정도이다.

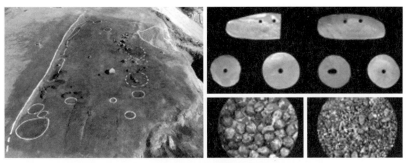

도 2 용기리 1호 주거지 및 출토유물

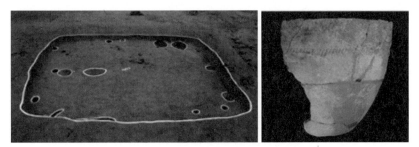

도 3 용기리 2호 주거지 및 출토유물

석부는 영등동 Ⅰ-3호 · Ⅰ-18호에서 출토되었고, 석착은 영등동 Ⅰ-1
호에서 출토되었으며 대팻날은 영등동 Ⅰ-2호 · Ⅱ-7호에서 각각 1점
씩 출토되었다.

　기타 유물로는 방추차와 어망추가 있다. 방추차는 영등동 Ⅰ-1호
· Ⅰ-3호 · Ⅱ-7호, 용기리 Ⅰ-1호에서 출토되었다. 영등동 Ⅰ-1호 출토
품을 제외하면 모두 석제이다. 어망추는 전기 주거지에서 출토된 유
물 가운데 가장 많은 양을 차지하며 영등동 Ⅰ-1호 · Ⅰ-3호 · Ⅰ-17호
· Ⅱ-7호, 신동리 1호, 섬다리 2호, 용기리 Ⅰ-1호 · Ⅰ-2호 · Ⅰ-3호 등
거의 모든 주거지에서 출토되고 있다. 어망추는 크기와 형태, 구멍,
홈의 유무에 따라 단추형, 구슬형, 원통형으로 구분되며 무게가 가벼

운 단추형은 투망용, 무게가 무거운 구슬·원통형은 유자망이나 후리그물에 사용된 것으로 보고 있다.[17] 단추형은 용기리 I-1호에서 2점, 신동리 1호에서 2점이 출토되었으며 구슬형은 영등동 I-3호에서 1점, II-7호에서 17점, 용기리 I-1호에서 1점이 출토되었고, 원통형은 영등동 I-1호에서 24점, I-3호에서 3점, I-17호에서 2점, II-7호에서 11점, 섬다리 2호에서 2점, 용기리 I-1호에서 1점, I-2호에서 2점이 출토되었다. 이밖에 용기리 I-1호 · I-2호 · I-3호에서 탄화미가 출토되었으며 특히 I-1호에서는 탄화미와 함께 두류인 콩, 잡곡인 조와 기장이 출토되었다.

2) 墳墓

분묘는 전기 후반에 출현한 것으로 보는 것이 일반적이며 남한 전역에서 거의 동시에 개시된 것으로 보고 있다.[18] 전기의 묘제는 지석묘, 석곽묘, 석관묘, 주구묘, 토광묘, 옹관묘 등이 있으며 이 가운데 지석묘, 석관묘, 토광묘, 옹관묘는 중기 후반까지 계승되는 묘제이며 석곽묘와 주구묘는 전기나 적어도 중기 전반까지만 보이는 묘제이다.[19]

익산지역에서 아직까지 청동기시대 전기 묘제로 보고된 예는 없지만, 금강 중류인 대전 비래동에서 지석묘, 대전 신대동과 청원 황탄리에서 석관묘, 금강 하류인 서천 오석리 오석산에서 주구묘 등이 조

---

17 김도헌·권지영, 「청동기시대 토제(土製) 어망추에 대한 검토 -울산지역 출토품을 중심으로-」, 『울산연구』 4, 울산대학교박물관, 2002, pp. 112~123.

18 裵眞晟, 「墳墓 築造 社會의 開始」, 『韓國考古學報』 80, 韓國考古學會, 2011.

19 李榮文, 「韓國 靑銅器時代 前期 墓制의 樣相」, 『文化史學』 35, 韓國文化史學會, 2011, p. 51.

사된 것으로 보아 익산지역에서도 전기 분묘가 조사될 가능성은 충분하다. 그리고 지금까지 중기의 분묘로 보고된 옹관묘와 석관묘 가운데 석천리 옹관묘와 화산리 신덕 석관묘의 경우 유물의 특징으로 보아 전기 후반까지 올려 볼 수 있다.

석천리에서는 3기의 옹관이 수습 조사되었다. 3기 모두 직치식 옹관묘로 옹관으로 사용된 토기는 모두 직립구연 壺이다. 보고자는 토기의 기형에 있어 송국리식토기와 차이를 인정하면서도 옹관묘를 송국리문화의 한 속성으로 분류하여 송국리형옹관으로 보고 있지만,[20] 옹관으로 사용된 토기가 전기의 특징적인 직립구연 호로 토기의 형식으로 보아 송국리식토기 보다는 이른 시기로 볼 수 있으며[21] 특히 2호 옹관은 동최대경이 동체 상위에 있고, 견부가 강조되어 있으며 견부와 구연부의 경계가 뚜렷하고 직립구연으로 구순부에 각목문이 시문된 것을 제외하면 전체적으로 영등동 I-3호 출토 호와 동일한 기형으로 볼 수 있다. 1호와 3호 옹관도 세부속성에 있어서는 약간씩 차이가 있지만, 모두 전기의 특징적인 직립구연 호인 점으로 보아 옹관묘가 청동기시대 전기부터 축조되고 있음을 알 수 있다.[22]

화산리 신덕 A1호 석관묘는 벽석은 모두 유실되어 석관의 구조는 알 수 없지만, 석관의 서단벽 바닥에서 출토된 유물이 직립구연 호로 동체하위와 저부는 유실되었지만, 장동형 동체에 견부는 강조되지 않았지만, 구연부는 직립되었으며 구순부에는 각목문이 시문되어 있다. 기형상으로 보면 직립구연 호 가운데는 가장 늦은 시기이지만, 전체적인 특징에 있어 전기 후반으로 편년 가능하다. 다만 공반된 묘

---

20 李健茂 · 申光燮, 「益山 石泉里 甕棺墓에 대하여」, 『考古學誌』 5, 韓國考古美術研究所, 1994.

21 金吉植, 「扶餘 松菊里 無文土器時代墓」, 『考古學誌』 9, 韓國考古美術研究所, 1998.

22 김규정, 「無文土器 甕棺墓 檢討」, 『先史와 古代』 25, 韓國古代學會, 2006, p. 472.

제가 모두 중기의 송국리문화와 관련된 묘제라는 점에서 중기까지 내려올 가능성도 배제할 수 없다.[23]

2. 靑銅器時代 中期

1) 住居址

중기는 전기후반에 주거지 규모가 소형화·규격화되면서 평면형태는 방형으로 정형화되고 새로운 주거형태인 송국리식주거지가 등장한다. 주거지는 3~5기가 주거군을 형성하고 이러한 주거군이 몇 개가 모여서 취락을 형성하고 개별 주거지는 특정한 공간(광장)을 중심으로 환상으로 배치되는 경향이 있다. 개별 취락내에서 주거지의 규모에 따라 대형-중형-소형으로 구분된다. 또한 취락내에는 광장, 저장시설, 토기요 등이 분포하고 주거군과 공간을 달리하여 墳墓群이 존재한다.

익산지역에서 조사된 중기주거지는 송국리식주거지로 대표되며 세부형식에 있어 송국리식과 휴암리식으로 대별된다.

익산지역에서 조사된 청동기시대 주거지 가운데 현재까지 보고서가 간행된 유적을 중심으로 살펴보면 16개 유적 70기이다. 입지 및 분포양상을 보면 잔구성 구릉의 능선과 사면을 따라 분포하고 있으며 대체로 3~5기 정도의 주거지가 군을 이루고 있다. 아직까지 대규모의 취락은 확인되지 않았으며 대부분 10기 미만으로 구성된 소규모의 취락이다.

---

23 金奎正, 『湖南地域 靑銅器時代 聚落硏究』, 慶尙大學校大學院 博士學位論文, 2013, p. 76.

주거지의 면적은 반파되어 알 수 없는 주거지를 제외한 58기의 주거지 가운데 소형(15m² 미만) 29기, 중형(15~25m² 미만) 24기, 중대형(25~30m² 미만) 3기, 대형(30m² 이상) 2기로 소형과 중형이 대부분이며 30m² 이상 대형주거지는 장신리에서 1기, 부평에서 1기가 조사되었다.

주거유형은 송국리식과 휴암리식이 거의 같은 비율을 보이고 있으며 용기리에서는 5기의 주거지가 모두 휴암리식이고 모현동의 경우도 7기의 주거지 가운데 형식분류가 가능한 6기의 주거지 가운데 5기가 휴암리식이다.

출토유물은 송국리식토기, 소호, 완과 적색마연토기 호 · 완이 출토되었다. 송국리식토기는 대부분 편으로 출토되었으며 완형은 영등동 I-14호 · I-16호 · III-4호, 모현동, 원수리 2호 · 4호, 홍암리, 부평 I-4호에서 출토되었다. 송국리식토기는 구연부와 동체의 형태에 따라 세분하는데 대체로 직립구연에서 외반구연으로 변화되는 것으로 보고 있으며[24] I식은 직립구연의 형태, II식은 외반구연의 형태를 보이고 있으나, 외반도가 완만한 형태, III식은 외반도가 급격한 형태로 구분된다.[25] 익산지역 중기 주거지 출토 송국리식토기는 I식은 영등동 I-14호, 모현동 원형주거지에서 출토되었으며 II식은 영등동 I-14호 · I-16호, 모현동 원형주거지에서 출토되었다. III식은 영등동 III-4호, 원수리 2호, 홍암리 주거지, 광암리 2호, 부평 I-4호에서 출토되었다. 영등동 I-14호와 모현동 원형주거지에서는 I식과 II

---

24 趙現鐘, 『松菊里形土器에 대한 一考察』, 弘益大學校 大學院 碩士學位論文, 1989; 이홍종, 「송국리문화의 문화접촉과 문화변동」, 『韓國上古史學報』 48, 韓國上古史學會, 2005.

25 玄大煥, 「松菊里遺蹟 54地區 住居址에 關한 檢討」, 『研究論文集』 4, 湖南文化財研究院, 2008.

식이 공반된다. 광암리 2호 주거지를 제외하면 모두 송국리식주거지에서 출토되었다. 소호(옹)는 영등동 Ⅲ-4호, 원수리 2호, 어랑리 1호 · 5호에서 출토되었으며 완은 영등동 Ⅰ-16호 · Ⅲ-4호, 원수리 2호 · 4호에서 출토되었다. 발은 광암리 1호, 부평Ⅰ-3호, 장신리 22호에서 출토되었다.

적색마연토기는 호와 완으로 대표되는데 호는 대부분 편으로 출토되었으며 기형을 알 수 있는 것은 흥암리 주거지 출토 원저단경호로 원저단경호는 역삼동식주거지 출토 대부호가 대각이 탈락되면서 변화된 것으로 보고 있다.[26] 완은 송국리식주거지에서 출토량이 가장 많은 기종으로 부송동 1호 · 2호, 영등동 Ⅰ-12호 · 14호 · 16호 · Ⅲ-4호, 모현동, 원수리 2호 · 5호, 흥암리, 부평Ⅰ-1호 · 2호 · 3호에서 출토되었다. 완은 축약된 저부, 저부에서 구연까지 완만한 곡선으로 연결되고 구연은 직립에 가깝게 약하게 내만 되거나 직립하는 것이 특징이다. 적색마연토기 완은 구연부가 외반하는 형태에서 내만으로 변화되고 동최대경은 상단에 있는 것에서 없는 것으로 변화되는 것으로 보고 있다.[27]

적색마연토기는 익산지역 청동기시대 중기 주거지에서 일반적으로 출토되고 있는 것으로 보아 일상용으로 널리 제작 · 사용된 것으로 볼 수 있다. 그러나 송국리식토기와 마찬가지로 휴암리식주거지에서는 거의 출토되지 않는다.

---

26 김미영, 「적색마연토기의 변천과 분포에 대한 연구 -원저호를 중심으로-」, 『慶南研究』 2, 경남발전연구원 역사문화연구센터, 2010, pp. 60~61.

27 宋永鎭, 「韓半島 南部地域의 赤色磨研土器 研究」, 『嶺南考古學』 38, 嶺南考古學會, pp. 54~56.

표 3   익산지역 청동기시대 중기주거지 조사현황

유적	유구	규모(cm)			면적 (㎡)	타원형구덩이(cm)				주거유형	주요출토유물	특징
		장축	단축	깊이		장축방향	장축	단축	깊이			
부송동	1	527		71	21.8	북서-남동			22	송	옹편, 적색마연토기 완, 일단경촉 2, 삼각형석도, 곡옥편	1/3파괴, 벽구, 4주혈
	2	616		27	29.8	북동-남서	60	50	23	송	적색마연토기 완, 일체형석촉편	반파
	3	440		6	15.2	북서-남동	50	40	13	송	일단경촉 2, 석검편, 석착, 대팻날	반파
영등동	I-7	350	286	13	7.9	북동-남서	65	55	10	휴	석검편	
	I-12	375	352	49	10.3	북서-남동	55	30	15	송	토기편, 적색마연토기 완편, 일체형석촉, 토제어망추(구) 1	벽구, 단시설
	I-14	600	570	115	26.8	북서-남동	172	76	34	송	옹, 적색마연토기 호·완, 발, 일단경촉 1, 일체형석촉 4, 기타석촉, 석검편, 유경식석검편, 편인석부편, 유구석부편, 편평편인석부, 석착, 석부편, 삼각형석도편, 반월형석도편, 관옥 2, 지석, 홈돌, 토제어망추(구) 1	
	I-15	526	494	47	20.4	남동-북서	70	40	20	오	지석	주구묘에 의해 파괴
	I-16	464	435	41	16.0	북서-남동	42	37	20	오	옹, 완, 적색마연토기 완, 삼각형석도, 일체형석촉편, 대팻날, 토제어망추(원), 대석, 지석	벽구
	I-19	565 ?	260 ?		75						옹편, 적색마연토기 호편, 대팻날편, 석촉편, 토제방추차	벽구, 반파
	II-1	402	379	17	11.9	남동-북서	81	46	14	송	지석, 토제방추차 1, 토제어망추(원) 1	벽주혈
	II-5	375 ?			23	남-북	40~70	40~46	17		토기편	2차 벽구, 구시설
	II-6	425	386	53	13.1	동-서	72	56	18	송	토기편, 석기편, 지석	

유적	유구	규모(cm)			면적(m²)	타원형구덩이(cm)				주거유형	주요출토유물	특징
		장축	단축	깊이		장축방향	장축	단축	깊이			
	Ⅲ-1	470	340?	16	12.5?	북동-남서	84	60	27	송	토기편, 삼각형석도편, 석착, 마연석기편, 지석	구, 벽구
	Ⅲ-2	459	441	29	20.2	동-서	83	61	20	휴	토기편, 석촉편, 토제방추차, 지석	벽구
	Ⅲ-3	343	351	13	12.0	동-서	54	42	13	휴	토기편	
	Ⅲ-4	488	465	59	17.8	남동-북서	60	37	14	오	옹, 소옹, 완, 적색마연토기완 3, 호편, 일단경촉 1, 석도편, 지석, 석기편, 토제어망추(원) 1	벽구, 벽주혈
	Ⅲ-5	486	457	31	17.4	동-서	67	40	17	오	토기편, 일단경촉, 지석	벽구, 구시설
	Ⅲ-7	296	293	30	8.7	북서-남동	76	50	7	송	토기편, 갈판, 유단석부, 토제어망추(원) 1	
	Ⅲ-8	296	259	26	7.7	동-서	72	42	8	휴	토기편	
모현동	1	550?	540?	75	23.3?	동-서	36	93	31	송	옹, 호, 적색마연토기 완 2, 일체형석촉 1, 삼각형석도, 석검편, 지석, 미완성석기	
원수리	1	345	305	26	8.2	남-북	100	51	19	송		壁孔
	2	470	437	58	16.1	남서-북동	110	70	28	송	옹, 완,소옹, 적색마연토기완, 일체형석촉편, 석도편, 지석	북서쪽 출입시설, 바닥 진흙 다짐, 불다짐
	3	492	435	86	24.1?	남-북	150?	70?	8	휴	토기편, 석검편, 석기편	3호→4호 先, 外柱孔, 壁孔
	4	435	421	146	14.3	동-서	107	67	24	송	옹, 소형토기 완·발, 석검편, 일단경촉 5, 일체형석촉 5, 기타석촉 6, 석착, 대팻날, 토제방추차, 지석, 박편	3호→4호 後, 남쪽 출입시설, 벽주혈
	5	440	412	59	14.2	남-북	181	51	12	송	옹편, 적색마연토기완, 석검봉부편, 일단경촉 2, 기타석촉 3, 지석, 미완성석기	북서쪽 출입시설, 壁孔

유적	유구	규모(cm)			면적(m²)	타원형구덩이(cm)				주거유형	주요출토유물	특징
		장축	단축	깊이		장축방향	장축	단축	깊이			
	6	350	340	54	9.3	남-북	82	82	17	동	옹편, 저부투공토기, 적색마연토기 호편, 일단경촉 1, 일체형석촉 1	補助柱孔, 바닥 柱孔
금성리	1	362	334	28	12.0	동-서	82	74	16	휴	토기편, 지석	타원형구덩이 내 목탄
부송동242-73	1	473	468	25	17.3	동-서	107	59	18	송	토기편, 일단경촉, 석착, 지석, 박편	구시설, 벽구
	2	375	359	56	10.5	동-서	91	62	14	송	토기편, 일단경촉 1, 일체형석촉 1, 석부편, 지석	구시설
	3	373	245?	20	9.1?	동-서	88	64	23	휴	토기편, 석검편, 지석	반타
	4	302	207?	18	6.2?	남-북	50	38	9	휴	토기편, 갈돌편	원형구덩 이주변 補助柱孔
	5	501	454?	15	16.3?	동-서				송	토기편, 편인석부	타원형구덩이 일부 유실
홍암리	1	473		34	17.6	동-서	77	47	22	오	옹, 적색마연토기 호·완, 삼각형석도편, 석촉편, 지석	
광암리	1	557		34		동-서				휴	심발, 발, 적색마연토기 호편, 일단경촉 8, 지석, 미완성석기	반파
	2	463	418		19.4	동-서	46	41	12	하	호, 석부편, 지석, 박편	주거지 내부 작업대 추정 석기 산재
부평	I-1	580	530	86	24.1	남-북					토기편, 적색마연토기 완, 석검편, 일단경촉 1, 석도편, 편평편인석부, 지석	2호→1호 後 바닥 장방형 수혈
	I-2	520	500	62	20.4	남-북					옹편, 적색마연토기 완·호, 일단경촉 2, 일체형석촉 1, 삼각형석도편, 편평편인석부, 유구석부편, 지석	2호→1호 先

유적	유구	규모(cm)			면적(m²)	타원형구덩이(cm)				주거유형	주요출토유물	특징
		장축	단축	깊이		장축방향	장축	단축	깊이			
	I-3	460	450	32	16.2	동-서	70	48		송	발, 적색마연토기 완, 방추차편, 토제어망추(구) 1	
	I-4	530	290	80							옹, 적색마연토기 호·완편, 유경식석검	1/2조사, 바닥 타원형 수혈
	I-5					남-북	76	40				타원형 구덩이만 잔존
	II-1	570	510	24	22.8	북서-남동	156	70		송	토기편, 일단경촉 1, 일체형석촉 1, 석착편, 편평편인석부편, 지석	
	II-2	640	626	84	31.5	동-서					토기편, 일단경촉 2, 일체형석촉 1, 기타석촉 2, 석착, 삼각형석도편, 방추차편	
	II-3	440	420	68	14.5	남-북	130	56			토기편	
장신리	1	390	370	58	11.3	남-북	86	44	17	송	호, 저부편	바닥 회백색점토
	20	410?	330?	17		북서-남동	148	50	30		적색마연토기편	바닥 회백색점토
	21	648	620	47	31.5	동-서	104	60	28	송	호, 저부편	바닥 점토, 남서벽 벽구설+보조주공
	22	356	350	19	9.8	남-북	80	50	14	송	발, 삼각형석도편, 석제방추차	
모현동 2010	1	285	187	29		N78°E	65	60		휴	토제방추차	반파
	2	235	172	13		N77°W	55	35	7	효		반파
	3	390	257	34		N20°W	84	53	40	휴	삼각만입촉	중복파괴
	4	380	206	22		N18°E	91	36	8	휴	일단경촉, 미완성석기	반파
	5	287	274	26	7.86	N5°E	71	48	7	휴	무문토기편, 일체형석촉	

유적	유구	규모(cm)			면적(㎡)	타원형구덩이(cm)				주거유형	주요출토유물	특징
		장축	단축	깊이		장축방향	장축	단축	깊이			
	6	356	280	8	9.96	N33°E					무문토기편	타원형구덩이 없음
	7	350	330	30	11	N8°W	94	59	21	휴	직구호, 양인석부, 석촉편, 편평편인석부편, 미완성석기편	한쪽 모서리 돌출
학동	1	290	199	10			76	46	10	휴	유물없음	반파
	2	466	451	20	21.01	N27°E	64	50	8	휴?	일단경촉, 유혈구이단경촉, 석제품	후대유구에의해 구덩이 파괴
묵동	1	400	382	55	11.99		96	56	16	송	석촉편, 미완성석촉	
어랑리	1	526	505	66	20.85	N59°E	146	45		송	소호편, 저부, 갈돌, 지석, 관옥 1	
	2	472	420	40	15.56	동-서	103	54		송	동체편, 지석	
	3	350	275	20		남-북	55		15	효		반파, 4호와 중복 先
	4	432		43	14.64	남-북	190	55		송	저부, 동체편, 일단경촉, 일체형석촉 2, 관옥, 미완성석기	개축, 벽주혈, 3호와 중복 後
	5	418		16	13.71	동-서	79	44		송	소호편, 지석	1/3파괴
보삼리	1	522	486	34	19.91	N9°E	99	67	17	휴	구연편, 동체편, 저부편	벽선곡선
율촌리	1	306	300	15	9.18	N28°W	45	32	10	휴	동체편, 저부편, 환상석부, 주상편인석부, 삼각형석도편, 토제방추차	
	2	360	280	25	10.08	N20°W	78	58	16	휴	동체편, 양인석부편	내구
용기리	I-5	427	426	36	18.2	N18.5°E	86	37	16	휴	구연편, 저부편, 일단경촉, 석촉편, 대팻날 2, 박편, 지석, 망치돌	벽선일부 곡선

유적	유구	규모(cm)			면적(m²)	타원형구덩이(cm)				주거유형	주요출토유물	특징
		장축	단축	깊이		장축방향	장축	단축	깊이			
	I-6	362	355	16	12.9	N30°E	94	55	22	휴	구연편, 저부편, 일단경촉 3, 석촉편 2, 대팻날, 미완성석기, 찰절석기 2, 박편, 지석	벽선일부 곡선, 4호와 중복 後
	I-7	367	369	59	13.3	N18°E	86	50	16	휴	구순각목토기편, 호편, 석제방추차 1, 미완성석기, 박편, 지석	
	II-1	392	350	12	15.0	N62°E	90	66	12	휴	저부편, 석기편, 미완성석기	
	II-2	208	207	11		N76°E	96	48	8	휴	일단경촉, 석기편	

석기는 석검, 석촉, 석도, 석부, 유구석부, 석착, 대팻날 등 다양하게 출토되고 있는데 가장 많은 양이 차지하는 것은 석촉으로 일단경식과 일체형석촉이 대부분이지만, 모현동 3호에서 삼각만입촉 1점, 학동 2호에서 유혈구이단경식석촉 1점이 출토되었다. 석검은 대부분 편으로 출토되어 정확한 형식을 알 수 없지만, 부평 I-4호 출토품의 경우 비록 소형에 속하지만 유경식석검이다. 석도는 완형 보다는 편으로 출토되었으며 대부분 삼각형석도이다. 이밖에 석부, 유구석부,

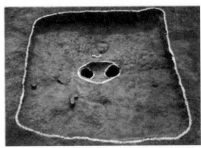 

도 4 모현동유적 휴암리식주거지   도 5 율촌리유적 휴암리식주거지

도 6　부송동 242-73유적 송국리식주거지　　　도 7　부송동 부평유적 송국리식주거지

유단석부, 석착, 대팻날, 방추차 등이 출토되었지만, 수량은 많지 않다.

토제품은 방추차와 어망추가 출토되었다. 어망추는 청동기시대 전기에는 거의 모든 주거지에서 출토되고 있으며 수량도 많은데 반하여 중기 주거지에서는 영등동 I-12호 1점, I-14호 1점, II-1호 1점, III-7호 1점, 부평 I-3호 1점 등 5점에 불과하다.

2) 墳墓

청동기시대 중기는 주거군과 공간을 달리하여 묘역이 조성되는데 지석묘, 석관묘, (석개)토광묘, 옹관묘, 주구묘 등 다양한 분묘들이 축조된다. 익산지역에서는 주로 석관묘, (석개)토광묘, 옹관묘가 축조되었으며 한반도 전역에서 확인되고 있는 지석묘는 아직까지 확인되지 않았다. 그러나 高麗時代 李奎報의 「南行月日記」[28]에 金馬로 향

---

28 『東國李相國集』券23, 『東文選』券66의 「南行月日記」 "明日將向金馬郡. 求所謂支石者觀之. 支石者. 俗傳古聖人所支. 果有奇迹之異常者." 남행월일기는 이규보가 1199년 6월에 전주목 사록겸서기에 부임하여 그해 9월부터 이듬해 12월까지 1년 4개월 동안 전주목 일대를 유람하고 지은 기행문으로 그때그때 짧게 기록하였다가 1201년 3월에 한편의 기문으로 완성하였다.

할 때 支石을 보았다는 기록으로 보아 고려시대까지만 하여도 지석묘가 존재 하였던 것으로 보인다. 그리고 지표조사를 통해 팔봉동에서 지석묘 상석으로 추정되는 2기의 석재가 확인되었지만, 발굴조사가 이루어지지 않아 현재로서는 지석묘인지 알 수 없으며 현재까지 발굴조사 결과로 볼 때 지석묘의 하부구조로 볼 수 있는 흔적 또한 전혀 확인되지 않았다. 익산지역 청동기시대 중기의 분묘는 석관묘, (석개)토광묘, 옹관묘로 대별된다.

(1) 石棺墓

석관묘는 지하에 묘광을 굴광하고 장방형 혹은 제형으로 판석을 세워서 축조하고 바닥이나 천장에 돌을 깔거나 덮고 그 안에 시신과 부장유물을 넣는 무덤으로[29] 지석묘와 함께 청동기시대 전 기간에 걸쳐 조영된 무덤이다.[30]

표 4 익산지역 청동기시대 중기 석관묘 일람표

유적	유구	장축방향	벽석	굴광형태	바닥처리	개석	묘광규모(cm)			석관규모(cm)			출토유물	다른유구와공반관계
							길이	너비	깊이	길이	너비	높이		
율촌리	3-1	N20°W	판석	1단	할석+토기	판석				122	35	27	적색마연토기편	주거지, 석개토광묘, 옹관묘
	3-2	N7°E	판석	1단	생토	유실				94	24	45		
	5-1	N24°W	판석	1단	생토	판석	165	85	20	115	45	35		
	5-2	N0°E	판석	1단	생토	유실				145	55	25		
	5-3	N0°E	판석	1단	생토	유실				60	25	40		
	5-4	N24°E	판석	1단	생토	유실	150	80		118	50	25		

29 李鐘宣,「韓國 石棺墓의 硏究」,『韓國考古學報』1, 韓國考古學會, 1976.
30 吳圭珍,「中西部地域 靑銅器時代 石棺墓一考察」,『錦江考古』創刊號, 忠淸文化財硏究院, 2004, p. 18.

유적	유구	장축방향	벽석	굴광형태	바닥처리	개석	묘광규모(cm)			석관규모(cm)			출토유물	다른유구와공반관계
							길이	너비	깊이	길이	너비	높이		
화산리신덕	A-1	N80°W	판석	1단?	토기	유실	100	60	10					토광묘, 옹관묘, 수혈
	A-2	N10°E	판석	1단	생토	유실	155	55	10				환옥1	
웅포리	1	N89°E	판석	1단	생토	유실	148	60		120	52	32		없음
	2	N89°E	판석	1단	생토	유실	136	68		128	46	34		
	3	N88°E	판석	1단	생토	유실	94	48		84	32	29		
	4	N90°E	판석	1단	생토	판석	162	92		144	56	46	일단병식석검	
	5	N90°E	판석	1단	생토	판석	114	68		88	40	32		
	6	N82°E	판석	1단	토기	유실	146	72		134	56	38		
	7	N82°E	판석	1단	할석	유실	162	68		142	42	40		
장신리	1	동-서	판석	1단	할석+토기					246	122	56		주거지, 토광묘, 옹관묘
어랑리	가-1	N86°W	판석	2단	토기	판석	220 162	140 100	10 82	122	31	40		주거지, 석개토광묘, 옹관묘
	나-1	N25°E	판석	1단	판석	유실				140	56	10		
	나-2	N63°W	판석	1단	토기	유실				150	68	13		
	나-3	N28°W	판석	1단	토기	유실				88	68	2		
	나-4	N54°W	판석	1단	토기					140	62	20	일단경식석촉	

익산지역에서 조사된 석관묘는 5개 유적 21기가 조사되었다. 조사된 석관묘의 입지는 저평한 구릉의 능선이나 사면의 등고선을 따라 나란하게 열을 지어 배치되어 있다. 다른 유구와의 공반관계를 살펴보면 대체로 송국리식주거지, (석개)토광묘, 옹관묘와 공반되지만, 웅포리에서는 다른 유구와 공반되지 않고 석관묘만 열상으로 분포하

도 8 웅포리 석관묘   도 9 어량리 석관묘 및 석개토광묘

고 있다.

석관의 규모는 대체로 100~150cm이며 100cm 이하인 석관묘도 율촌리 3-2호·5-3호, 웅포리 3호·5호, 어량리 나-3호 등 5기이다. 규모가 150cm 이하인 석관묘의 경우 성인을 신전장 하기는 불가능 하였을 것으로 판단되기 때문에 신전장 이외에 굴장과 세골장 등 다양한 매장 풍습이 있었던 것으로 보인다.

축조방법은 묘광의 굴광에 따라 일단과 이단으로 구분되는데 어량리 가-1호를 제외하면 대부분 일단 굴광으로 동시기에 축조된 (석개)토광묘가 대부분 이단 굴광인 것과 대조를 이룬다. 물론 상부가 유실되어 개석이 잔존하지 않은 석관묘도 많기 때문에 속단할 수는 없지만, 그렇다 하더라도 동시기에 축조된 (석개)토광묘에 비해 이단 굴광은 1기를 제외하고 확인되지 않는 것으로 보아 이단 굴광은 극히 일부에서만 축조된 것으로 보인다.

석관의 축조방법은 장벽은 수매, 단벽은 대체로 1매의 판석을 이용하여 가로나 세로방향으로 세워서 축조하고 있다. 바닥처리는 율촌리 3-1호와 장신리 1호는 할석+무문토기를 깔았으며 화산리 신덕 A1호, 웅포리 6호, 어량리 가-1호·나-2호·나-3호·나-4호는 무문토기, 어량리 나-1호는 판석을 깔았고, 나머지 석관묘는 생토면을 그대로 이용하고 있어 동시기에 축조된 (석개)토광묘에 비해 바닥처리를 하지 않은 석관묘가 많다. 특히 율촌리와 웅포리에서 바닥처리를 하지 않은 석관묘가 많은 것으로 보아 지역에 따른 차이일 가능성도 있다. 개석은 대부분 유실되어 율촌리 3-1호 · 5-1호, 웅포리 4호 · 5호, 어량리 가-1호에서 확인된다. 개석은 판석 여러매를 이용하여 덮었다.

유물은 신덕리 A-1호에서 환옥 1점, 웅포리 4호에서 유병식석검 1점, 어량리 나-4호에서 일단경식석촉편 1점이 출토된 것을 제외하면 박장이다. 다만 현재 조사가 진행되고 있는 무형리 포변유적에서는 '가'지구에서 석관묘 9기, '나'지구에서 석관묘 13기 등 22기의 석관묘가 조사되었는데 단일유적 가운데 가장 많은 석관묘가 조사되었으며 유물은 '가'지구 1호 · 2호 · 5호 · 8호와 '나'지구 11호 · 13호에서 일단병식마제석검이 출토되었다.[31]

(2) (石蓋)土壙墓

토광묘는 묘광을 굴광하여 시신을 안치하는 가장 원초적인 무덤형식으로 선사시대부터 사용되기 시작하여 현재까지도 사용되는 가장 오랜 전통을 가진 무덤이다. 토광묘는 관과 곽의 사용유무에 따라 토광직장묘, 토광목관묘, 토광목곽묘로 구분되며 청동기시대 전기부터 목관이 사용된 것으로 보고 있지만,[32] 한반도의 지질상 관이나 곽으로 사용된 관재가 부식되어 매장당시의 현상을 복원하는데 한계가 있고, 토층의 잔존상태를 통한 추정 또한 조사자마다 견해차가 있어[33]

---

31 圓光大學校 馬韓 · 百濟文化硏究所, 『익산 일반산업단지 진입도로 개설공사 문화재 발굴조사(1차) 학술자문회의자료』, 2013.
32 裵眞晟, 「墳墓 築造 社會의 開始」, 『韓國考古學報』 80, 韓國考古學會, 2011, p. 10.
33 신용민, 「다호리유적 목관묘 시기의 묘제」, 『考古學誌』 特輯號, 韓國考古美術硏究所,

광의의 개념인 토광묘로 통칭하여 부르고 있다.[34]

익산지역에서 확인된 토광묘는 관의 사용유무를 알 수 있는 토광묘는 현재까지 확인된 예가 없으며 개석의 유무에 따라 (석개)토광묘와 (목개)토광묘로 구분할 수 있지만, 목개의 경우 추정에 의할 뿐 아직 정확한 사례는 없다.[35] (석개)토광묘는 금강유역에서 주로 확인되며 송국리식주거지, 석관묘, 옹관묘와 공반되고 있어 송국리형묘제로 설정되었다.[36]

익산지역에서 조사된 (석개)토광묘는 6개 유적 25기가 조사되었다. 대체로 송국리식주거지, 석관묘, 옹관묘와 공반되지만, 서두리 2유적에서 처럼 토광묘만 단독으로 확인되기도 한다. 묘광의 축조방법은 일단과 이단으로 구분되는데 일단 굴광 8기, 이단 굴광은 화산리 B2호, 섬다리 2호, 어량리 1호 · 2호 · 5호와 토광묘 2호 등 6기이다. 그리고 나머지 토광묘는 삭평 등으로 정확한 굴광형태를 알 수 없다. 개석은 8기에서 확인되는데 모두 석개이며 이단 굴광의 경우 대체로 석개가 확인되는데 어량리 2호는 이단 굴광임에도 불구하고 개석이 확인되지 않는 것으로 보아 판재와 같은 목개가 사용되었을 가능성도 있다.

바닥은 율촌리 4호, 서두리 2-2호, 어량리 석3호 · 토5호는 생토면을 그대로 이용하고 있고, 나머지 토광묘들은 모두 무문토기편을 파쇄하여 깔았으나, 섬다리 1호는 적색마연토기를 파쇄하여 깔았다. 묘

2009, p. 143.

34 韓玉珉,『全南地方 土壙墓 研究』, 全北大學校 大學院 碩士學位論文, 2000, p. 1.

35 익산에서 지금까지 조사된 청동기시대 중기의 토광묘 가운데 木棺의 흔적이 확실한 경우는 아직 없기 때문에 토광묘로 통칭하며 石蓋가 확인된 토광묘도 상당히 분포하고 (석개)토광묘로 사용한다.

36 金承玉,「錦江流域 松菊里型 墓制의 研究 -석관묘 · 석개토광묘 · 옹관묘를 중심으로-」,『韓國考古學報』, 韓國考古學會, 2001, p. 45.

표 5 익산지역 청동기시대 중기 (석개)토광묘 일람표

유적	유구	장축방향	평면형태	굴광	바닥처리	개석	묘광규모(cm)			출토유물	다른 유구와 공반관계
							길이 상하	너비 상하	깊이 상하		
율촌리	1	N295°E	장방형	1단	무문토기	?	120	55	35		주거지, 석관묘, 옹관묘
	4	N238°W	장방형	1단	생토	석개	155	57	25	무문토기편	
화산리신덕	B1	N70°W	장방형	1단	무문토기	?	135	50	15		석관묘, 옹관묘
	B2	N50°W	장방형	2단	무문토기	?	150 90	90 35	25	환옥1	
섬다리	석1	N80°E	장방형	1단	적색마연토기	석개	141	44	35	일단병식석검 1	주거지, 방형
	석2	N82°W	장방형	2단	무문토기	석개	145	51	43		주거지, 옹관묘
	토1	N86°W	타원형	1단	무문토기	?	148	54	46		
장신리	70	N77°E	장방형	불명	무문토기	?	136 ?	55 43	4		주거지, 석관묘, 옹관묘
	71	N80°E	장방형	불명	무문토기	?	151 132	60 42	20		
	72	N89°W	장방형	불명	무문토기	?	126 120	34 28	11		
서두리2	1	N39°E	장방형	불명	생토		144	52	10	일단병식석검 1	
	2	N52°E	장방형	불명	무문토기	불명	141	39	6		
어량리	석1	N86°W	장방형	2단	무문토기	석개	210 146	37 125	10 40		주거지, 석관묘, 옹관묘
	석2	N75°W	장방형	2단	무문토기	석개	202 138	126 5	20 48		
	석3	N103°W	장방형	1단	생토	석개	98	40	49		
	석4	N128°E	장방형	1단	무문토기	석개	128	46	35		
	석5	N67°W	장방형	2단	무문토기	석개	198 152	118 48	12 24		
	토1	N54°E	장방형	불명	무문토기	?	114	55			

유적	유구	장축방향	평면형태	굴광	바닥처리	개석	묘광규모(cm)			출토유물	다른 유구와 공반관계
							길이 상 하	너비 상 하	깊이 상 하		
	토2	N75°W	장방형	2단	무문토기	無	122 76	64 21	20 36		
	토3	N36°W	장방형	1단	무문토기	無	95	30	32		
	토4	N32°E	타원형	불명	무문토기	?	105	31	10		
	토5	N48°W	타원형	불명	생토	?	96	36	20		
	토6	N94°E	장방형	불명	무문토기	?	132	40	22		
	토7	N46°W	장방형	불명	무문토기	?	135	38	16		
	토8	N65°W	장방형	불명	무문토기	?	145?	58	8		

광의 규모는 이단 굴광의 경우 상단은 길이 150~210cm, 너비 90~
126cm, 하단은 길이 76~146cm, 너비 35~48cm이다. 일단 굴광의
경우 길이 95~155cm, 너비 30~57cm로 석관묘와 마찬가지로 성인
을 신전장하기에는 규모가 작다.

유물은 화산리 신덕 B2호에서 천하석제 환옥 1점, 섬다리 1호, 서
두리 2-1호에서 각각 일단병식석검 1점이 출토되었을 뿐 다른 토광
묘에서는 유물이 전혀 부장되지 않았다. 이는 동시기에 축조된 석관
묘도 마찬가지다.

(3) 甕棺墓

옹관묘는 시신을 독이나 항아리에 넣어서 묻는 매장방법으로 선사
시대부터 근래까지 한반도 전역에서 조영된 오랜 전통을 가진 묘제
로 신석기시대에 해당되는 진주 상촌리 14호 주거지에서 2기의 옹
관묘가 조사되어 신석기시대 중기부터 옹관묘가 축조된 것으로 보고

있다.[37]

청동기시대 옹관묘는 지석묘·석관묘와는 달리 청동기시대 중기의 송국리문화의 한 특징으로 보고 있으며,[38] 선사시대 묘제로써 옹관묘가 본격적으로 이용되는 시점은 송국리문화의 등장과 궤를 같이하는 것으로 보고 있다.[39]

익산지역에서 조사된 옹관묘로 8개 유적 28기가 조사되었다. 대체로 송국리식주거지, 석관묘, (석개)토광묘와 공반되고 있지만, 서두리 1유적에서는 4기의 옹관묘가 조사되었지만, 다른 유구와는 전혀 공반되지 않고 옹관묘만 축조되었다.

묘광의 굴광방법에 따라 일단과 이단으로 구분되지만, 지형의 삭평 등으로 인하여 잔존 상태만으로 이를 구분하기는 쉽지 않다. 잔존상태가 양호한 옹관묘를 살펴보면 서두리 1-3호는 일단 굴광, 화산리 신덕 신2호, 어량리 가-6호·가-8호 등 3기는 이단 굴광이다. 매장방식은 직치, 사치, 횡치로 구분되는데 직치 9기, 사치 11기, 횡치 6기, 불명 2기로 사치가 가장 많고, 다음으로 직치와 횡치이다. 특히 사치와 횡치의 분류기준은 보는 관점에 따라 다르기 때문에 재고의 여지가 있다.

대체로 직치와 사치가 주를 이루지만, 횡치도 어량리 가-1호·가-2호·가-4호·나-1호와 서두리 2-1호, 용기리에서 확인되었다. 그러나 서두리 2-1호와 용기리 옹관묘는 토기를 눕혀서 놓은 형태로

37 沈奉謹,「晋州 上村里遺蹟 出土 新石器時代 甕棺」,『文物研究』2, 東아시아文物研究所, 1998.
38 李賢淑,「松菊里型 甕棺墓의 檢討」,『역사와 역사교육』3·4합집, 熊津史學會, 1999, p. 28.
39 金承玉,「錦江流域 松菊里型 墓制의 研究 -석관묘·석개토광묘·옹관묘를 중심으로-」,『韓國考古學報』45, 韓國考古學會, 2001, p. 52.

표 6 익산지역 청동기시대 중기 옹관묘 일람표

유적	유구	묘광굴광	매장방식				개석	출토유물	옹관사용토기	다른 유구와 공반관계
			직치	사치	횡치	불명				
율촌리	1	불명	○				불명	없음	호	주거지, 석관묘, 석개토광묘
화산리 신덕	신 1	불명	○				토기(발)	없음	옹+발	석관묘, 토광묘
	신 2	2단	○				토기(발)	없음	옹+발	
	B1	불명		○			불명	없음	불명	
웅포리	1	불명	○				불명	없음	불명	없음
장신리	1-1	불명	○				불명	없음	불명	주거지, 석관묘, 토광묘
	3-1	불명		○			불명	없음	불명	
	3-2	불명		○			불명	없음	불명	
	3-3	불명		○			불명	없음	불명	
섬다리	1	불명	○				토기(발)	없음	옹+발	석관묘, 석개토광묘
	2	불명				○	불명	없음	불명	
	3	불명		○			불명	없음	옹	
	4	불명				○	불명	없음	불명	
어랑리	가-1	불명			○		불명	관옥 30	옹	주거지, 수혈구, 석관묘, 석개토광묘, 토광묘
	가-2	불명			○		불명	없음	불명	
	가-3	불명		○			불명	없음	불명	
	가-4	불명			○		불명	없음	옹	
	가-5	불명		○			불명	없음	불명	
	가-6	2단	○				불명	없음	불명	
	가-7	불명		○			불명	없음	불명	
	가-8	2단		○			토기	없음	불명	
	가-9	불명		○			토기	없음	불명	
	나-1	불명			○		불명	없음	옹	
서두리 1	1-1	불명	○				갈판	없음	옹	없음
	1-2	불명	○				불명	없음	옹	
	1-3	1단		○			석재	없음	옹	
	2-1	불명				○	석재	없음	옹	
용기리	1	불명			○		불명	발	불명	주거지

전형적인 횡치식인 반면 어량리 옹관묘는 4기 모두 묘광을 장방형에 가깝게 굴광하고 벽가를 따라 토기편을 이용하여 세워 마치 석관묘의 벽석처럼 축조한 특이한 구조로 일반적인 옹관묘와는 축조방법에서 차이를 보이는데 전체적인 구조가 석관묘와 유사한 것으로 보아 石棺墓의 영향을 받은 것으로 보인다. 이런형태의 옹관묘는 아직까지 다른지역에서 조사된 예가 없어 이를 옹관묘의 범주에 포함시켜야 할지 아니면 축조방법이 석관묘와 유사하기 때문에 석관묘의 한 형식으로 보아야 할지는 검토가 필요하다.

뚜껑은 석재(판석)와 토기를 이용하여 덮고 있는데 석재는 석천리 1호 · 2호, 서두리 1-1호 · 1-3호 · 2-1호 등 모두 5기에서 확인된다. 석천리 1호 · 2호는 판석을 이용하여 덮었고, 서두리 1-1호는 갈판을 이용하여 덮었다. 토기를 이용하여 덮은 예는 화산리 신덕 신1호 · 신2호, 섬다리 1호, 어량리 가-8호 · 가-9호 등 5기에서 확인된다. 뚜껑으로 사용된 토기는 대체로 발이다.

유물은 어량리 가-1호에서 관옥 30점, 용기리 옹관에서 소형발 1점이 출토된 것을 제외하면 나머지 옹관묘는 유물이 전혀 출토되지 않았다. 어량리 가-1호에서 관옥 30점이 출토되었는데 공반되는 석관묘와 토광묘의 경우 나-4호 석관묘에서 일단경촉편 1점이 출토된

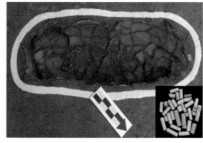

도 10 어량리 옹관묘

도 11 서두리 옹관묘

것을 제외하면 유물이 전혀 출토되지 않는 것과 대조를 이룬다. 옹관묘에서 이처럼 관옥이 출토된 예는 어량리와 인접하고 있는 논산 마전리 KO-001호 석개사치식 옹관묘에서 관옥 48점이 출토되었다.

Ⅲ. 益山地域 靑銅器時代 聚落의 特徵

청동기시대 취락은 주거공간을 기본으로 하여 분묘공간과 생산공간으로 구성되는 것이 일반적이며 이와 함께 다양한 행위가 어우러지는 광장이나 의례공간, 폐기장 등이 포함된다.[40] 익산지역 청동기시대 취락은 전기에는 가락동유형으로 대표되며 일부 미사리유형과 역삼동 · 흔암리유형도 확인되지만, 극히 일부이다. 중기에는 송국리문화의 확산에 따라 송국리문화가 형성되어 중기후반까지 지속된다.

1. 익산지역 청동기시대 취락의 연대문제

1) 청동기시대 전기취락의 연대

한반도 청동기시대의 편년은 기원전 15세기까지 올라가는 것으로 보고 있으며 이러한 시기편년이 가능하게 된 것은 돌대문토기를 특징으로 하는 미사리유형의 조기설정과 AMS를 통한 절대연대가 중요하게 작용하였다고 볼 수 있다. 익산지역 청동기시대 전기는 아직 기

---

40 李亨源,『韓國 靑銅器時代의 聚落構造와 社會組織』, 忠南大學校 大學院 博士學位論文, 2009, p. 108.

원전 15세기까지 올려 볼 수 있는 유적은 없지만, 늦어도 기원전 13세기 이전까지 올려볼 수 있을 것으로 보인다.

〈표 7〉은 익산지역 전기주거지 AMS연대 측정 결과로 3개 유적 6기의 주거지에서 연대측정이 이루어졌으며 시료는 신동리 1호 주거지는 2830±80BP(탄화목), 섬다리 2호 주거지 2720±60BP · 2860±50BP(탄화목), 용기리 I-1호 2860±20BP(탄화목), 2840±20BP(탄화미), 2910±20BP(탄화조), I-2호 주거지 2770±20BP(탄화미), I-3호 주거지 2915±20BP(탄화목), I-4호 주거지 2805±25BP(탄화목)로 측정되었다.

4기의 주거지에서 AMS연대 측정이 이루어진 용기리 유적의 경우 I-1호 주거지 노지 2에 인접한 구에서 출토된 탄화종실(조)이 1208~1016 cal BC 역연대범위에 포함되며 1135~1016 cal BC(74.6%)의 범위가 높은 확률을 보이고 북쪽 내부토에서 출토된 탄화종실(벼)은 1081~1065 cal BC(1.1%)와 1056~919 cal BC(94.3%)의 역연대범위를 나타내었다. 남쪽 주혈 내부 퇴적토에서 출토된 탄화목재는 1116~938 cal BC의 역연대범위에 포함된다. 3호 주거지 출토 탄화목재는 1208~1018 cal BC, 4호 주거지 출토 탄화목재는 1014~901 cal BC(95.4%), 2호 주거지 탄화종실(벼)은 994~842 cal BC의 역연대범위를 나타내었다. 결국 용기리 전기주거지의 2δ역연대 범위는 1208~842 cal BC로 볼 수 있다.[41]

이상의 연대는 호남지역 전기 주거지의 AMS연대와 일치하고 있는데 지금까지 축적된 호남지역 전기 주거지의 연대는 3,000BP~2,700BP에 집중된다. 이를 역연대로 환산하면 기원전 13~9세기로

---

41 전북문화재연구원, 『익산 일반산업단지 조성부지 Ⅱ지구 익산 구평리 Ⅰ · Ⅱ · Ⅳ, 연동리 Ⅰ, 용기리 Ⅰ · Ⅱ 유적』, 2013, p. 467.

표 7 익산지역 전기 주거지 AMS연대

유적	유구	시료	측정값 (BP)	보정연대(BC)		출토유물
				1δ(68.2%)	2δ(95.4%)	
신동리	1주	탄화목	2830±80	1130~890	1220~820 (94.0%)	Ⅱc식, Ⅳ식토기, 미완성석기, 토제어망추 2
섬다리	2주	탄화목	2720±60	925~810	1010~790	Ⅰb, Ⅱb식토기, 토제어망추, 주형석도편, 석착
			2860±50	1120~970 (62.4%)	1210~900	
용기리	Ⅰ-1주	탄화목	2860±20	1056~976	111~973 (89.2%)	무문토기편, 석도 3, 어망추 3, 방추차 4, 박편석기, 박편석기, 지석, 박편, 탄화곡물 (쌀, 콩, 조, 기장)
		탄화미	2840±20	1026~973 (52.8%)	1056~919 (94.3%)	
		탄화조	2910±20	1129~1050 (67.4%)	1135~1016 (74.6%)	
	Ⅰ-2주	탄화미	2770±20	937~896 (51.0%)	979~842 (94.6%)	Ⅱc식, Ⅲc식토기, 호형토기편, 어망추2, 일단경촉, 합인석부, 지석, 박편석기, 탄화미
	Ⅰ-3주	탄화목	2915±20	1129~1051	1135~1018 (74.2%)	Ⅱd식토기, 어망추 1, 미완성석기, 박편석기, 지석, 탄화미
	Ⅰ-4주	탄화목	2805±25	996~922	1014~901	무문토기편, 지석

볼 수 있어 익산지역 청동기시대 전기의 연대는 기원전 13~9세기의 범위에 포함된다고 볼 수 있는데 출토유물은 용기리 Ⅰ-1호 주거지를 제외하면 대부분 퇴화이중구연단사선문과 구순각목문 그리고 복합문양이 시문된 토기로 토기의 형식으로 보면 전기중반으로 편년 가능하다. 따라서 전형적인 이중구연토기(단사선문)가 출토된 영등동 주거지의 경우 용기리 주거지 보다 시기적으로 앞선다고 볼 수 있다.

　　호남지역 청동기시대 전기주거지는 절대연대와 출토유물을 통해 볼 때 가락동유형이 기원전 13~10세기, 역삼동·흔암리유형은 기원전 12~9세기로 편년되며 역삼동식토기의 경우 중기의 송국리문화가 등장한 이후에도 일정 기간 잔존하고 있는 것으로 보아 하한은 기원전 7세기 이후로 내려갈 가능성이 있는 것으로 보고 있다.[42] 따라서 용기리유적의 경우 가락동유형이 중심을 이루고 있으며 절대연대로 볼 때 기원전 12~10세기로 편년 가능할 것으로 보인다.

2) 청동기시대 중기 취락의 연대

청동기시대 중기는 송국리문화로 대표되며 3~5기로 구성된 단위주거군이 몇 개가 모여 형성된 취락의 양상을 보이고 있다. 이 시기에 익산 전역으로 유적이 확산된다. 중기의 상한은 AMS연대에 근거한다면 기원전 8세기 이전으로 올라갈 가능성은 충분하고 하한은 한반도에 점토대토기가 본격적으로 유입되기 시작하는 기원전 5세기로 볼 수 있다.[43]

익산지역 중기주거지의 AMS연대는 조사된 유적에 비해 많지 않은데 이는 송국리식주거지의 경우 AMS연대를 측정할 수 있는 화재주거지의 비율이 높지 않은데 원인이 있다.

〈표 8〉은 익산지역 중기 주거지의 AMS연대로 4개 유적 4기에서 연대측정이 이루어졌다. 흥암리 1호 주거지의 연대는 2,350±60BP(탄화목), 광암리 1호 주거지는 2,290±60BP · 2,420±50BP(탄화목), 어량리 가-1호 주거지는 2,430±50BP(탄화목), 용기리 I-6호 주거지는 2,480±20BP(탄화목)로 역연대범위는 766~514 cal BC(95.4%)로 편년되었다.

---

42 金奎正,『湖南地域 靑銅器時代 聚落硏究』, 慶尙大學校大學院 博士學位論文, 2013.
43 金奎正,「靑銅器時代 中期設定과 問題」,『韓國靑銅器學報』 1, 韓國靑銅器學會, 2007, p. 80.

호남지역 중기 주거지의 AMS연대는 지역에 따라 약간의 차이는 있지만, 대체로 2,700BP~2,400BP에 집중된다. 북서부지역의 경우 2,600BP~2,400BP에 집중되며 익산지역은 2,480BP~2,290BP로 편년되고 있어 절대연대로 보면 중기의 늦은 시기로 편년될 수 있다.

표 8 중기주거지 AMS연대 및 역연대교정결과

유적	유구	시료	주거유형	측정값 (BP)	보정연대(BC)		출토유물
					1δ(68.2%)	2δ(95.4%)	
흥암리	1주	탄화목	송국리	2350±60	540~360 (67.1%)	800~350 (87.0%)	옹, 적색마연토기 호·완, 삼각형석도편, 석촉편, 지석
광암리	1주	탄화목	휴암리	2290±60	300~200 (35.5%)	520~190	심발, 발, 적색마연토기 호편, 일단경촉 8, 지석, 미완성석기
				2420±50	540~400 (50.9%)	600~390 (61.6%)	
어량리	가-1주	탄화목	송국리	2430±50	550~400 (50.7%)	670~400 (75.3%)	소호편, 저부, 갈돌, 지석, 관옥 1
용기리	Ⅰ-6주	탄화목	휴암리	2480±20	597~542 (27.3%)	766~514	구연편, 저부편, 일단경촉 3, 석촉편 2, 대팻날, 미완성석기, 찰절석기 2, 박편, 지석

그리고 익산지역 중기 주거지는 상대연대에 있어 층위상의 중복관계에 따라 휴암리식이 선행하는 것으로 확인되는데 원수리, 와리 정동에서 송국리식이 휴암리식을 파괴하고 축조되어 휴암리식이 선행하는 것으로 확인되었다.

출토유물에 있어서도 모현동 3호(휴암리식)에서 삼각만입촉, 7호(휴암리식)에서 직립구연 호, 학동 1호(휴암리식)에서 유혈구이단경식석촉, 율촌리(호) 1호(휴암리식)에서 주상편인석부와 환상석부가 출토되었다. 직립구연 호와 삼각만입촉, 이단경식석촉은 전기의 특징적인 유물로 볼 수 있으며 주상편인석부는 청동기시대 전기부터 사용되는 석기로 중기에는 점차 소형화되고 溝가 첨가되며서 유구석부로 발전하는데 특히 배진성의 분류 Ⅲ식의 주상편인석부는 전기후반~후기전반에 집중되는 것으로 보고 있다.[44] 이상의 출토유물로 볼 때 익산지역 중기 주거지는 휴암리식이 송국리식에 선행하는 것으로 볼 수 있고, 중기의 이른 단계로 볼 수 있지만, 절대연대에서는 차이를 보이지 않는다.

2. 益山地域 靑銅器時代 聚落의 特徵

청동기시대 취락은 주거지, 분묘, 저장시설, 경작지 등 여러 가지 구성요소들이 성격에 따라 입지를 달리하여 분포하고 있다. 취락의 입지에 따른 분류는 크게 平地型 聚落, 山地型 聚落, 丘陵型 聚落으로 구분하는데 平地型 聚落은 하천 주변의 평지에 형성된 취락이며 山地型 聚落은 산지에 입지한 취락이고, 丘陵型 聚落은 平地에 임한 低丘陵地에 입지하고 있는 취락으로 구분한다.[45] 취락의 유형은 주거지의 밀집도에 따라 단위취락, 중위취락, 대취락으로 구분하고 이를 다시 취락의 기능별로 생산과 소비를 위주로 형성된 주변취락, 최소 5개 이상의 단위주거군(대취락)에 의해 형성된 취락으로서 중심지적인 역할을 수행한 취락인 중심취락, 중심취락의 성격도 있을 수 있지만, 특수목적에 의해 만들어졌다고 인정되는 거점취락으로 구분하

---

44 裵眞晟, 「柱狀片刃石斧의 變化와 劃期 -有溝石斧의 發生과 無文土器時代 中期 社會의 性格-」, 『韓國考古學報』 44, 韓國考古學會, 2001, p. 39.
45 安在晧, 「韓國農耕社會의 成立」, 『韓國考古學報』 43, 韓國考古學會, 2000, pp. 49~50.

고 있다.[46]

공민규는 전기 취락 가운데 선형으로 배치된 주거지의 경우 동시 기성이 전제되지 않는다면 선형취락의 설정이 무의미하다고 보고 청동기시대 취락은 주변의 자연지리적 경관 즉 지형적인 조건이 취락의 주거입지에서 중요한 요소로 볼 수 있으며 가락동유형의 취락은 1~2기의 주거지로 이루어진 단독점상취락(A형)과 3기 이상의 분산점상취락(B형), 구릉의 정상 또는 능선상에서 구릉사면으로 주거지의 입지가 넓혀지는 면상취락(C)으로 구분하였다.[47] 이후 2013년 논문에서는 단독점상취락(A형), 분산점상취락(B형), 구릉지의 정점을 따라 주거지가 선상으로 배치된 선상취락(C형), 면상취락(D형)으로 구분하였다.[48]

1) 청동기시대 전기 취락의 경관

청동기시대 전기취락은 주거지 외에 다른 취락 구성요소는 잘 확인이 되지 않고, 무덤은 조사예를 찾기가 더욱 어렵다.[49] 익산지역 청동기시대 전기취락의 경우도 용기리 유적에서 수혈 1기가 조사된 것을 제외하면 주거지 이외에 취락의 다른 구성요소는 거의 확인되지 않는다. 취락의 입지에 따른 분류는 모두 구릉성취락으로 볼 수 있으

---

46 李弘鍾,「寬倉里聚落의 景觀」,『송국리문화를 통해 본 농경사회의 문화체계』, 고려대학교 고고환경연구소 학술총서 제1책, 2005, p. 128.
47 孔敏奎,「금강 중류역 청동기시대 전기취락의 검토」,『韓國靑銅器學報』8, 韓國靑銅器學會, 2011, pp. 60~61.
48 공민규,『靑銅器時代 前期 錦江流域 聚落 硏究』, 숭실대학교 대학원 박사학위논문, 2013, pp. 115~116.
49 고민정,「진주 평거동유적 청동기시대 취락」,『남강유역 선사·고대 문화의 보고 평거동유적』, 경남발전연구원, 2013, p. 50.

며 영등동 I 지구에서 5기, 용기리 I 지구 4기가 구릉 능선을 따라 분포하고 있지만, 이들 주거지가 모두 동시기에 축조된 것이 아니기 때문에 대체로 1기에서 2~3기의 주거지로 구성된 단독점상취락 내지는 분산점상취락으로 볼 수 있다.

주거지의 평면형태는 영등동 I-3호·II-7호 등 장방형 2기, III-6호 세장방형 1기를 제외하면 나머지 주거지는 모두 방형이다. 내부 시설은 위석식노지와 상면식노지로 대부분의 1기의 노지가 설치되는데 반하여 영등동 I-3호·II-7호, 용기리 I-2호에서는 복수의 노지가 설치되는데 노지의 증가는 집단 성원의 증가로 공간분할이 이루어지면서 나타나는 현상으로 주거지 규모가 확대되면서 평면형태가 장방형 주거지에서만, 복수의 노지가 설치된다. 노지 이외에 주거지내에 저장혈, 주혈, 벽구, 벽주혈 등이 설치되어 있어 다양한 형태로 공간활용이 이루어지고 있음을 알 수 있다.

유물은 돌대문토기의 미사리유형, 이중구연토기(단사선문)의 가락동유형, 공렬문토기의 역삼동·흔암리유형으로 분류된다. 또한 구순각목토기, 직립구연호, 심발형토기, 완, 적색마연토기호 등이 주거지에서 출토되고 있다. 석기는 이단병식석검, 반월형석도, 삼각만입촉, 이단경식석촉, 일단경식석촉, 양인석부, 편평편인석부 등이 출토된다.

분묘는 아직 정확하지 않지만, 석천리 옹관묘로 사용된 호형토기를 통해 볼 때 이 시기에 옹관묘 사용되었을 가능성이 있으며 화산리 신덕 석관묘 출토 호의 경우도 전기의 특징적인 직립구연에 구순각목이 시문된 토기가 출토된 것으로 보아 앞으로 전기의 분묘가 조사될 가능성은 충분하다고 볼 수 있다. 특히 석천리 2호 옹관으로 사용된 호는 구순부에 각목문이 시문된 것을 제외하면 전체적인 기형에 있어 영등동 I-3호 출토 호와 동일한 기형으로 볼 수 있다. 따라서 늦어도 전기 후반부터 분묘가 축조되었음을 짐작할 수 있다.

청동기시대 전기취락의 생계방식은 농경과 수렵·채집이 동시에 행해지는 혼합경제체계로 수렵과 채집은 당시의 중요한 생계자원 획득의 한 축을 담당하였던 것으로 보고 있다.[50] 청동기시대에 조, 기장, 벼, 보리, 밀, 콩, 팥 등 작물에 크게 의존하게 되며 일반적으로 벼는 중부와 서남부지역에서 우세한 반면 밭작물은 동남부지역에서 보다 보편적인 것으로 보고 있다.[51]

그러나 호남지역에서 아직까지 청동기시대 전기 농경과 관련된 경작지는 물론 곡물자료가 확인된 예는 없었다. 익산지역에서도 아직까지 청동기시대 전기의 경작지는 확인되지 않았지만, 용기리 유적 전기 주거지에서 쌀, 콩, 조, 기장 등 탄화곡물이 출토됨으로써 청동기시대 전기의 농경을 짐작 할 수 있다. 전기 주거지에서 출토된 곡물자료를 살펴보면 쌀은 용기리 I-1호에서 2,300립이 출토되었고, I-2호와 I-3호에서도 출토되었다. 또한 I-1호에서는 두류인 콩과 잡곡인 조 10,000립 이상, 기장 50립이 출토되었다. 이들 곡물은 모두 벽구내에서 출토되었는데 식용부위가 탄화된 상태이기 때문에 조리후의 종실이 벽구 안에 폐기되었거나, 보관되어 있었던 매갈이 후의 벼와 탈곡한 조·기장이 주거지의 소실시 탄화되어 벽구안에 흘러들어 왔던 것으로 보고 있다. 그리고 주거지 퇴적토 내에서도 동정결과 쌀, 조, 기장이 탄화되어 많은 양이 검출되었다. 조의 유과와 벼의 소수축을 동반하는 점에서 껍질이 붙어 있는 상태로 보관되어 있

---

50 공민규, 『靑銅器時代 前期 錦江流域 聚落 研究』, 숭실대학교 대학원 박사학위논문, 2013, pp. 197~198.

51 안승모, 「식물유체로 본 시대별 작물조성의 변천」, 『농업의 고고학』, 한국고고학회 편, 2013, pp. 78~85.

었을 가능성이 있다.[52]

두류인 콩과 팥은 청동기시대부터 재배되기 시작한 것으로 알려져
있으며[53] 청동기시대 후기가 되면 전반적으로 작물에서 두류가 차지
하는 비중이 높아지고 특히 팥이 콩보다 출현 빈도가 많아지는 것으
로 보고 있다.[54] 용기리 I-1호 주거지에서는 콩이 출토되었고, 송학
동 저습지 조사과정에 무문토기와 함께 탄화된 팥이 출토되었다. 용
기리 I-1호 주거지에서 잡곡인 조·기장도 출토되어 청동기시대 전
기에 전작에 의한 작물재배가 성행하였던 것을 알 수 있다. 이처럼
조와 기장 등의 밭농사체계에 벼가 결합된 混作 양상은 신석기시대
에서 최근에 이르기까지 연결되는 한반도 농경의 기본골격으로 보고
있다.[55]

청동기시대에 벼농사가 본격적으로 이루어진 것은 중기의 송국리
문화와 관련된 것으로 보는 것이 통설이지만, 지금까지 확인된 고고
자료로 본다면 전기 후반의 늦은 시기 또는 말경에 이미 수도작이 시
작된 것으로 보는데[56] 청동기시대 전기의 벼농사에 대해서는 취락의
입지환경과 저지대의 지형환경을 고려할 때, 일상적인 식량자원이라
기 보다는 특수한 목적의 재배식물로서 기능하였을 가능성이 매우

---

52 전북문화재연구원, 『익산 일반산업단지 조성부지 II지구 익산 구평리 I·II·IV, 연동
리 I, 용기리 I·II 유적』, 2013.
53 안승모, 「식물유체로 본 시대별 작물조성의 변천」, 『농업의 고고학』, 한국고고학회
편, 2013, p. 76.
54 안승모, 「한반도 청동기시대의 작물조성」, 『湖南考古學報』 28, 湖南考古學會, 2008,
p. 13.
55 조현종, 「한반도 농경의 시작과 도작의 수용」, 『한국 고대의 수전농업과 수리시설』,
한국고환경연구소 편, 서경문화사, 2010, p. 201.
56 안재호, 「掘立柱建物이 있는 청동기시대 聚落相」, 『한국 고대의 수전농업과 수리시
설』, 한국고환경연구소 편, 서경문화사, 2010, p. 165.

높고,[57] 당시의 수도작은 특정한 목적을 위해 도입되었을 뿐, 일본 彌生社會와는 달리 한반도에서는 생산력 증대와 직결된 것이 아니라고 보는 견해도 있다.[58]

용기리 출토 곡물자료에 대한 AMS연대를 근거로 할 때 기원전 10세기 이전으로 편년되고 있으며 주거지의 특징과 출토유물 등으로 보아 청동기시대 전기 중반까지 올려 볼 수 있다. 특히 수도작과 관련된 쌀의 경우 I-1호 주거지의 벽구에서 출토된 2,300립 이외에도 퇴적토에서 다량으로 출토되었고, 나머지 주거지들에서도 검출된 것으로 보아 당시에 수도작이 상당한 비중을 차지한 것으로 보인다. 그러나 논 유구 토양분석을 통해 볼 때, 청동기시대에는 관개의 개념이 없이 자연적으로 물이 고이는 곳에 벼를 경작하는 것이 일반적이었고, 인위적인 담수는 매우 제한적이며 수도작은 농사의 성패와 안정성이 기후변동에 민감할 수 밖에 없는 기술적으로 취약한 생업수단이었던 것으로 보고 있으며[59] 또한 유적에서 출토된 인골에 대한 과학적 분석 결과를 통해 볼 때 청동기시대 중기 이후에는 논농사의 보급으로 벼농사의 비중이 컷을 것이라는 종래의 인식은 재고되어야 한다는 견해[60]와 실제 논 유구의 발굴 숫자에 비해 최초의 용수원으로부터 논에 이르는 급수의 전 과정이 제대로 밝혀진 유적이 드물기

57 이홍종, 「도작문화의 정착과 확산」, 『한국 고대의 수전농업과 수리시설』, 한국고환경연구소 편, 서경문화사, 2010, p. 209.
58 안재호, 「掘立柱建物이 있는 청동기시대 聚落相」, 『한국 고대의 수전농업과 수리시설』, 한국고환경연구소 편, 서경문화사, 2010, p. 165.
59 李儇珍, 「土壤分析을 통해 본 韓半島 初期 水田農耕의 일면」, 『韓國考古學報』 82, 韓國考古學會, 2012, p. 101.
60 이준정, 「작물섭취량 변화를 통해 본 농경의 전개과정」, 『한국상고사학보』 73, 한국상고사학회, 2011.

기 때문에 청동기시대 수도작에 대해서는 재고의 필요성이 있다.[61]

전기 주거지에서 출토유물 가운데 주목되는 것은 토제어망추이다. 어망추는 전기 주거지에서 출토되는 유물 가운데 가장 많은 양을 차지한다. 청동기시대에 농경이 본격화되면서 어로는 농경의 보조적인 양상을 띠는 것으로 보고 있으며 토제어망추를 이용한 망어법을 기본으로 내륙 쪽에 위치한 크고 작은 하천변을 중심으로 내수면 어로가 행해지고 수도농경이라는 더욱 발달된 농경법이 유입되면서 내수면 어로는 또 다른 제3의 수계로서 수전용 수계가 새로운 어장으로 이용된 것으로 보고 있다.[62] 이처럼 청동기시대에 수렵·채집과 함께 어로가 상당한 비중을 차지하고 있었던 것은 農耕이 기후 등 자연조건의 영향을 크게 받기 때문에 안정적인 식량공급을 위해서는 농경과 함께 수렵·채집과 어로가 함께 이루어진 혼합경제방식이 가장 안정적이었을 것으로 보인다.

익산지역 청동기시대 전기취락의 경관은 용기리 유적을 통해 볼 때 쌀과 잡곡인 조·기장은 수확 계절은 큰 차이가 없지만, 재배 환경은 전혀 다르기 때문에 당시에 구릉사면을 중심으로 조·기장, 콩과 같은 전작이 이루어지고 저지대나 곡간에서는 수전을 조영하여 쌀을 재배하였던 것으로 추정해 볼 수 있다.

2) 청동기시대 중기 취락의 경관

익산지역 청동기시대 중기에는 주거지+분묘공간으로 구성된 취락으로 취락내에 저장시설이 등장하며 취락을 구성하는 제요소들이 나

---

61 이현혜,「한국 농업기술의 발전 과정과 연구 성과」,『농업의 고고학』, 한국고고학회 편, 2013, p. 21.
62 김성욱,「청동기시대의 어로활동」,『韓國靑銅器學報』3, 韓國靑銅器學會, 2008, p. 15.

타난다. 그러나 아직까지 대규모의 취락은 확인되지 않았지만, 구릉을 중심으로 3~5기의 주거지가 하나의 세대공동체를 형성하며 단위별 세대공동체 4~5단위로 구성되고, 주거군과 분묘군을 통해 볼 때

표 9 익산지역 중기주거지 각 유적별 취락 현황

연번	유적	취락유형	수량	주거유형									저장시설			분묘		
				휴암리	대평리	하촌리	동천동	송국리	오곡리	효자동	동천동	불명	수혈	굴립주	기타	석관	토광	옹관
1	부송동	A	3					3										
2	영등동	B	16	5				6	4			1	14	5				
3	율촌리	C	3	2				1								6	2	1
4	모현동	A	1					1										
5	원수리	A	6	1				4		1								
6	금성리	A	1	1														
7	부송242-73	A	5	1				3				1						
8	홍암리	A	1					1										
9	광암리	A	2	2														
10	부평	A	8					7				1						
11	장신리	C	4	4												1	3	4
12	모현동	A	7	6								1						
13	학동	A	2	2														
14	묵동	A	1					1										
15	용기리	C	5	5														1
16	어량리	C	5					4		1			3		구1	5	13	10
17	율촌리(호)	A	2	2														
18	보삼리	A	1	1														
19	와리 정동	B	8	1				3		1	1	2	5	1				
20	신용리 갓점	C	1					1					2					
21	어량리 마산	B	3					3					6					
계			85	33				38	4	3	1	6	30	6		12	18	16

몇 개의 주거군이 1개의 분묘군을 형성하고 있는 것으로 보아 취락들 간에는 일정한 네트워크를 형성하고 있었던 것으로 볼 수 있다.

전기 장방형과 세장방형 주거지가 축조되다 전기 후반부터 평면 방형으로 정형화되며 小形化·規格化되고[63] 내부시설에 있어 가장 중요한 爐址가 사라지고 타원형구덩이로 대체되며 새로운 주거구조인 평면 원형의 송국리식주거지가 등장한다.

〈표 9〉는 익산지역에서 조사된 중기 주거지를 취락유형과 주거유형으로 분류하였다. 취락유형은 주거군으로만 구성된 취락(A형), 주거지군+저장시설(수혈·굴립주건물지 등)로 구성된 취락(B형)과 주거군+분묘군으로 구성된 취락(C형)으로 유형분류 할 수 있다. A형 취락은 부송동, 모현동, 원수리, 금성리, 부송동 242-73, 흥암리, 광암리, 부송동 부평, 모현동(2012), 학동, 묵동, 율촌리(호), 보삼리 등 13개 유적이 해당된다. B형 취락은 영등동, 와리 정동 등 2개 취락이 해당되고 C형 취락은 율촌리, 장신리, 용기리, 어량리, 신용리 갓점 등 5개 취락이 해당된다. A형 취락은 전면조사가 이루어지지 않은 유적도 포함되기 때문에 주변지역에 대한 조사가 이루어진다면 보다 명확해 질 것으로 보인다. B형 취락 가운데 영등동 취락의 경우 3개의 구릉에 각각 취락이 형성되어 있으며 Ⅰ지구에서 주거지 6기, 수혈 9기, 굴립주건물지 1기, Ⅱ지구에서 주거지 3기, 수혈 1기, Ⅲ지구에서 주거지 7기, 수혈 4기, 굴립주건물지 4기로 구성되어 있다. 주거지 면적에 따른 분포는 〈그림 2〉와 같다.

Ⅰ지구 주거군은 중형인 Ⅰ-14호 주거지(26.8m^2)를 중심으로 중소형 2기, 소형 2기로 구성되어 있으며 Ⅲ지구 주거지군은 중소형 3기, 소형 4기로 구성되어 있다. 저장시설로 볼 수 있는 수혈과 굴립주건

---

63 安在晧, 『靑銅器時代 聚落研究』, 釜山大學校 大學院 博士學位論文. 2006, p. 54.

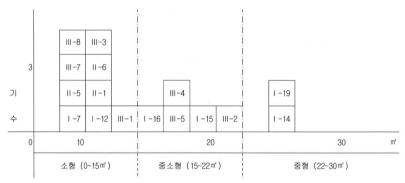

그림 2 익산 영등동유적 주거지 면적 도수 분포(양영주 2009)

물지 등이 주거군과 공간을 달리하여 분포하고 있는 것으로 보아 농경의 비중이 높아지면서 주거 단위로 독립된 형태의 취락이 형성된 것으로 볼 수 있다.[64] C형 취락은 용기리 유적에서 옹관묘 1기가 조사된 것을 제외하면 석관묘, (석개)토광묘, 옹관묘가 공반된다.

그리고 주거군이 없이 분묘군만 조사된 유적은 화산리 신덕에서 석관묘 1기, 토광묘 2기, 옹관 3기가 조사되었고, 웅포리 I유적에서는 석관묘 7기가 조사되었다. 섬다리에서 토광묘 3기, 옹관묘 4기가 조사되었는데 섬다리 유적의 경우 인접해서 장신리와 모현동유적이 위치하고 있는데 장신리 유적은 주거군과 분묘군이 결합된 취락이고 모현동에서 7기의 주거지가 조사되었지만, 주변에서 분묘가 전혀 확인되지 않았다. 일반적으로 삶과 죽음의 장소는 실제적인 거리의 측면에서는 매우 가깝거나 그리 멀지 않을 수 있으나, 당시 사람들의 상징체계에서는 각각 삶과 죽음을 대표하면서 동시에 공간적으로 서

---

64 梁英珠, 『湖南中北部地域 靑銅器時代 住居址의 變化樣相』, 忠南大學校 大學院 碩士學位文, 2009.

로 분리된 장소로서 인식된 것으로 볼 때[65] 섬다리 분묘군은 모현동 취락과 관련될 가능성이 있다.

주거유형[66]은 85기의 주거지 가운데 휴암리식 33기, 송국리식 38기, 오곡리식 4기, 효자동식 3기, 동천동 1기, 불명 6기이다. 그러나 평면형태에 관계없이 타원형구덩이의 형식에 있어 타원형구덩이 내부 양단에 주혈이 있는 형식이 71기로 전체 주거지 85기 가운데 83.5%의 점유율을 보이고 있어 익산지역 송국리식주거지는 타원형구덩 내부 양단에 주혈이 있는 형식이 주를 이루는 것을 알 수 있다.

분묘는 석관묘, (석개)토광묘, 옹관묘가 축조된다. 분묘는 중기에 집단묘역으로 발전하는데 한 묘역에 석관묘만 축조되는 경우도 있지만, 대체로 석관묘, (석개)토광묘, 옹관묘가 동일묘역에 혼재되어 축조되며 서로 중복되지 않은 것으로 보아 무덤의 형식에 있어 차이를 보일 뿐 동일한 집단에 의해 축조된 것으로 볼 수 있다.

중기 분묘에서 출토된 유물은 옹포리 4호 석관묘에서 일단병식석검 1점, 어량리 나-4호 석관묘에서 일단경식석촉편 1점, 화산리 신덕 B2호 토광묘에서 환옥 1점, 섬다리 1호 석개토광묘에서 일단병식석검 1점, 서두리 2-1호 토광묘에서 일단병식석검 1점, 어량리 가-1호 옹관묘에서 관옥 30점이 출토된 것을 제외하면 유물이 전혀 부장되지 않아 부장유물을 통한 무덤간에 위계를 설정하기에는 한계가 있다.

---

65 김종일, 「삶과 죽음의 토포필리아 한국 청동기시대 농업공동체 등장과 경과」, 『선사 농경연구의 새로운 동향』, 한국고고학회 편, 2009, p. 243.

66 金奎正, 『湖南地域 靑銅器時代 聚落硏究』, 慶尙大學校大學院 博士學位論文, 2013. 송국리식주거지의 형식분류는 기존 분류를 참조하여 방형의 경우 IA식은 휴암리식, IB식은 대평리식, IC식은 하촌리식, ID식은 동천동식으로 분류되고, 원형의 경우 ⅡA식은 송국리식, ⅡB식은 오곡리식, ⅡC은 효자동식, ⅡD식은 동천동식으로 분류하였다.

중기는 송국리문화로 대표되는데 송국리문화는 도작농경문화를 정착시키고 확산시킨 문화로[67] 이 시기를 전후하여 본격적인 水稻作이 이루어지며 논농사와 밭농사를 겸하는 복합적인 농경체계가 확립된 시기이다.[68] 농경을 위한 경작지 조성은 작물조건에 맞는 지형과 토질을 찾아내어 원지형을 최대한 활용하면서 최소한의 노동력과 시간으로 경작지를 조성한 것이 가장 효율적인 방법으로 논은 대부분 입지형태가 한정적이기 때문에 원지형과 비슷한 형태로 조성된 경우가 많고, 그 형태도 소구획 논이나 폭이 좁은 계단식 논으로 조성하여 원지형을 최대한 유지하면서 최소한의 노동력으로 경작할 수 있게 하였다.[69]

익산지역 청동기시대 중기의 경작지는 아직까지 확인되지 않았다. 다만 농경의 직접적인 증거로 볼 수 있는 곡물자료는 용기리 I-6호 주거지에서 탄화미가 출토되었고, 송학동 저습지에서 두류인 팥이 무문토기에 담긴채 출토되었다. 농경과 관련된 경작지와 곡물자료가 빈약한 것은 익산지역에서 아직 저지대에 대한 조사가 이루어지지 않았고, 작물의 경우 탄화된 상태로만 확인이 가능하기 때문이며 비록 조사가 이루어지지는 않았지만, 영등동 III지구 구릉사면의 동쪽에 위치하고 있는 저습지에 대한 트렌치조사에서 무문토기와 함께 다량의 목재들이 확인되었고, 어량리 유적과 인접한 논산 마전리 유적에서 보시설과 수로 등을 설치하여 관개하는 체계의 논이 확인되

---

67 이홍종, 「도작문화의 정착과 확산」, 『한국 고대의 수전농업과 수리시설』, 한국고환경연구소 편, 서경문화사, 2010, p. 207.
68 이현혜, 「한국 농업기술의 발전 과정과 연구 성과」, 『농업의 고고학』, 한국고고학회 편, 2013, p. 18.
69 윤호필, 「경작유구를 통해 본 경지이용방식의 변천 연구」, 『농업의 고고학』, 한국고고학회 편, 2013, p. 170.

고 송국리문화가 등장하는 기원전 10~8세기에 논과 초보적인 관개 기술이 등장한 것으로 보아[70] 익산지역에서도 마전리와 유사한 지형을 가진 저지대와 곡저부에 대한 조사가 이루어진다면 경작지가 조사될 가능성은 충분하다.

농경과 관련되어 주목되는 것은 중기에 수혈과 굴립주건물 등 저장시설의 증가를 들 수 있다. 수혈은 영등동 14기, 어량리 3기, 와리 정동 5기, 신용리 갓점 2기와 부송동 부평에서는 I-1호와 I-4호 주거지내에서 수혈이 확인된다. 수혈은 곡물의 저장에 대해 부정적인 견해도 있지만, 수혈내부에서의 적정 온·습도와 벼 자체의 보존 가공 처리가 충분히 이루어진다면 저장수혈 내 장기 보존 가능하지만, 곡물 저장은 특수한 수혈에 한정되기 때문에 굴립주건물 등으로 저장이 옮겨갔을 가능성이 높은 것으로 보고 있다.[71]

굴립주건물은 영등동에서 5기, 와리 정동에서 1기가 조사되었다. 굴립주건물은 전기유적에서는 거의 확인되지 않는 것으로 보아 중기에 본격적으로 등장하며 일반적으로 저장을 위한 창고로 보고 있다. 중기에 농경의 비중이 증가함과 동시에 저장시설인 수혈과 굴립주건물이 증가하며 특히 굴립주건물은 습기에 민감한 곡물을 저장하기에 유리한 시설로 볼 수 있어 중기에 보편화된 농경과 밀접한 관련이 있는 것으로 볼 수 있다.

중기취락의 생계방식의 또 다른 변화는 어로도구인 어망추의 출토 비율이 전기에 비해 급감한다는 점이다. 어망추가 급감한 이유에 대해서는 정확하지 않지만, 중기에 수도작의 비중이 높아지면서 전기

---

70 허의행,「湖西地域 靑銅器時代 灌漑體系와 展開樣相」,『湖南考古學報』41, 湖南考古學會, 2012, pp. 55~56.

71 허의행,「호서지역 청동기시대 후기 저장수혈의 양상과 변화」,『嶺南考古學』58, 嶺南考古學會, 2011, pp. 15~16.

에 소하천이나 저습지에서 이루어졌던 어로가 중기에 관개용 수로를 이용해 물고기를 기르는 방식이 채택되었을 가능성이 있다. 관개용 수로나 수전 등에서 물고기를 기를 경우 굳이 그물을 이용할 필요가 없다. 이는 현재 중국 운남성에서 행해지고 있는 농경 및 어로방식에서 잘 알 수 있는데, 수전에 물고기를 방사하여 추수가 끝나면 대바구니 등을 이용하여 물고기를 잡는 전통방법이 현재까지 그대로 이루어지고 있는 것으로 보아 청동기시대에도 이처럼 관개용 수로나 수전에서 물고기를 기르는 방법이 일반화 되었을 것으로 추정해 볼 수 있다.

익산지역 청동기시대 중기취락 경관은 구릉능선과 사면을 중심으로 3~5기로 구성된 세대공동체의 주거군이 단독 또는 군집을 이루며 분포하고 구릉사면에서는 전작 중심의 농경이, 저습지와 곡저부에서는 수전이 조영되어 농경 중심의 생계방식이 이루어졌으며 부수적으로 관개용 수로와 수전에서 어로행위와 주변 야산에서 수렵 등이 이루어진 것으로 볼 수 있다. 특히 청동기시대 전기에 비해 저장시설인 수혈과 굴립주건물이 증가하는 것으로 보아 농경의 비중이 전기에 비해 한층 높아진 것을 알 수 있다.

Ⅳ. 맺음말

익산지역은 그동안 청동기문화의 중심분포권 인식되었으며 이는 지금까지의 발굴조사를 통하여 보다 명확하게 밝혀졌다고 볼 수 있다.

익산지역은 청동기시대 전기부터 많은 유적이 분포하고 있는 것이 확인되었는데 이는 익산이 가진 자연환경과 무관하지 않다고 본다.

익산은 서북쪽과 남쪽에 각각 금강과 만경강이라는 두 개의 강이 흐르고 낮은 구릉과 곡간지의 발달과 주변으로 펼쳐진 저습지는 농경이 중심인 청동기시대 유적의 입지에 유리한 지형으로 볼 수 있다.

본 글에서 익산지역 청동기시대를 전·중기의 취락을 중심으로 살펴보았다. 전기는 취락을 구성하는 여러 가지 요소들 가운데 주거지가 중심을 이루고 있으며 일부 분묘들이 확인된다. 출토유물을 통해 볼 때 생계방식은 농경과 어로는 물론 수렵·채집 등 다양하게 이루어졌다. 또한 청동기시대 전기의 수전농경에 대해 많은 의문이 있었지만, 용기리 I-1호 주거지 출토 다량의 탄화미를 통하여 볼 때, 전기부터 수도작이 전작과 함께 이루어지고 있었음을 짐작할 수 있다. 또한 거의 모든 주거지에서 어망추가 출토된 것으로 보아 소하천과 저습지에서 어로와 함께 수렵과 채집도 이루어진 것으로 볼 수 있다.

그러나 중기에 송국리문화가 형성과 확산에 따라 금강유역에 위치하고 있는 익산지역 또한 송국리문화의 중심분포권으로 자리하게 된다. 중기에는 취락의 구성요소 가운데 주거지는 물론 저장시설과 석관묘, (석개)토광묘, 옹관묘 등 다양한 분묘가 축조되면서 취락이 완성되며 중기부터 본격적인 농경사회로 진입한 것으로 볼 수 있는데 농경으로 잉여산물이 늘어나면서 이를 저장하기 위한 수혈과 굴립주건물이 증가가 단적인 예라 할 수 있다.

지금까지 조사된 익산지역 청동기시대 유적은 대부분 도시화가 이루어지거나 도로개설과 공단조성지역에 한정되어 조사가 이루어져 많은 유적이 조사되었음에도 불구하고 조사가 편중되어 있어 익산지역 청동기시대 취락의 특징을 살펴보기에는 한계가 있었으며 논리전개상 상당부분 필자의 주관적인 논리비약이 있었다. 이는 앞으로 조사가 증가하면 수정·보완될 수 있다고 본다.

또한 본 글에서는 청동기시대 후기(초기철기)의 취락에 대해서는 전혀 언급을 하지 못하였는데 이는 聚落을 구성하는 중요한 요소 가운데 하나인 주거지의 부재와 아직까지 분묘를 제외하면 그 실체가 명확하지 않기 때문에 취락연구에 한계가 있었다. 청동기시대 후기(초기철기)는 추후 별고를 통하여 다루고자 한다.

마지막으로 이 글의 내용은 2012년 "전북의 역사문물전 12 益山"에 수록된 원고와 "익산 마한·백제의 새로운 중심"이라는 주제로 발표한 내용(김규정 2013)을 대폭 수정하여 가필한 후 재구성한 것임을 밝혀둔다.

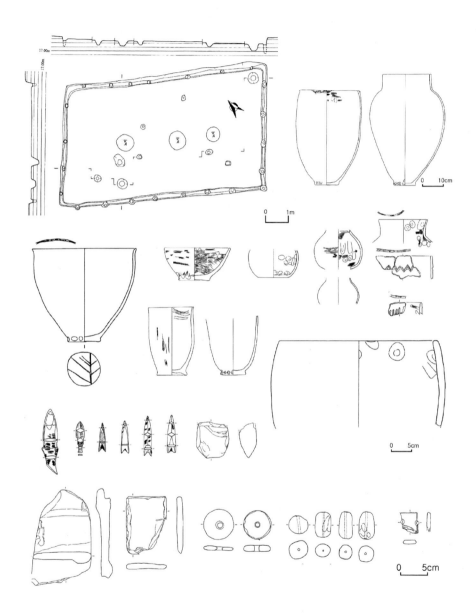

도 12 영등동 1-3호 주거지

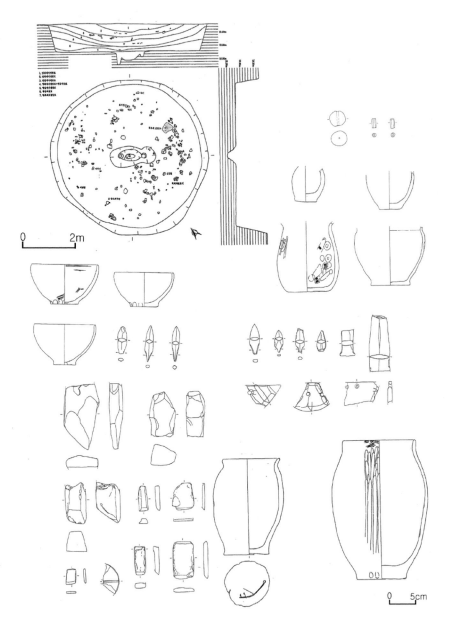

도 13 영등동 1-14호 주거지

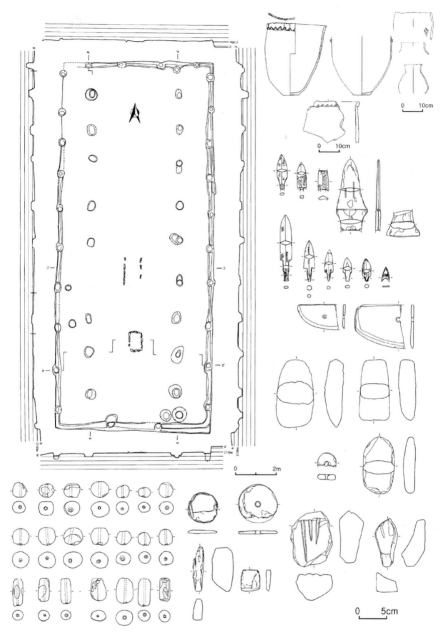

도 14 영등동 2-7호 주거지

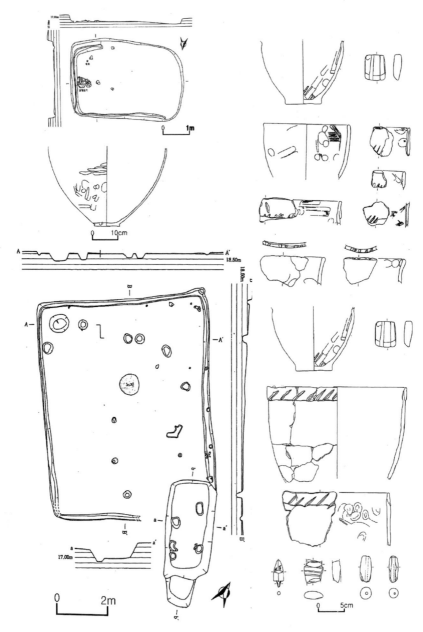

도 15 영등동 2-17호 주거지

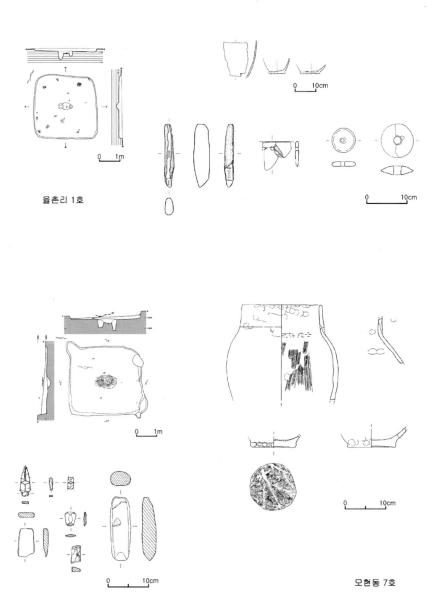

율촌리 1호

모현동 7호

도 16 모현동, 율촌리

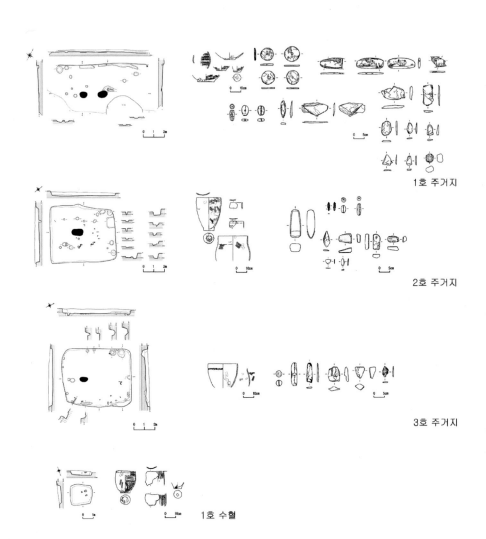

1호 주거지

2호 주거지

3호 주거지

1호 수혈

도 17 용기리 1 전기주거지

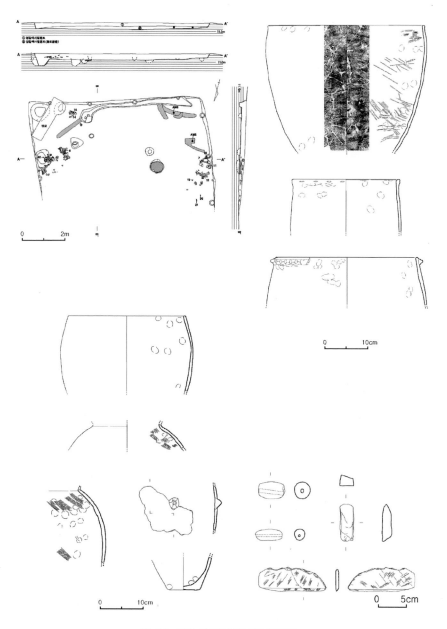

도 18 익산 섬다리유적 2호 주거지

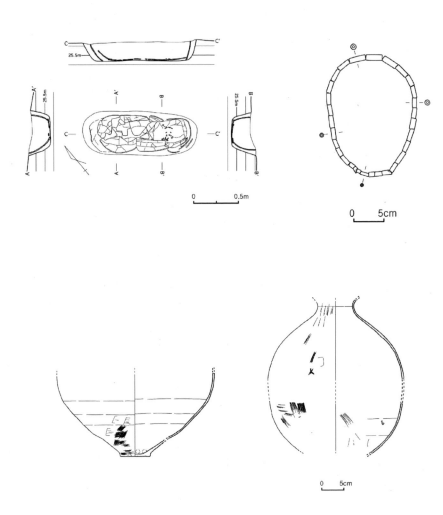

도 19 익산 어량리 1호 옹관묘

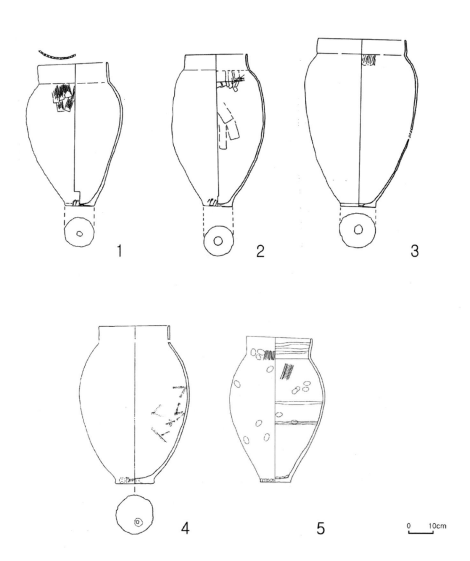

도 20 전기옹관

익산, 마한·백제연구의 새로운 중심

익산지역 백제 횡혈식 석실분의 수용과 전개

이문형
원광대학교 마한·백제문화연구소 책임연구원

Ⅰ. 머리말

전북지방의 북서쪽에 위치한 익산지역은 서북쪽으로는 금강이, 남쪽으로는 만경강이 각각 동-서로 흐르고 있으며 두 강을 사이에 두고 넓은 충적평야가 펼쳐져 있다. 북쪽의 금강을 따라 함라산(해발 241m)을 중심으로 구릉성 산지가 서남방면으로 펼쳐져 군산까지 연결되며, 동쪽으로도 천호산(해발 500m)과 미륵산(해발 430m), 용화산(해발 340m) 등이 금남정맥과 병풍처럼 연결되어 있다. 일찍이 익산지역은 이러한 금강과 만경강을 이용한 농경, 그리고 수로를 이용한 타 지역과의 교류의 용이성으로 인해 선사시대부터 역사시대에 이르기까지 문화의 중심지로 부각되어 왔다. 특히 청동기문화와 연관하여 평양, 경주와 더불어 우리나라 청동기문화의 중심지로 알려져 있으며,[1] 『三國遺事』馬韓條에는 準王의 남천지로 기록되어 있다. 백제시대에는 金馬渚라는 지명과 함께 백제 제30대 왕인 武王과 연관된 왕궁리유적 · 미륵사지 · 쌍릉 등 관련유적이 분포하고 있다. 또한 금강하류유역의 연안을 따라 형성된 능선에는 많은 백제시대 분묘유적이 자리하고 있다.

본 논고에서는 백제시대 분묘유적 중에서 횡혈식석실분을 검토하고자 한다. 일반적으로 분묘유적은 여타 고고학 자료에 비해 전통성과 보수성이 강하게 남아있는 것으로 인식하고 있다. 이는 오늘날에도 조상의 무덤, 혹은 타인의 무덤을 홀대하지 않는 전통에서도 쉽게 확인할 수 있다. 특히 백제 횡혈식석실분은 백제 중앙세력의 묘제로 널리 알려져 있다. 이러한 횡혈식석실분의 분석을 통해 백제 중앙

---

1 金元龍, 「益山地域의 靑銅器文化」, 『馬韓 · 百濟文化』 2, 圓光大學校 馬韓 · 百濟文化研究所, 1977.

과 지방과의 관계도 유추할 수 있다. 따라서 본 논고에서는 현재까지 익산지역에서 조사 보고된 백제시대 횡혈식석실분을 검토하고, 이를 통해 횡혈식석실분의 수용과 전개과정을 살펴보고자 한다.

Ⅱ. 익산지역 횡혈식석실분의 연구 현황과 유적

1. 연구 현황

최근까지 전북지방에서 백제 횡혈식석실분은 50여 곳의 유적에서 약 200여 기의 석실분이 보고되었으며,[2] 이 가운데 익산지역에서는 12곳의 유적에서 약 50여 기의 횡혈식석실분이 알려져있다.

익산지역에서 백제 횡혈식설식분에 대한 최초의 조사는 일제강점기인 1917년 谷井濟一에 의해 조사된 雙陵으로 간단한 설명과 함께 도면이 제시되었다.[3] 이후 1980년대까지 익산지역에서 석실분에 대한 조사 예는 확인되지 않는다. 그러다가 1986년 금강하구에서 우연히 발견된 입점리고분의 조사를 계기로 익산지역에서 백제고분의 본격적인 조사의 시발점이 되었다.[4] 입점리고분에서는 금동관모를 비롯한 금동신발과 중국제청자 등이 발견되면서 금강하류유역이 백제고분의 중심지로 주목을 받게 되었다. 이후 정밀지표조사를 통해 금

---

2 玉昌旼, 『百濟 橫穴式石室墳 硏究 -전북지방을 중심으로-』, 圓光大學校 碩士學位論文, 2011.
3 谷井濟一, 「益山 雙陵」, 『大正六年度調査報告』, 朝鮮總督府, 1920.
4 趙由典 外, 『익산 입점리고분』, 문화재연구소, 1989.

강을 따라 형성된 작은 야산맥의 능선을 따라 많은 수의 백제고분이 분포하는 것으로 확인되었다.[5] 이를 계기로 1986년 웅포리고분을 시작으로 많은 학술조사가 금강 하류지역(익산·군산)에서 진행되었다. 그 중 웅포리고분군은 1992년과 1993년, 2004~2007년에 걸쳐 삼국시대 고분 71기가 확인되었으며, 백제시대의 석축묘의 다양한 형식이 확인되어 금강이남지역에서 확인된 대표적인 백제고분 밀집지역으로 평가받고 있다. 입점리고분 역시 1986년 조사를 시작으로 1998년과 2000년 두 차례에 걸쳐 추가 조사되었다. 특히, 1998년 조사에서는 고분군이 자리한 능선의 가장 높은 정상부에서 규모면이나 출토유물에서 중심적인 위치를 지닌 수혈식석곽분이 확인되어 먼저 조사된 86-1호 횡혈식석실분과의 상호 연관성이 주목된다.

익산지역과 연접한 금강하류유역의 군산지역에서도 옥구 장상리[6]·군산 여방리[7]·도암리[8]·나포리[9] 등이 조사되었다. 이들 유적 가운데 횡혈식석실분과 수혈식석곽묘 등이 확인된 여방리 유적이 주목된다. 비록 조사된 고분이 파괴가 심하게 이루어졌으나 평면형태와 축조석재 등으로 볼 때 횡혈식석실분의 조영시기가 상당히 길었던 것으로 판단하고 있다.

이와 같은 금강하류유역의 백제시대 고분의 조사성과를 바탕으로 최완규는 금강유역 백제시대 석축묘에 대한 전반적인 흐름과 유형을

---

5 崔完奎, 「古墳·陶窯址」, 『馬韓·百濟文化』 9, 圓光大學校 馬韓·百濟文化硏究所, 1986.

6 崔完奎·金鍾文·李信孝, 『沃溝 將相里 百濟古墳群 發掘調査報告書』, 圓光大學校 博物館, 1992.

7 崔完奎·金鍾文·李信孝, 『群山 余方里 古墳群』, 圓光大學校 博物館, 2001.

8 全北大學校博物館·群山大學校博物館, 『桃岩里』, 2001.

9 윤덕향·유철·이종철, 『군산 나포리 유적』, 전북대학교박물관, 2001.

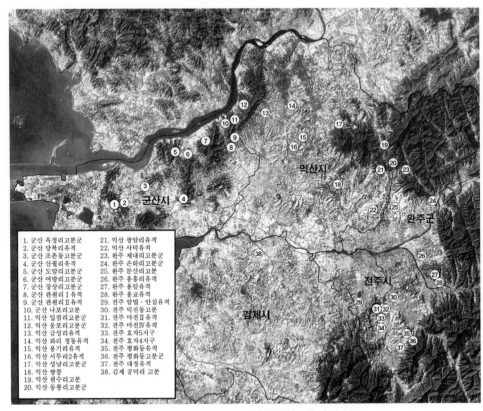

도 1   전북 서부지역 백제 횡혈식석실분 유적 분포도

1. 군산 옥정리고분군	21. 익산 광암리유적
2. 군산 당북리유적	22. 익산 사덕유적
3. 군산 조촌동고분군	23. 완주 제내리고분군
4. 군산 산월리유적	24. 완주 은하리고분군
5. 군산 도암리고분군	25. 완주 둔산리고분
6. 군산 여방리고분군	26. 완주 용흥리유적
7. 군산 장상리고분군	27. 완주 용암유적
8. 군산 관원리Ⅰ유적	28. 완주 용교유적
9. 군산 관원리Ⅱ유적	29. 전주 암멀·안심유적
10. 군산 나포리고분	30. 전주 덕진동고분
11. 익산 입점리고분군	31. 전주 마전Ⅱ유적
12. 익산 웅포리고분군	32. 전주 마전Ⅳ유적
13. 익산 금성리유적	33. 전주 효자5지구
14. 익산 와리 정동유적	34. 전주 효자4지구
15. 익산 용기리유적	35. 전주 평화동유적
16. 익산 서두리2유적	36. 전주 평화동고분군
17. 익산 성남리고분군	37. 전주 대정유적
18. 익산 쌍릉	38. 김제 공덕리 고분
19. 익산 원수리고분	
20. 익산 동룡리고분군	

제시하였다.[10] 그의 논지에 의하면 횡혈식석실분의 유형분류에 있어
천장의 가구 형태는 고분 축조의 2차적 속성임을 지적하며, 1차적인
속성인 평면형태와 축조재료, 연도의 위치 등을 기준으로 웅진유형-
사비유형으로 대분류하였다. 또한 이를 다시 시간과 공간의 변화양
상에 따라 웅진유형은 3형식, 사비유형은 5형식으로 세분하였으며,

---

10 崔完奎, 『錦江流域 百濟古墳의 硏究』, 崇實大學校 大學院 博士學位論文, 1997.

여기에 더하여 횡혈식석실분의 제속성이 완전히 충족되지 않는 초기 유형을 포함하였다.

2000년대 들어 최근까지 각종 경제개발사업으로 많은 고고학적 자료가 축척되고 있다. 특히 백제시대 분묘 자료에 있어 기존 금강하류유역을 중심으로 편중된 조사가 점차 익산지역의 동쪽 내륙지역으로 확산되고 있다. 그 대표적인 유적이 성남리고분군이다. 성남리고분군은 미륵산에서 북으로 뻗은 지맥의 말단 사면에 횡혈식석실분 12기를 비롯하여 횡구식석곽묘 등 모두 28기의 고분이 조사되었다. 조사된 횡혈식석실분은 백제말기의 전형적인 판석조 중앙연도를 가진 단면 육각형의 석실분으로 그 시기는 7세기 중엽으로 추정된다. 따라서 축조된 석실분의 연대를 감안할 때 고분의 피장자는 미륵사지를 비롯한 백제말기의 유적을 경영했던 세력으로 추정하고 있다.[11] 또한 최근 익산 서두리에서 조사된 분구묘(해발 18m)의 매장주체시설이 횡혈식석실로 확인되어 주목된다.[12]

한편 익산지역을 포함한 전북지역의 횡혈식석실분에 대한 연구는 몇 몇 연구자에 의해 지속되고 있으나, 종합적인 접근보다는 지역적이고 개별적으로 한정된 연구가 주를 이룬다. 이는 현재 학계에서 횡혈식석실분의 형식 변화에 대해 어느 정도 공통된 의견을 보이고 있는 점에 기인한 것으로도 해석된다. 최근 옥창민은 전북지방에서 조사된 백제 횡혈식석실분을 기존 연구성과에 최신 자료를 추가하여 횡혈식석실분의 전개양상을 검토하였다.[13] 방민아는 금강하류지역의

---

11 崔完奎, 「고대 익산과 왕궁성」, 『익산왕궁리유적-발굴20년 성과와 의의』, 國立扶餘文化財研究所, 2009.

12 湖南文化財研究院, 『益山 西豆里2 · 寶三里遺蹟』, 2013.

13 玉昌旻, 『百濟 橫穴式石室墳 研究 -전북지방을 중심으로-』, 圓光大學校 碩士學位論文, 2011.

서천-익산-군산지역을 중심으로 외형적 속성과 내부 구조적 속성으로 구분하여 유형분류를 시도하여 형식변천과 전개양상을 살펴보았다.[14] 이문형은 전북지방의 서부지역을 중심으로 백제 횡혈식석실분을 4개의 권역으로 설정하고 각 권역별로 분석하여 금강유역에서 먼저 횡혈식석실분을 수용하여 점차 동쪽 내륙지역으로 확산되는 변화양상을 추정한 바 있다.[15]

2. 횡혈식석실분 유적[16]

익산지역에서 조사된 횡혈식석실분을 권역으로 살펴보면 크게 금강하류권역과 금마를 중심으로 한 동부 내륙권역으로 구분되어 진다. 금강하류권역에는 금강 연안을 따라 형성된 능선을 따라 군산지역까지 많은 수의 백제분묘가 알려져 있다. 대표적인 유적으로는 익산지역에서는 입점리고분군과 웅포리고분군을, 군산지역에서는 여방리유적을 꼽을 수 있다.[17]

내륙권역은 금마일대에 위치한 왕궁리유적 혹은 미륵사지 등으로 이에 관련 연구가 주를 이루어 왔다. 그러나 최근 각종개발사업과 연관하여 지속적으로 고고학적 자료가 증가하고 있는 지역이다. 보고

---

14 방민아, 『금강 하류지역 백제 횡혈식석실분 연구』, 전북대학교대학원 석사학위논문, 2012.

15 李文炯, 「全北地方 百濟 橫穴式石室墳의 受容과 展開」, 『백제고분의 새로운 인식』 2012년 호서 · 호남고고학회 합동 학술대회, 호서고고학회 · 호남고고학회, 2012.

16 유적에 대한 설명은 國立文化財硏究所에서 발행한 『韓國考古學專門事典-古墳編-』과 발간된 보고서를 정리하였다.

17 군산 산월리유적은 입지적인 위치로 볼 때 금강유역보다는 만경강하류유역에 형성된 大野平野를 기반으로 성장한 세력으로 판단된다.

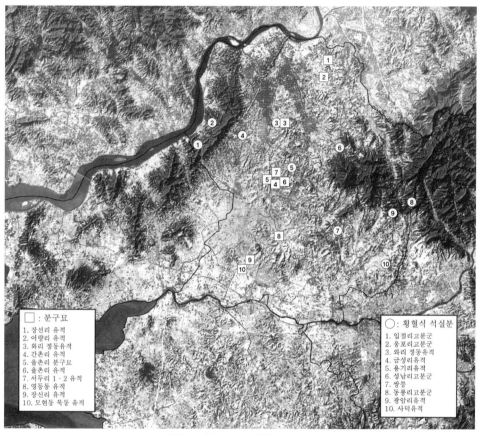

도 2 익산지역 분구묘 및 횡혈식석실분 분포도

된 횡혈식석실분은 금남정맥에서 분기한 미륵산, 용화산, 시대산의
사면에 자리하고 있거나 쌍릉 혹은 사덕유적과 같이 독립된 저평한
구릉의 정상부와 사면에 입지하고 있다. 대표적인유적으로는 성남리
고분군과 동룡리유적을 들 수 있다.

1) 笠店里古墳群[18]

입점리고분군은 군산시 나포면과 익산시 웅포면의 경계지점으로 해발 120m 내외의 정상부와 동쪽 사면에 분포하고 있으며, 주변으로는 어래산성(御來山城)과 도청산성(都青山城)이 남북으로 지근거리에 마주하며 위치해 있다. 1986년 8기, 1998년 13기 등 모두 21기 가운데 백제시대 분묘는 횡혈식석실분 7기, 수혈식석곽묘 11기, 횡구식석곽묘 1기를 포함한 19기이다.

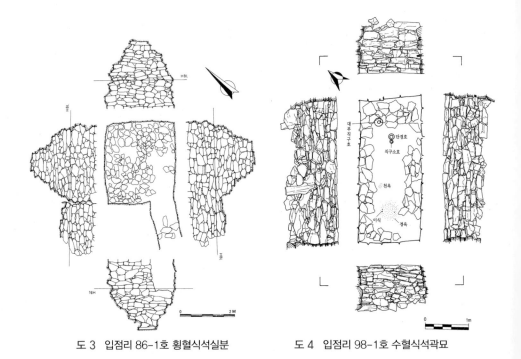

도 3 입점리 86-1호 횡혈식석실분   도 4 입점리 98-1호 수혈식석곽묘

18 趙由典 外,『익산 입점리고분』, 문화재연구소, 1989; 崔完奎 · 李永德,『益山 笠店里 百濟古墳群』, 圓光大學校 馬韓 · 百濟文化研究所, 2001.

횡혈식석실분인 86-1호분은 평면 방형으로 할석을 벽석으로 사용한 전형적인 궁륭식 천장으로 확인되었다. 연도는 우측에 개설하였으며, 연도의 전방으로는 배수로를 시설하였다.(도 3) 유물은 금동관모를 비롯한 금동신발, 금동이식, 중국제청자호와 마구류(馬具類) 등이 출토되었다.

수혈식석곽묘인 98-1호분은 입점리고분군의 입지 가운데 가장 우월한 능선의 정상부에 남-북방향으로 조성되었다.(도 4) 내부에서는 대부직구호를 비롯한 직구소호, 단경호와 함께 이식과 경식이 출토되었다.

전체적인 고분의 구조와 출토유물로 보아 금강하류유역의 수혈식석곽묘를 사용하던 재지세력과 백제 중앙세력과의 교류관계를 엿 볼 수 있는 유적이다.

2) 熊浦里古墳群[19]

웅포리고분군은 함라산 서쪽으로 뻗어내린 해발 70~80m 내외의 야산으로 1986년 지표조사 당시 육안으로 약 60여 기의 고분이 확인되었다. 이후 1986년 2기, 1992년과 1993년에 25기, 2004~2007년에 44기 등 총 71기의 삼국시대 분묘가 확인되었다. 71기의 가운데 그 구조를 파악할 수 있는 것이 횡혈식석실분 6기, 수혈식석곽묘 18기, 횡구식석곽묘 20여 기 등이다.

---

19 金三龍 · 金善基,『益山 熊浦里 百濟古墳群 發掘調査報告書』, 圓光大學校 馬韓 · 百濟 文化研究所, 1988; 崔完奎,『益山 熊浦里 百濟古墳群-1992, 1993年度 發掘調査』, 圓 光大學校博物館, 1995; 전북문화재연구원,「익산 웅포관광지(3지구) 문화재 발굴조 사 益山 熊浦里 遺蹟」, 지도위원회의 자료, 2007.

횡혈식석실분인 86-20호는 평면 방형으로 벽석은 할석을 사용하였다. 연도는 우측에 개설하였으며, 천장의 형태는 평면의 형태로 보아 궁륭상으로 추정된다. 석실 바닥에는 관대를 시설하였으며, 유물은 직구호·단경호와 개배류가 출토되었다.(도 5) 2007-24호 역시 평면 방형의 궁륭상 천장으로 연도는 중앙에 개설되었다. 바닥에는 판석을 이용

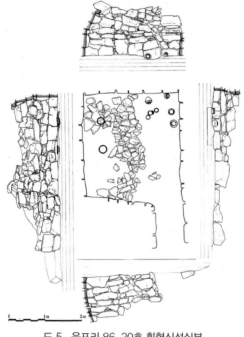

도 5 웅포리 86-20호 횡혈식석실분

하여 3곳의 시상을 설치하였다.

웅포리고분군은 금강이남지역에서 확인된 대표적인 백제고분 밀집지역이다. 특히 백제시대의 석축묘의 변화과정, 즉 수혈식-횡혈식-횡구식으로의 변천과정을 엿 볼 수 있는 중요한 유적이다. 또한 출토유물 가운데 유개삼족토기·유개대부직구호·고배 등은 한강유역 출토품과 통하고 있어 양 지역간의 교류를 짐작할 수 있다.

3) 金城里遺蹟[20]

금성리유적은 금 강 연안의 함라산 줄기에서 동쪽으 로 뻗은 해발 35m 내외의 정상부에서 횡혈식석실분 3기 가 각각 일정한 거 리를 두고 확인되 었다. 확인된 석실 분의 상부는 대부 분 파괴되었으나,

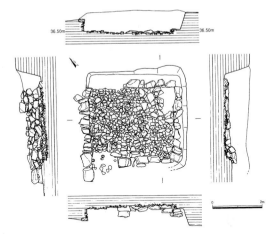

도 6 금성리 1호 횡혈식석실분

잔존하는 양상으로 보아 조사된 3기 모두 평면형태는 방형으로 판단 된다. 벽석의 축조는 할석을 사용한 것으로 추정되며, 연도는 좌편재 (1호분)·중앙(2호분)·우편재(3호분)가 혼재하여 정형성을 보이고 있지 않다. 전반적으로 평면 방형의 형태, 축조재료, 연도의 비규칙 성 등으로 볼 때 초기유형으로 판단된다.(도 6) 유물은 직구소호·뚜 껑 등이 출토되었다.

4) 와리 정동유적[21]

와리 정동유적은 함열읍내의 해발 27m 저평한 구릉의 정상부와

---

20 圓光大學校 馬韓·百濟文化硏究所, 『군장 산업단지 진입도로(대전-군산) 공사구간 내 문화유적 발굴조사 약보고서』, 2005.
21 圓光大學校 馬韓·百濟文化硏究所, 「함열 돌숲공원 조성부지내 와리정동유적문화재 발굴조사 약보고서」, 2012.

서쪽 사면에 해당된다. 청동기시대 주거지를 비롯하여 분구묘 1기, 삼국시대 고분 3기가 조사되었다. 횡혈식석실분은 구릉 정상부에서 1기, 서쪽 사면부에서 1기 등 2기가 조사되었으나, 사면부의 2호 석실분은 파괴가 심하게 이루어졌다.

정상부의 1호 석실분은 전형적인 평면 장방형의 단면 육각형(사비유형) 고임식 석실분으로 치석된 판석을 사용하였다. 연도는 문지방석 상부와 양 장벽에 장대석을 세워 문주석을 삼아 중앙에 개설하였으며, 2매의 장대석으로 폐쇄하였다.

5) 용기리유적 Ⅱ[22]

용기리유적은 해발 30m 내외의 완만한 구릉의 남사면으로 청동기시대 주거지 2기와 백제시대 석축묘 9기가 확인되었다. 백제시대 석축묘 중 횡혈식석실분은 3기로 세부적인 구조를 파악할 수 있는 것은 9호분이다.

횡혈식석실분의 모두 지하식의 구조로 평면형태는 장방형이다. 정연하게 치석한 판석을 사용하여 단면 육각형의 전형적인 사비유형의 고임식 석실분이다. 연도는 문틀식으로 중앙에 개설하였으며, 연도는 2매의 장대석으로 폐쇄하였다.

6) 城南里古墳群[23]

성남리고분군은 미륵산의 북쪽 능선일대로 정상부와 동쪽 및 서쪽

---

22 전북문화재연구원,『익산 일반산업단지 조성부지 Ⅱ지구 익산 구평리 Ⅰ·Ⅱ·Ⅳ, 연동리 Ⅰ, 용기리 Ⅰ·Ⅱ유적』, 2013.
23 崔完奎·金鍾文,『益山 城南里 百濟古墳群』, 圓光大學校博物館, 1997.

사면에 집중 분포하고 있
다. 1994년부터 1995년에
걸쳐 조사한 결과 28기의
고분 가운데 횡혈식석실분
12기, 횡구식석곽묘 6기 등
모두 18기의 백제시대 분
묘가 확인되었다.

횡혈식석실분의 대부분
은 백제말기의 판석을 사용
한 단면 육각형의 전형적인
고임식으로 사비유형에 속
한다. 연도는 문틀식의 구
조로 중앙에 개설하였다.
(도 7) 석실 내부에서는 관
정 혹은 관고리가 출토되는
것으로 보아 목관을 사용한
것으로 추정된다.

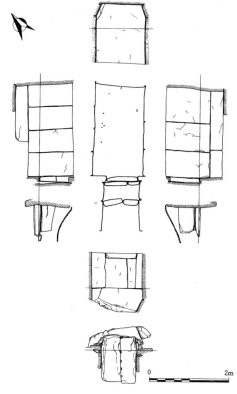

도 7   성남리 14호 횡혈식석실분

7) 雙陵(史蹟 第87號)[24]

익산시 석왕동 왕뫼라는 곳에 자리한 2기의 원형봉토분이다. 익산
토성이 위치한 해발 146m의 오금산 서쪽 능선의 말단부의 40m 내
외의 구릉에 약 200m 거리를 두고 동-서로 대왕릉과 소왕릉이 자리
하고 있다. 일제 강점기에 조사된 쌍릉은 원형의 봉토가 비교적 양

---

24 谷井濟一, 「益山 雙陵」, 『大正六年度調査報告』, 朝鮮總督府, 1920.

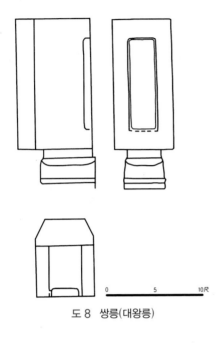

도 8 쌍릉(대왕릉)

호하게 잔존하고 있다. 규모는 대왕릉이 직경 30m, 높이 5m이고 소왕릉이 직경 24m, 높이 3.5m 내외이다. 봉토 저경에서는 호석열의 시설이 확인되었다.

쌍릉의 석실은 전형적인 사비유형의 판석조 고임식(단면육각형) 석실분으로 석실의 규모는 대왕릉이 길이 380cm, 너비 178cm, 높이 227cm이고 소왕릉은 길이 320cm, 너비 130cm, 높이 170cm이다. 연도는 중앙에 개설하였으며, 대왕릉의 내부에는 길이 270cm, 너비 85cm 내외의 관대를 설치하였다.(도 8) 이러한 관대의 설치 예는 부여 왕릉인 능산리고분군의 동상총과 동하총에서 찾아볼 수 있어 무덤의 피장자의 성격을 추정할 수 있다.

유물은 도굴되었으나, 대왕릉에서 목관·도제완·옥제장신구 등이 출토되었으며, 소왕릉에서는 도금관식금교구편 등이 출토되었다. 목관의 수종이 무령왕릉 및 능산리 고분군에서 출토된 관재와 동일한 금송(金松)으로 확인되었으며, 장신구 역시 부여 능산리 출토품과 동일한 형태의 것으로 확인되었다. 이와 같은 석실분의 구조와 출토유물 등으로 보아 7세기 전반경에 해당되며, 백제 30대 무왕과 왕비릉으로 추정하고 있다.[25]

---

25 2010년 본 연구소에서 쌍릉 주변을 정비하는 과정에서 소왕릉과 연접한 남서쪽의 경

8) 光岩里遺蹟[26]

광암리유적은 시대산에서 남쪽으로 뻗은 구릉으로 총 3개 지점으로 구분하여 조사되었다. 백제시대 유구만을 정리하면 2구역에서는 수혈 7기, 3구역에서는 주거지 10기 · 수혈 31기 · 토기가마 2기 · 석실분 1기 · 토광묘 2기, 5구역에서는 횡혈식석실분 2기가 조사되었다.

5구역의 횡혈식석실분은 남쪽 사면(해발 58m)에 자리하고 있다. 석실분의 상부는 파괴되어 정확한 양상을 알 수 없다. 다만 잔존하는 양상으로 보아 평면형태는 장방형으로 석재는 치석한 장대석을 사용하였다. 석실 내부에는 2차례에 걸친 관대가 확인되었으며, 하층에 설치된 배수로는 석실 내부에서 묘도를 거쳐 외곽으로 길게 시설하였다. 시설된 배수로로 보아 연도는 우측에 개설한 것으로 추정된다. 유물은 2호 석실분에서 백제 말기로 볼 수 있는 삼족토기 · 병형토기 · 유병 등이 출토되었다. 광암리유적에서 확인된 백제시대의 생활유적(주거 · 가마)과 매장유적은 인접한 왕궁리유적과 관련지을 수 있을 것으로 판단된다.

9) 射德遺蹟[27]

사덕유적은 해발 63m 내외의 구릉 정상에서 뻗은 동사면과 남쪽 사면에서 원삼국~백제시대 주거지 105기 · 수혈 124기 · 토기가마 4

작층(논) 일대를 조사하였다. 시굴조사 결과 백제시대로 추정되는 주거지와 우물지가 확인되었으며, 주변에서 연화문수막새를 비롯한 인장와 · 전달린토기 · 녹유벼루 등이 출토되었다. 圓光大學校 馬韓 · 百濟文化研究所, 『益山 石旺洞 遺蹟』, 2012.

26 전북문화재연구원, 『益山 光岩里 遺蹟』, 2009.
27 湖南文化財研究院, 『益山 射德遺蹟 Ⅱ』, 2007.

기·백제시대 분묘 31기가 조사되었다. 분묘의 유형은 횡혈식석실분 2기·횡구식석곽묘 24기·수혈식석곽묘 2기·호관묘 3기 등이다. 조사지역 외곽으로 또 다른 분묘의 존재를 보고자는 상정하고 있다.

전체적인 분묘의 입지에서는 횡혈식석실분이 능선의 상단에 입지한 우월성이 간취되며, 특징으로는 석실분 경사면 상부에 눈썹형의 주구를 시설하였다는 점이다. 2기의 횡혈식석실분(3호·20호)의 잔존 양상으로 보아 장방형 평면에 우편재의 연도를 가진 석실분으로 벽석은 비교적 큰 장대석을 사용하였다. 전체적인 석실의 잔존 상태와 동반 분묘로 볼 때 6세기 후엽에서 7세기 초반으로 판단된다.

10) 東龍里古墳群[28]

동용리고분군은 천호산(해발 501m)에서 서쪽으로 뻗은 가지능선의 서사면에(해발 80m) 위치하고 있으며, 남동쪽으로 인접하여 학현산성이 자리하고 있다. 조사결과 백제시대 횡혈식석실분 5기를 포함하여 수혈

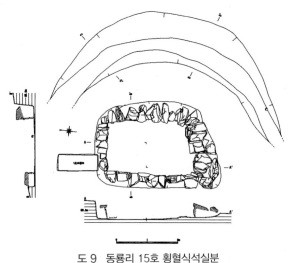

도 9 동룡리 15호 횡혈식석실분

28 전북문화재연구원, 『고속도로 제25호선 논산-전주간 확장구간내 益山 東龍里 古墳群 발굴조사 약보고서』, 2008.

식 · 횡구식석곽묘 등 18기를 비롯하여 옹관묘 2기 등이 확인되었다.

조사된 횡혈식석실분은 평면 장방형의 형태에 괴석형 할석을 사용하여 축조하였다. 짧게 개설된 연도는 좌편재(4호 · 10호 · 15호 · 18호)와 우편재(8호)가 확인된다. 특징적인 것은 횡혈식석실분과 일부 수혈식석곽묘의 경사면 상단에 周溝를 설치하였다.(도 9) 출토된 삼족토기 · 개배 · 직구호 · 병형토기 등의 유물과 고분 구조로 볼 때 6세기 중엽으로 추정된다.

11) 西豆里2遺蹟[29]

서두리2유적은 해발 10~20m의 낮은 동쪽 사면에 청동기시대 무덤과 원삼국시대의 주거지, 분구묘 1기가 확인되었다. 분구묘의 매장주체시설이 횡혈식석실로 확인되었다. 서두리유적에서 서남쪽으로 약 1km떨어진 지점에 율촌리분구묘 유적이 자리하고 있다.

횡혈식석실은 분구

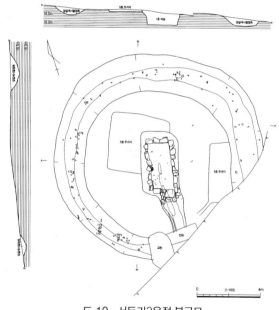

도 10   서두리2유적 분구묘

29 湖南文化財研究院, 『益山 西豆里2 · 寶三里遺蹟』, 2013.

묘 대상부 중앙에 단독으로 조성되었다.(도 10) 석실의 평면형태는 장방형으로 벽석은 할석을 사용하였다. 연도는 우측에 개설하였으며, 폐쇄는 부정형의 할석을 사용하였다. 바닥은 점토다짐을 한 것으로 추정되며, 하부에서 배수로가 확인되었다. 유물은 서장벽 중앙에서 병형토기 1점과 관정이 출토되었다.

석실을 감싸고 시설된 주구의 평면형태는 원형으로 주구 내부에서는 고배와 경질토기편과 함께 다량의 파수가 출토되었다.

이와 같이 원형의 분구에 횡혈식석실을 매장주체 시설로 사용한 예가 익산지역에서 처음으로 확인되어 주목된다. 특히 전통적인 분구묘 입지의 낮은 분구 중앙에 단독으로 횡혈식석실을 수용한 것은 결국 분구묘를 사용하던 재지세력이 점차 백제 중앙의 분묘문화를 수용하는 과정에서 나타나는 현상으로 생각할 수 있다.[30]

Ⅲ. 익산지역 횡혈식석실분의 수용과 전개

현재 학계에서는 횡혈식석실분의 유형과 변화 발전에 대해 어느 정도 의견의 일치를 보이고 있는데 첫째, 석실분의 평면형태는 시간이 경과함에 따라 방형-장방형-세장방형으로 변화한다. 둘째, 축조 석재는 벽돌형의 할석-할석(괴석형)·판석(장대석)혼용-판석으로 변화가 상정되는데, 이는 기술의 척도나 재료 습득의 용이성 등에

---

30 최근 조사가 완료된 전주 암멀·안심유적에서도 원형의 분구에 횡혈식석실을 매장주체로 사용한 2기의 분구묘가 조사 보고되었다.

서 세부적인 차이는 있을 수 있다. 셋째, 연도의 위치는 좌·우측의 편재된 것에서 중앙으로 정형화되며, 형태는 할석을 이용한 개구식에서 판석을 이용한 문틀식으로 변화한다. 넷째, 천장의 형태는 평면형태와 비례하여 궁륭식-터널식-고임식·조임식-수평식으로 변화하는데, 이는 전체적으로 원형천장에서 평천장계로 변화함을 의미한다.[31]

앞서 익산지역에서 조사된 횡혈식석실분의 유적을 살펴보았다. 이를 지역적으로 좀 더 구체화시켜보면 크게 금강하류권역과 내륙권역으로 구분하여 횡혈식석실분의 전반적인 유형의 발전과정에서 살펴보고자 한다.

1. 금강하류권역

금강하류유역에는 금강연안을 따라 동안에 형성된 능선을 따라 群山市와 益山市에 걸쳐서 많은 유적이 분포하고 있는데 익산시의 경우 입점리·웅포리·금성리유적이 이에 해당된다. 이들 유적이 입지한 곳은 능선의 정상부나 사면에 축조되어 있는데, 입점리와 웅포리고분군은 竪穴式石槨墓를 비롯한 橫口式石槨墓와 함께 축조된 반면, 금성리유적은 횡혈식석실분 3기가 정상부에 독립적으로 분포하고 있다.(도 11) 특히, 금성리유적의 경우 방형의 평면형태, 할석의

---

31 이러한 보편적 속성에 부합되지 않는 변이는 상황에 따라 발생한다. 그러나 이러한 변이는 여타 횡혈식석실분의 제 속성과의 상호 비교를 통해 보완할 수 있으며, 횡혈식석실분의 전체적인 변화에는 큰 영향을 주지 않을 것으로 판단된다.
李文炯,「全北地方 百濟 橫穴式石室墳의 受容과 展開」,『백제고분의 새로운 인식』 2012년 호서·호남고고학회 합동 학술대회, 호서고고학회·호남고고학회, 2012.

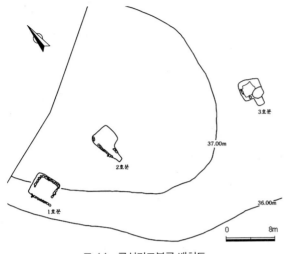

도 11 금성리고분군 배치도

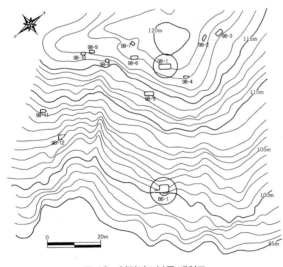

도 12 입점리고분군 배치도

사용, 연도의 비규칙성(1호 : 左, 2호 : 中央, 3호 : 右) 등으로 볼 때 횡혈식석실분의 초기유형으로 판단된다. 따라서 현재까지 자료로 볼 때 익산지역은 물론 금강하류권역에서도 가장 선행하는 5세기 중엽경의 횡혈식석실분으로 추정된다. 또한 1호와 2호에서 출토된 직구소호 역시 금강유역에서 이른 단계로 판단되는 公州 분강 · 저석리 17호 출토품[32]과 유사성을 보인다.

반면 전통적인 재지세력의 묘제인 수혈식석곽묘의 밀집지역으로 알려진 입점리와 웅포리고분군의

32 李南奭, 『汾江 · 楮石里 古墳群』, 公州大學校博物館, 1997.

석실분은 금성리유적 보다 다소 늦게 축조된 것으로 판단된다. 이는 입점리고분군의 86-1호횡혈식석실분과 98-1호 수혈식석곽묘의 입지와 출토유물 상에서 확인할 수 있다. 먼저 98-1호 수혈식석곽묘가 능선 정상부에 축조된 반면 86-1호 횡혈식석실분은 98-1호 수혈식석곽묘에서 약 40m 떨어진 능선의 남동 사면에 축조되어 있다. 또한 전체적인 고분의 분포상에서도 수혈식석곽묘가 정상부를 기점으로 분포하고 있는 반면, 86년도 조사 고분과 98-12호 횡혈식석실분은 능선의 사면에 분포하고 있다. 결과적으로 입지상에 있어 86-1호 횡혈식석실분보다 재지계의 98-1호 수혈식석곽묘가 우월성이 엿 보인다.[33](도 12)

그러나 두 고분의 출토유물을 비교하면 입지와는 상반된 양상을 보인다. 86-1호 석실분의 경우 금동관모를 비롯하여 금동신발·중국제청자 등 위세품 성격의 유물이 다량 출토된 반면,(도 13) 98-1호 석곽묘의 경우 금동이식과 목걸이를 포함한 대부

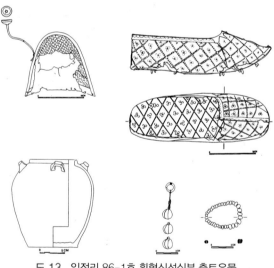

도 13　입점리 86-1호 횡혈식석실분 출토유물

33 李文炯,「全北地方 百濟 橫穴式石室墳의 受容과 展開」,『백제고분의 새로운 인식』 2012년 호서·호남고고학회 합동 학술대회, 호서고고학회·호남고고학회, 2012.

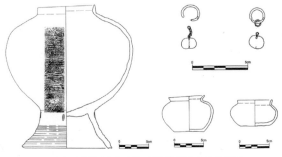

직구호 등이 출
토되어 상대적
으로 86-1호 석
실분과는 현격
한 차이를 보인
다.(도 14) 결과
적으로 86-1호
횡혈식석실분을

도 14   입점리 98-1호 수혈식석곽묘 출토유물

먼저 축조하였다면 입지적으로 우월성이 확보되는 정상부에 조영하
였을 것은 자명한 일이다. 따라서 86-1호 석실분보다 98-1호 수혈
식석곽묘가 시기적으로 선행함을 알 수 있다. 다만 그 시기적인 차이
는 크지 않을 것으로 추정되는데 86-1호 횡혈식석실분과 98-1호 수
혈식석곽묘 출토 이식이 그 형태와 제작기법에 있어 거의 동일하기
때문이다.

　결과적으로 금강하류유역은 전통적으로 서해로 나아가는 교통상
의 요충지이다.(도 15) 이를 기반으로 수혈식석곽묘를 조영하는 재
지세력이 백제의 중앙세력과 지속적인 교류를 통해 성장했을 것으로
추정된다. 이는 백제 한성시기의 주요기종으로 알려진 삼족토기·직
구호·고배 등의 토기가 입점리와 웅포리고분의 수혈식석곽묘에서
출토되고 있기 때문이다. 다시말해 금강하류지역이 백제가 공주로
천도하기 이전부터 이미 백제 中央으로부터 중요한 지역으로 인식
되고 있었다는 것을 의미한다.[34] 더욱이 백제가 웅진으로 南遷한 후,
금강하류지역은 중앙에서 서해로 나아가는 관문으로서의 거점 역할

34 崔完奎,「墳墓遺蹟에서 본 益山勢力의 傳統性」,『馬韓·百濟文化』17, 圓光大學校 馬
　　韓·百濟文化硏究所, 2007.

도 15 입점리고분군 전경

이 더욱 확대되었을 것이다. 이러한 과정에서 백제 중앙에서는 입점
리·웅포리고분의 세력을 선택하였을 것이며, 이를 통해 백제 중앙
과 입점리·웅포리 지방세력간의 교류와 유대는 더욱 견고해졌을 것
이다. 이 정점을 보여주는 것이 입점리 86-1호 횡혈식석실분의 피장
자이며, 이 피장자를 중심으로 금강하류유역의 주변세력이 통합되는
것으로 볼 수 있다.

　금강하류유역의 횡혈식석실분은 입점리고분을 중심으로 확산되
어 주변지역인 익산 웅포리, 군산 나포리·여방리·도암리, 옥구 장
상리유적 등에서 6세기 초에서 중엽으로 추정되는 고임식(단면 육각
형)과 조임식 유형이 석실분이 지속적이면서도 군집을 이루며 축조
된다. 이들 석실분의 특징은 평면 형태가 장방형으로 통일되며, 축조
재료는 할석에서 점차 판석(괴석형)이나 괴석형 할석으로 변화한다.
또한 연도는 우측에 대부분이 설치되며, 일부에서는 중앙에 개설되
기도 하고 그 입구의 형태는 점차 판석 혹은 장대석을 사용한 문주석

과 문틀식이 출현하기 시작한다. 금강하류유역에서 이 시기의 석실분의 변화상을 가장 잘 엿 볼 수 있는 곳은 여방리유적으로, 이른 시기의 석실분부터 궁륭식-조임식-고임식 등으로의 변화상과 함께 백제 중앙세력의 지방통치를 살필 수 있는 자료로 평가받고 있다.[35] 특히 여방리 82호분에서 출토된 은제반지 · 은제팔찌 · 순금제 화판장식은 城南 板橋에서 조사된 석실분 16구역 7호분[36]과 公州 金鶴洞 24호,[37] 舒川 楸洞里 A-27호[38] 출토품과 유사하여 이들 유적과의 비교를 통해 고분의 유형이나 피장자의 신분을 유추해 볼 수 있다.(도 16)

종합해보면 현재까지 자료로 볼 때 금강하류유역에서 횡혈식석실분은 금성리유적에서 5세기 중엽 경에 처음 수용되는 것으로 판단된다. 상대적으로 금강하류유역의 수혈식석곽묘를 기반으로 성장해 있던 입점리 · 웅포리고분 세력은 백제의 熊津 南遷를 계기로 더욱 성장하여 입점리 86-1호 횡혈식석실분의 피장자를 정점으로 하여 주변세력을 통합한 것으로 추정된다. 그 시기는 고분의 입지와 출토유

도 16 각종 장식(左: 군산 여방리 82호, 中央: 공주 금학동 24호, 右: 서천 추동리 A-27호)

35 崔完奎 · 金鍾文 · 李信孝, 『群山 余方里 古墳群』, 圓光大學校博物館, 2001.
36 韓國文化財保護財團, 『城南 板橋地區 文化遺蹟 2次 發掘調査 略報告書』, 2008.
37 忠淸埋藏文化財文化院, 『公州 金鶴洞 古墳群』, 2002.
38 忠淸文化財文化院, 『舒川 楸洞里 遺蹟』, 2006.

물로 보아 5세기 후엽에서 6세기 초로 비정된다. 이후 금강하류유역에서 횡혈식석실분의 축조는 입점리·웅포리고분을 중심으로 주변 지역에서 군집을 이루며 지속적으로 축조되다가 7세기경에 이르면 더 이상 군집을 이루지 못하고 산발적으로 축조되기에 이른다. 이는 정치적인 무게 중심이 익산 내륙지역인 金馬지역으로 옮겨갔기 때문으로 해석되어 진다.[39]

2. 내륙권역

금강하류유역의 역동적인 고분문화와는 달리 5세기 중반까지도 익산 내륙지역의 저평한 구릉지대에서는 마한 전통의 墳丘墓가 지속적으로 사용하고 있음이 확인된다.[40] 대표적인 유적으로는 間村里,[41] 長新里,[42] 慕縣洞2街,[43] 長善里,[44] 漁梁里,[45] 와리 정동유적[46] 등을 들 수 있다.

이와 같은 분구묘는 저평한 구릉에 방형 혹은 원형의 주구를 시설하였으며, 토광 혹은 석곽을 매장주체시설로 사용하였다. 이들 분구

---

39 崔完奎,「墳墓遺蹟에서 본 益山勢力의 傳統性」,『馬韓·百濟文化』17, 圓光大學校 馬韓·百濟文化硏究所, 2007.
40 崔完奎,「고대 익산과 왕궁성」,『익산왕궁리유적-발굴20년 성과와 의의』, 國立扶餘文化財硏究所, 2009.
41 湖南文化財硏究院,『益山 間村里 遺蹟』, 2002.
42 전북문화재연구원,『익산 장신지구 문화재 발굴조사』2차 발굴조사 자문위원회의 자료집, 2008.
43 湖南文化財硏究院,『益山 慕縣洞 2街遺蹟Ⅰ·Ⅱ』, 2011.
44 湖南文化財硏究院,『益山 長善里·漁梁里遺蹟』, 2012.
45 湖南文化財硏究院,『益山 長善里·漁梁里遺蹟』, 2012.
46 圓光大學校 馬韓·百濟文化硏究所,「함열 돌숲공원 조성부지내 와리정동유적문화재 발굴조사 약보고서」, 2012.

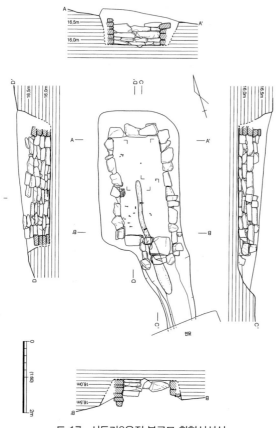

묘에서 출토된 토기의 경우 백제 5세기대의 주요기종인 삼족토기·고배·장경호 등이 다수를 차지하고 있어 이를 알 수 있다. 그러나 이들 전통적인 분구묘 집단에서도 서서히 변화의 움직임이 확인되는데 이는 서두리2유적[47]에서 확인할 수 있다. 서두리2유적은 전형적인 분구묘 입지로 원형의 분구 내부 중앙에는 매장주체부인 석실이 자리하고 있다.(도 17) 전반적인 석실의 유형이나, 축조 재료, 출토

도 17 서두리2유적 분구묘 횡혈식석실

된 유물 등을 5세기 중·후반경으로 판단된다.

결과적으로 내륙의 저평한 구릉지대는 전통적으로 분구묘를 축조하는 집단이 금강하류유역과는 다르게 5세기 중엽 혹은 후반까지 지속적으로 분구묘를 사용하였다. 또한 이들 집단은 서두리 분구묘의 석실로 볼 때 이미 횡혈식석실분에 대한 존재를 인식하고 있었던 것

---

47 湖南文化財硏究院, 『益山 西豆里2·寶三里遺蹟』, 2013.

으로 추정된다. 다만 이를 적극적으로 수용하지 않았던 것으로 판단된다. 그러나 금마지역을 중심으로 7세기경에 이르러 횡혈식석실분이 축조되기 시작하는데 그 중심에는 백제 30대 무왕과 깊은 연관성이 있다. 이 시기의 대표적인 횡혈식석실분으로는 무왕과 왕비의 능으로 추정되는 쌍릉(史蹟 第87號)이 있다. 쌍릉은 전형적인 백제 사비유형의 판석조 고임식(단면육각형) 석실분으로 봉분 저경에는 호석열이 확인되었다. 이 시기 즉, 7세기를 기점으로 저평한 주변지역에서 쌍릉과 같은 전형적인 사비유형의 석실분이 축조되기 시작하는데 대표적인 유적으로 용기리유적과 완주 둔산리석실분[48]을 들 수 있다.(도 18) 특히, 둔산리석실분은 전형적인 사비유형의 지하식 석실분에 봉분의 저경에는 쌍릉과 같은 호석열이 확인되었다. 또한 함열 와리 정동유적에서는 사비유형의 석실분과 함께 분구묘가 확인되었다. 결론적으로 익산지역의 저평한 구릉지대는 전통적인 분구묘을 지속적으로 사용하다가 비로서 7세기경에 이르러서 무왕과 연관하여 횡혈식석실

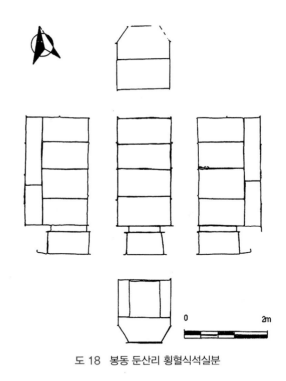

도 18 봉동 둔산리 횡혈식석실분

---

48 全榮來,「鳳東 屯山里 百濟石室墳」,『全北遺蹟調査報告』3, 1974.

분이 축조되기 시작한 것으로 판단된다.

이와는 달리 미륵산의 북쪽 능선에서 조사된 성남리고분군은 다른 양상을 보인다. 성남리에서 확인된 횡혈식석실분은 전형적인 판석을 이용한 단면육각형의 고임식 사비유형의 석실분으로, 그 시기는 7세기 중엽경으로 추정된다. 이들 고분의 피장자는 7세기 중엽 미륵사와 관련지워 이 지역에 형성된 유력한 세력집단으로 추정되는데[49] 이는 고분군이 자리한 위치가 금강연안에서 부곡천을 따라 미륵사로 들어오는 길목에 자리한 점이나 고분군의 정상부에 백제말기에 축조된 것으로 추정되는 朗山山城[50]이 위치하고 있기 때문이다.[51]

금남정맥에서 분기한 천호산의 서쪽 능선 사면에 자리한 동룡리유적에서 확인된 석실분은 평면 장방형의 평면형태나 괴석형 할석을 사용한 점, 축약되고 통일되지 않은 연도 등 전반적으로 금강유역의 웅포리고분군의 석실분과 매우 흡사하다. 또한 수혈식석곽묘·횡구식석곽묘와 함께 조영되고 있는 점, 출토유물에 있어서도 삼족토기나 개배·병형토기 등 역시 같은 양상을 보인다. 전반적인 석실분의 축조시기는 대략 6세기 중엽경으로 추정된다. 다만 웅포리석실분과는 달리 횡혈식석실분과 수혈식석곽묘의 경사면 상단에 '∩'자상의 눈썹형 周溝가 설치된 점이다. 이와 같은 주구가 설치된 석실분은 사덕유적을 비롯하여 완주 용흥리[52]·용암[53]유적에서 확인된 바 있으

---

49 崔完奎, 『錦江流域 百濟古墳의 硏究』, 崇實大學校 大學院 博士學位論文, 1997.

50 전북문화재연구원, 『益山 朗山山城』, 2008.

51 2006년 전북문화재연구원의 조사결과 삼족토기·기대편 등의 토기편과 연화태극문 수막새 등 백제시대 유물이 출토되어 백제시대에 초축된 것으로 조사되었다. 특히 연화태극문 수막새는 인근 왕궁리유적 출토품과 유사하여 왕궁리유적과 밀접한 관계가 있음이 확인되었다.

52 전북문화재연구원, 『完州 龍興里遺蹟』, 2008.

53 전북문화재연구원, 『고속도로 제27호선 전주-남원간 건설공사부지 내 문화유적 발굴

며, 이들 유적의 전반적인 석실분의 구조나 특징에서 유사성이 높은 점으로 미루어 주구가 이 지역의 특징임을 추정케 한다. 또한 시기적으로 저평한 구릉지대의 입지한 금마지역의 석실분보다는 먼저 축조된 것으로 판단된다.[54] 다만 특징적인 주구가 분구묘의 전통속에서 입지가 변화하면서 지속되는 것인지, 아니면 이와 다른 세력이 주구만을 수용하여 나타나는 것인지에 대해서는 좀 더 면밀한 검토가 필요하다.

한가지 주목되는 사실은 단면육각형의 고임식 형식의 다음 유형인 평천장 구조를 지닌 판석조의 전형적인 석실분이 현재까지 익산지역에서 보고되지 않고 있다는 점이다.[55]

Ⅳ. 맺음말

본 글에서는 익산지역에서 조사된 백제 횡혈식석실분을 바탕으로 석실분의 수용과 전개과정을 금강하류권과 내륙권으로 구분하여 살펴보았다.

금강하류에는 금강 연안을 따라 형성된 능선에 많은 백제시대 분묘유적이 자리하고 있다. 현재까지의 자료로 볼 때 5세기 중엽경 금

조사보고서』, 2009.

54 동룡리유적의 경우 금강유역의 웅포리유적과 매우 유사함을 지적하였다. 따라서 현재까지의 자료로 볼 때 시기적으로 금강유역의 교류 등으로 축조되었을 가능성이 높다. 다만, 동룡리유적이 입지한 지역은 논산과 금산 혹은 장수지역으로 연결되는 육로상의 교통요지에 위치하고 있어 시기적으로 주변지역에서 동룡리유적보다 앞서는 유적이 확인될 가능성이 있다.

55 李文炯, 「全北地方 百濟 橫穴式石室墳의 受容과 展開」, 『백제고분의 새로운 인식』 2012년 호서 · 호남고고학회 합동 학술대회, 호서고고학회 · 호남고고학회, 2012.

강하류의 금성리유적에서 횡혈식석실분이 처음 수용되었다. 금강하류유역은 서해로 나아가는 해로상의 요충지로 일찍부터 이를 기반으로 성장한 재지세력이 백제의 중앙세력과 지속적인 교류가 이루어지던 곳이다. 특히 백제의 熊津으로의 南遷은 더욱 이 지역의 중요성을 증대시켰을 것이다. 이러한 정황을 단적으로 보여주는 것이 입점리 86-1호 횡혈식석실분에서 출토된 위세품 성격의 유물이며, 이 피장자를 중심으로 금강하류유역의 주변세력은 통합된 것으로 보여진다. 이 후 입점리고분군을 중심으로 횡혈식석실분은 주변지역으로 확산되어 금강하류유역에서는 6세기 중엽까지 군집을 이루며 지속적으로 축조되다가 7세기경에 이르면 정치적인 중심이 내륙지역의 금마일대로 이동하면서 산발적으로 축조되는 양상으로 변모한다.

금강유역과는 달리 내륙지역의 저평한 구릉지대는 5세기 중반까지도 마한 전통의 분구묘가 지속적으로 조영된다. 그러나 이들 전통적인 분구묘 축조 집단에서도 변화의 움직임이 나타나 분구묘의 매장주체시설로 횡혈식석실를 축조하기에 이른다. 다만 이를 적극적으로 수용하지 않다가 7세기경에 무왕과 연관하여 비로서 횡혈식석실분이 축조되기 시작한다.

미륵산 북쪽 능선에서 조사된 성남리고분군은 그 입지가 금강연안을 따라 미륵사지로 들어오는 길목에 위치한 점, 고분군이 위치한 능선 정상부에 백제시대에 축조된 朗山山城이 있는 것으로 보아 7세기 중엽 미륵사와 관련되어 이 지역에 형성된 유력한 세력집단의 무덤으로 추정된다.

금남정맥에서 분기한 야산맥의 사면에서 조사된 횡혈식석실분 가운데 그 특징으로 여겨지는 周溝의 설치는 분구묘의 전통속에서 나타나는 것인지, 혹은 다른 집단이 주구을 수용하여 나타난 결과인지, 이에 대해서는 앞으로 면밀한 검토가 이루어져야 할 것이다.

익산, 마한·백제연구의 새로운 중심

익산 미륵사지
와요 생산량 검토

최경환
국립나주박물관 학예연구사

I. 머리말

고대의 기와 생산체제에 관한 연구는 주로 제작기법이나 문양의 분석에 집중되어 왔다. 또한 同范瓦의 분포상으로 기와의 需給關係를 설정하거나 匠人 集團의 존재를 추정하고 생산체제의 다양성을 밝히는 등 소기의 성과를 거두었다.

그런데 기와의 생산량이나 공급량이 어느 정도였는지에 대한 연구는 아직 미진하다. 발굴조사 자료는 현실적으로 불균등할 수밖에 없고 분석의 대상인 유물들이 생산지보다는 소비지에 더 많이 남아있는 탓에 생산지로부터 각지로 분배되었을 제품의 수량을 짐작하는 일은 요원해 보인다. 하지만 만약 생산량을 추정할 수 있는 방법을 찾는다면 장인의 수나 납품까지의 소요 기간, 유적의 크기에 따른 생산시설의 규모 등 고대 생산체제와 사회상의 복원에 중요한 단서를 제공해 줄 수 있지 않을까 한다.

이를 위해서는 전통건축 기법에 기대어 건물을 짓는데 필요했을 기와의 수량을 파악하는 일은 물론이고, 가마 유적에서 한 번에 생산해낼 수 있었을 기와의 수량을 알아내는 작업 역시 필수적일 것이다. 이 글에서는 후자에 대한 검토를 진행하고자 한다. 마침 한국과 일본에서 조사된 수많은 瓦窯址 중 소성부 안에 기와가 남겨진 채로 폐기된 유구들이 여럿 있어 소중한 정보를 제공해 주고 있다.

II. 와적 자료 검토

장인은 성형과 건조를 마친 기와를 가마 속으로 옮겨 번조 작업을 준비하게 된다. 땔감을 효과적으로 사용하기 위해서는 한 번 구울 때 기와를 최대한 많이 적재할 필요가 있었을 것이다. 생산량만을 생각한다면 빈 틈 없이 채워 넣는 게 상책이겠지만, 전체 기물을 골고루 익히려면 燃燒部에서 烟道部까지의 불길도 고려해야 했다. 따라서 장인이 단위 생산량과 소성 효율 사이에서 고심한 결과가 고금의 기와 적재 방법(이하 瓦積法)에 남아있다고 생각한다. 기와뿐만 아니라 모든 요업 제품의 가마 내 재임에는 적어도 아래와 같이 세 가지 조건이 만족되어야 할 것이다. 특히 기와에는 곡률이 있어 엎은 상태에서 수직으로 쌓게 되면 뒤틀리거나 부서질 수 있기 때문에 세워서 쌓는 것이 기본이었을 것이다.[1]

첫째, 열기가 기물 사이를 잘 통과할 수 있는 적재

둘째, 소성 중 수축으로 인해 변형 또는 파손되지 않는 안정적인 적재

셋째, 간단하고 단순하여 효율적인 적재

〈표 2〉는 한국과 일본에서 발굴 조사된 소성부에 기와를 재어 둔 채로 폐기된 6세기에서 19세기까지의 와요들의 목록이다. 기와 적재 모델 수립을 위한 귀중한 자료이지만 현재까지 알려진 것들은 한국 10기, 일본 12기 가량이라서 결코 충분하다고 말할 수는 없다. 게다가 그 시간 폭이 넓은 것도 분석의 장애 요인일 수 있다.

그러나 등요와 평요로 대별되는 와요의 구조와 기와의 형태 그리고 연료의 종류에서 고대부터 근세까지 근본적인 변화는 없었다고

---

1 오늘날 기와에 대한 것이지만 위로 너무 높게 쌓으면 아랫단의 기와가 변형될 수가 있기 때문에 수직 쌓기는 5단 이하로 하는 게 좋다고 한다. 송재선, 「기와 만들기(Ⅲ): 한와(漢瓦)를 중심으로」, 『세라미스트』 제3권 제5호, 한국세라믹학회, 2000, p. 138.

판단된다. 필요한 기와의 수량과 장인의 성향에 따라 와적법의 편차야 있었겠지만 생산량과 소성 효율이라는 양대 명제에서 자유로운 자는 없었을 것이다. 바로 여기에서 와적 모델 수립의 정당성을 구하고자 한다.

우선 기와의 형태에서 기인한 와적의 기본 요소에 대해서 검토해 보면, 우리나라 전통 건축물의 지붕부재 중에서 대부분을 차지하는 암키와나 수키와는 대개 원통이나 통쪽 와통으로 성형되어, 평면적으로는 長方形(梯形), 단면적으로는 弧形을 이룬다. 따라서 기와를 포갤 때에는 〈표 1〉과 같이 중첩식 · 합장식 · 교차식의 3가지 방법 중 하나를 따르게 된다. 또한 가마 속에 쌓을 때에는 세우느냐 누이느냐에 따라 정치식 · 횡치식 · 복개식 중 하나를 선택하게 된다.

이러한 점을 감안하여 적재 상태가 온전히 남아있는 유구가 충분하진 않지만 〈표 2〉의 각 유구들을 검토하고 당시의 와적법을 최대한 추출해 보도록 하겠다.

표 1 와적의 기본 요소(암 · 수 동일)

1. 적재량의 문제

단위면적 당 적재량을 높이기 위해서는 기와를 포개는 방식 중 중첩식과 교차식이 유리하다. 기와 사이에 빈 공간이 적은 방법이기 때문이다. 그런데 중첩식은 같은 방향으로 포개는 것이기 때문에 이를 세워놓는다면 도미노처럼 쓰러질 가능성이 높다. 교차식은 이 점을 보완할 수 있지만 암키와일 때에는 교차시킨 한 조의 폭이 너무 넓어져서 등요의 경사진 소성부 바닥에 바로 세우기가 곤란하다. 한편 합장식이라면 서로 기대서 안정감 있게 세울 수 있겠지만 적재량은 감소한다.

실제 남아있는 유구들에서 보면 한 가마 안에 여러 방식을 혼용한 사례가 많다. 특히 합장식과 중첩식이 함께 쓰였으며 최대한 빈 틈 없이 채워 넣었음을 알 수 있다. 즉 합장한 암키와의 좌우로 연달아 중첩시킨 것이다. 적재량을 최대한 높이되 한 방향으로 넘어지는 일을 방지하기 위한 장인의 배려였을 것이다. 또한 교차식은 폭이 짧은 수키와끼리 중첩시킬 때 많이 사용되었음을 알 수 있다. 다만 소성부 바닥에 경사가 없는 平窯 중에서는 일본 寺谷[테라타니] 瓦窯跡과 같이 암키와끼리 교차하여 정치한 사례도 있다.

2. 수평염식 가마의 와적법

우리나라에서 일반적인 水平焰式 가마로는 등요가 있다. 연소부에서 시작된 열기가 길고 경사진 소성부를 지나며 적재된 기물을 익히고 연도부로 빠져나가는 방식이다. 이때 연소부와 마주한 소성부 1열의 기와들이라면 모르겠지만 연소부와 멀어지고 연도부에 가까워

질수록 火氣의 고
른 전달이 문제로
떠오른다. 소성부 1
列을 몇 단으로 천
장까지 빈 틈 없이
채웠다면 더욱 그
렇다. 화기가 뒤로
전달되지 못하는
병목현상이 발생할
수 있는 것이다. 따

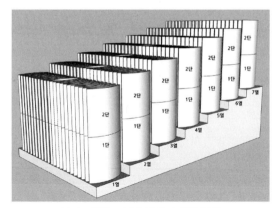

도 1 瓽窯 소성부 안 段과 列의 구분

라서 뒤의 瓦列로 화기를 전달하기 위한 통로를 남겨두어야 한다. 고
대부터 장인들은 이러한 문제를 해결하기 위해 소성부 평면을 배 바
닥 형태로 불룩하게 만들어 화기가 기물의 좌우 벽을 타고 흐를 수
있도록 배려하기도 하였다.[2]

물론 와적 자체에서도 화기의 전달을 감안해야 한다. 〈도 1〉과 같
이 와요에서는 소성부에 2단 이상 쌓는 게 일반적이었다. 상단의 하
중을 감당하고 손쉽게 쌓아올리려면 1단의 와적이 치밀하고 윗선이
편평한 게 좋다.[3] 와적이 치밀할수록 불길은 좁아지는 것이기 때문
에 1단에서 화기의 통로를 마련하는 일은 수월하지 않아 보인다. 다
만 등요는 소성부 바닥에 경사가 있어 앞 열의 2단이 다음 열에서는
약 1.5단의 높이가 된다. 예를 들어 1열에서 2단을 1단에 비해 성기
게 쌓는다면 화기가 2열로 전달될 수 있다. 때문에 높아도 2단 째부

2 문화재청, 『숭례문 복구용 전통기와가마 복원연구 보고서』, 2000, p. 200.
3 문화재청, 앞의 보고서(2000), p. 236.

터는 적재량을 줄여 쌓아 불길을 열어놓을 필요가 있었을 것이다.[4]

실제 와적 자료들에서도 그러한 양상이 간취된다. 앞서 언급한 대로 등요의 1단은 대개 치밀하게 구성했다. 이러한 사례들 찾아보면 첫째 소성부 양벽에 암키와를 기댄 중첩·정치식 사례(아산 명암리 기와가마와 日の出山[히노데야마] A地点 4號瓦窯), 둘째 암키와의 중첩·정치식 사이에 부분적으로 합장·정치식을 사용한 사례(동해 북평동 1호·이로동 2호·栗栖野[쿠루스노] 6號窯·町谷[마치야] 7 號瓦窯·牧瓦[마키가] 5號窯), 셋째 수키와를 교차·정치한 사례(부여 왕흥사 16호)로 대별된다.

2단의 구성에서는 적재량을 줄이되 1단과 같은 방법을 취한 사례와 방식을 바꾼 사례가 있다. 전자는 동해 북평동 1호·이로동 2호 ·牧瓦 5號窯이다. 대신에 넘어지지 않도록 1단 암키와열의 틈에 2단 기와를 꽂아 넣듯이 쌓아 올렸다. 후자인 안동 A사찰에서는 1단의 합장·횡치식+중첩·정치식 와열 위에 8매1조의 합장·횡치식 암키와들을 올렸다. 부여 왕흥사 16호의 2단에는 교차·복개한 6겹의 수키와들이 있다.

이와 같이 등요의 2단 이상에서는 와열의 밀집도를 떨어뜨리거나 불길의 방향에 맞춰 적재 방향을 바꿨음을 알 수 있다. 암키와나 수키와를 횡치하는 방식을 쓰면 기와의 곡률로 인해 생긴 틈이 불길의 방향과 일치하기 때문에, 하중을 덜 받으면서도 불길을 뒤로 전달해야 하는 2단 또는 3단 이상에서 사용된 사례가 있음이 주목된다.

한편 등요 소성부의 천장 단면 모습은 대개 곡선을 그리며, 소성부 바닥의 경사로 인해 연소부에서 가까운 소성부의 천장은 높고, 반대로 연도부에서 가까운 소성부 천장은 낮다. 따라서 연도부에 가까

---

4 소성부의 터널형 단면 모습도 적재량을 줄여 쌓는 이유가 될 것이다.

운 소성부 안쪽의 와열에서는 앞쪽 와열과는 다른 와적이 이루어졌던 것으로 보인다. 연도부에 가까워 소성부 높이가 낮은 곳에서는 기와를 횡치하거나 복개하는 등 누여 쌓는 일이 많았다. 그 예로 안동 A사찰 와요의 소성부 후미에서는 암키와를 중첩·정치식과 합장·횡치식으로 번갈아 나열한 1단 위에 다시 암키와를 합장·횡치했다. 또한 암키와를 중첩·횡치식으로 성기게 조합한 공주 남장리 와요·부여 만지리 와요도 있다.

표 2 와적법 요약표

단		소성부 앞쪽의 천장이 높은 공간			소성부 뒤쪽의 천장이 낮은 공간	
		대표적 기와 종류	대표적 와적법	밀집도	대표적 기와 종류	대표적 와적법
등요	1단	암키와多 + 수키와少	중첩+합장·정치 / 교차·정치	상	암키와 + 수키와	중첩·횡치 / 합장·횡치
	2단	암키와 + 수키와	중첩+합장·정치 / 합장·횡치	중		
	3단 이상	암키와少 + 수키와多	교차·횡치 / 복개·횡치	하		
	빈 틈	특수기와	-	-		
평요	1단	암키와 + 수키와	합장·정치 / 교차·정치	중	-	
	2단	암키와 + 수키와	합장·정치 / 중첩· 정치 / 교차·정치	하		
	3단 이상	암키와 + 수키와	합장·정치 / 중첩· 정치 / 교차·정치	하		
	빈 틈	특수기와	-	-		

3. 수직염식 가마의 와적법

앞에서 1단의 밀집도를 최대화하는 등요의 와적법을 기술했는데,

이는 열기를 수평적으로 전달하는 일반적인 등요의 이야기였다. 반면 열기가 수직적으로 전달되는 垂直焰式 가마로는 구들시설이 설치된 평요가 있었다. 6~7세기대의 평요인 청양 왕진리 강변4호 가마나 부여 왕흥사지 3호 가마[5] 등은 장인이 소성부의 바닥에 구들 시설을 마련하여 열기가 기물의 아래쪽으로도 흐를 수 있도록 설계했던 사례이다.[6] 南田[미나미다] 3號, 福枝[후쿠에다] 第一窯址가 이에 해당한다. 2기 모두 1단의 기와들을 합장 · 정치하여 와열이 상당히 성기다는 점을 알 수 있다. 화기가 1단에서 가로막히지 않고 상승할 수 있도록 기와의 밀집도를 덜어냈기 때문일 것이다.

한편 특이한 사례로서 등요임에도 불구하고 바닥에 구들이 시설되어 있는 鶴峯[츠루미네] 第1號窯[7]에서는 역시 소성실 바닥 아래로부터 불길이 위로 솟구치도록 안배됐던 때문인지 南田 3號, 福枝 第一窯址와 마찬가지로 1단의 밀집도가 상대적으로 낮은 편이다.

鶴峯 第1號窯와 福枝 第一窯址에서는 2단 째의 와적 상태도 볼 수 있었는데, 전자에서는 동일한 방법으로 쌓았고,[8] 후자에서는 방향을 90° 돌리고 중첩 · 횡치하여 안정성을 도모했다.[9]

유일하게 예외가 있다면 또 다른 유상식 평요인 寺谷 瓦窯跡이다.

---

5 전창기, 「百濟時代 泗沘期 기와 가마터 考察 -王興寺址 기와 가마터를 중심으로-」, 『기와의 생산과 유통』, 한국기와학회, 한국기와학회, 2011, p. 132.

6 이를 일본에서는 有牀式 평요라고 표현하기도 한다. 大川淸, 『日本の古代瓦窯』, 雄山閣, 1972, pp. 158~161.

7 기본적으로 등요의 형태를 취하면서 유상식(ロストル) 평요의 구조도 겸한 특이 사례이다. 鹿兒島縣敎育委員會, 「第Ⅳ部 鶴峯窯跡の調査(薩摩國分寺瓦窯の調査)」, 『薩摩國府 · 國分寺跡』, 1975, p. 146.

8 1단과 동일한 합장식으로 2단을 올려 불안정했던 탓인지 발견 당시 2단의 와열은 모두 쓰러져 있었다. 鹿兒島縣敎育委員會, 앞의 보고서, 1975, p. 210.

9 참고로 중요무형문화재 제91호 제와장이었던 故 한형준 옹 역시 지상 평요식 감투가마의 1단을 합장 · 정치한 암키와들로 구성하고 그 위로 어슷하게 중첩한 암키와들을 두 단 이상 배열했다. 문화재청, 앞의 보고서, 2000, p. 230.

3단에 걸쳐 암키와들이 남아있는데, 福枝 第一窯址처럼 각 단마다 방향을 달리하였다. 그러나 1단부터 연속된 교차·정치식 와열로 빼곡하게 채운 점이 이채롭다. 생산량의 극대화를 고려한 탓도 있겠지만 소성부 내의 모든 기와가 맞닿아 있는 걸 보면, 소성 과정 중 고온을 오래 유지하여 하단 와열에서 상단 와열로 자연스레 열기가 복사·전도되기를 노렸던 것은 아닐까.

이와 같이 평요에서는 수직염을 감안하여 대개 가급적 1단을 성기게 조합하되, 안정성도 감안하여 2단 째부터는 적재 방향을 바꾸어 무너지지 않도록 했음을 알 수 있다. 한편 평요는 평면형이 장타원형·장방형이 아닌 방형·제형에 가깝고 소성부 경사도도 미미하여 와열 자체가 없기 때문에 천장의 높이 차이를 고려한 전면부와 후면부의 와적법 구별은 거의 없었던 것으로 보인다.

Ⅲ. 와요의 생산량 추정

이제부터는 실제 와적 사례를 바탕으로 가마 자체의 구조는 잘 남아 있지만 소성부 내 와적 상태는 남아 있지 않은 사례에 적용하여 1회 생산량을 계산해 보고자 한다. 대상 유적은 益山 彌勒寺址의 통일신라시대 동요이다. 비록 삼국시대의 생산시설은 아니지만, 소성부 면적과 평면 모습에서 부여 정암리 와요를 연상하게 한다.[10] 특히 소

---

10 미륵사지 통일신라 동요의 평면형은 주형, 마지막 단계의 소성부 면적은 약 4m²(도면 실측 결과)이다. 6~7세기 유구인 부여 정암리 B-7~9호요의 평면형도 주형이고 소성부 면적은 4.1~4.8m²이다. 두 곳 모두 소성부 바닥시설로 기와가 사용되었다. 崔卿煥, 「百濟 土器窯址에 대한 硏究」, 忠南大學校 大學院 碩士學位論文, 2010, p. 105.

성부 바닥에 깔려 있는 암수키와 시설은 부여 왕흥사 요지, 청양 왕
진리 가마터 등에서 발견된 백제 사비기 와요 구들시설의 변화된 모
습일지도 모른다.

백제 무왕이 세운 것으로 전해지고 있는 익산 미륵사지는 1탑 1금
당식 사원이 동서와 중앙에 나란히 자리하고 있는 3원 병렬식의 대
가람이다. 그 큰 규모로 보아 모든 건물들이 한꺼번에 완성된 것은
아니었을 수도 있지만, 처음부터 계획적으로 만들어진 것임은 분명
하다.[11] 사찰의 창건은 백제 때의 일이지만 통일신라를 지나 고려, 조
선시대까지도 그 법등이 이어졌다.[12]

사역에서는 통일신라, 고려, 조선시대의 와요가 발굴조사 되었다.
각 2기 씩 짝을 이루었다는 점이 이채로운데, 그리 크지 않은 규모
인 걸로 보아 보수용 기와를 현지에서 바로 구워냈던 것으로 여겨진
다.[13] 세 시기 와요 중 통일신라 유구는 사역 남동쪽 연못의 입수로
상층에서 백제나 고려시대의 유물이 섞이지 않은 통일신라시대의 기
와들과 함께 노출되었는데, 세 시기의 요지들 중에서 보존 상태가 가
장 좋은 편이었다.[14] 남북 방향을 장축으로 삼은 두 기의 와요 중 東

---

11 배병선, 「미륵사의 배치와 건축유구를 통해 본 백제 조영기술」, 『백제 불교문화의 寶
庫 미륵사』, 국립문화재연구소, 2010, p. 234.
12 國立扶餘文化財研究所, 『彌勒寺 遺蹟發掘調查報告書Ⅱ』, 1996.
13 아직까지 미륵사 창건 때의 기와를 생산했던 곳이 어디인지는 불명확하지만 백제 사
비기에는 기본적으로 사찰 전용 생산지에서 기와를 만들었을 것으로 보고 있다. 부
여 능산리사지, 왕흥사지의 사례로 보아 미륵사 전용 가마 역시 그리 멀지 않은 곳에
설치되었을 것으로 추정할 수 있다. 1980년대 초 조사 때 미륵사지 서쪽의 구릉지대
에서 백제 암키와, 녹유연목와, 수막새, 목탄 등이 채집된 바 있어 앞으로의 조사가
기대된다. 문옥현, 「백제 왕흥사의 기와 공급에 대한 일고찰 -출토 수막새를 중심으
로-」, 『한국전통문화연구』 2011년 제9호, 한국전통문화대학교, 2011, pp. 30~31; 國
立扶餘文化財研究所, 앞의 보고서, 1996, p. 525.
14 李蘭英, 「익산 미륵사지 출토 통일신라 기와」, 『한국기와학회 학술논집』 2집, 한국기
와학회, 2006, pp. 65~66.

窯가 西窯에 비해 크고 늦게까지 운영되었다.

1. 익산 미륵사지 통일신라 동요

보고서[15]에 따르면 동요는 반지하식 등요로서 아궁이에서 소성부까지의 길이가 430cm, 최대폭이 185cm 정도이며 소성부의 경사도는 약 11°(필자의 도면 측정 결과), 남북 길이는 340cm, 최대폭은 185cm였다. 소성부 바닥은 연소부와의 경계인 단벽에서 90cm까지는 폭이 좁다가 이후로 반타원형의 평면상으로 넓어졌으며 측벽은 소성부 바닥의 양 끝에서 둔각을 이루며 약간 外傾하다가 직립했다. (도 4)

소성부 바닥은 와열로 이루어진 바닥시설이 깔려 있는 부분과 그 남쪽의 와편이 깔려있는 부분으로 나눌 수 있다. 전자에서는 장축방향의 수키와열 위에 장축방향과 직교하는 암키와열이 깔려 있었다.

도 2 미륵사지 통일신라 와요지

도 3 미륵사지 통일신라 와요지 동요

15 國立扶餘文化財硏究所, 앞의 보고서, 1996.

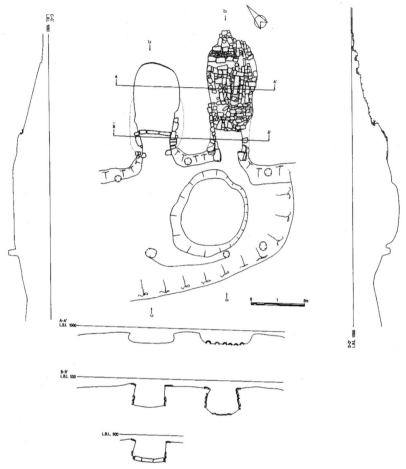

도 4 미륵사지 통일신라 와요지 평면 · 단면도

유존상태가 비교적 좋은 6줄의 수키와열은 일정하지는 않지만 서로
어느 정도 떨어져 있었으며 각 열의 수키와들은 폭이 넓은 부분을 아
궁이 쪽으로 하여 끝이 조금씩 맞물려 있었다. 암키와열은 수키와들
이 맞물리는 곳 위에 1매씩 배치되어 계단식 상면을 이루었다. 많이
유실되었지만 조사 당시 5줄 정도가 보였다. 보고서에서는 수키와열

이 있는 바닥을 2차 床面, 이를 메우고 설치된 암키와열 바닥을 3차 상면으로 칭했다. 2차 상면 아래에서 연소부로 이어지는 남쪽 단벽까지의 공간에는 암키와편들이 쌓여있었는데, 잘 남아있지는 않지만 4~5열 정도의 계단상 바닥이었을 것으로 보고자는 판단했다.

2. 생산량 추정

보고자는 소성부 바닥을 시설에 따라 3단계로 구분하였다. 바로 무시설 바닥의 1차 상면, 장축방향 수키와열이 깔린 2차 상면, 그 위에 장축방향과 직교하며 깔린 암키와열의 3차 상면이다. 그런데 2차 상면 위에 기와를 그대로 적재했다면 불길의 흐름이 방해를 받았을 것이다. 적재 1단의 암키와가 장축방향 수키와열 사이에 걸쳐져 넓적한 면이 아궁이를 향하게 되었을 것이기 때문이다.(도 5) 그렇다고 암키와를 중첩 또는 합장하여 측면이 아궁이 방향을 바라보게 쌓았다면, 높낮이가 들쑥날쑥하여 수평한 적재가 어려웠을 것임이 분명하다.(도 6) 즉 2차 상면은 제 기능을 하지 못했을 것으로 여겨진다.

하지만 3차 상면인 암키와열은 장축방향 수키와열 위에서 직교하

도 5　장축방향 수키와열 위에 암키와의
넓적한 면을 아궁이 방향으로 적재

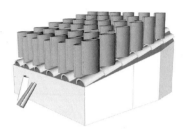

도 6　장축방향 수키와열 위에 암키와의
좁은 면을 아궁이 방향으로 적재

도 7 장축방향 수키와열 위에
단축방향 암키와열을 올려 불고래를 만든 상태

며 얹혀 있었기 때문에 측면을 아궁이로 향한 적재 1단을 비교적 쉽게 쌓아둘 수 있었다. 만약 2차와 3차로 구별된 수키와열과 암키와열을 별개로 보지 않고 하나의 시설로 본다면, 수키와열의 기능은 와적의 받침 시설이 아니라 열기가 지나가는 바닥 불고래의 턱으로 자리매김할 수 있을 것이다.[16] 장축방향 수키와열이 단축방향 암키와열을 바닥으로부터 띄워주는 역할을 하고, 암키와열과 수키와열 사이에 생긴 틈으로 열기가 이동할 수 있기 때문이다. 이렇게 이해하는 것이 더욱 자연스럽기 때문에 본 글에서는 수키와열과 암키와열을 묶어 2차 상면으로 판단하고자 한다.(도 7) 조사 때까지 남아있었던 5열의 암키와 시설에 남쪽 단벽 부근 와편이 깔려있는 곳의 추정 4열을 더하면 2차 상면의 암키와 시설은 최소 9열이 되는데, 실제 그랬다면 소성부 전체를 거의 뒤덮는 면적이 된다. 조업 당시에는 아마도 암키와 시설 한 줄에 번조를 위한 기와 한 줄이 올라섰을 것이다.

한편 무시설 1차 상면의 면적과 암수키와 바닥시설이 깔린 2차 상면의 면적은 서로 달랐던 것 같다. 보고자는 마지막 단벽이 나중에 덧대어진 것이며, 이와 같은 소성부의 확장에 따라 좁아진 연소부를 넓히고 아궁이를 새로 만들었다고 보았다. 또한 넓어진 소성부 면적은 암키와열 시설과 관련되었다고 설명했다. 단벽의 수키와편들로 보았을 때 넓어진 소성부의 의미 있는 면적은 대략 장축방향과 직교

---

16 등요 소성부의 바닥에 불고래가 설치된 또 다른 사례가 일본 鶴峯 第1號窯이다.

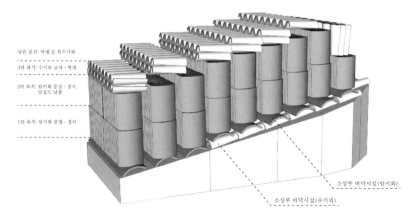

남은 공간: 막새 등 특수기와
3단 와적: 수키와 교차·복개
2단 와적: 암키와 중첩·정치,
밀집도 낮춤
1단 와적: 암키와 중첩·정치

소성부 바닥시설(암키와)
소성부 바닥시설(수키와)

도 8 미륵사지 통일신라 동요 와적 방법 추정

하는 암키와 1열 정도의 넓이였기 때문에, 무시설식인 1차 상면은 2
차 상면의 9열에서 1열을 뺀 8열 정도의 적재 면적을 가졌을 것이다.

소성부 천장은 모두 무너져 원래 높이를 알 수는 없지만 대체로 바
닥에서 천장까지의 높이가 소성부의 폭보다 길지는 않았던 것 같다.
또한 故 한형준의 감투가마를 제외하면 와적 사례들 중에서 기와가
4단 이상 쌓여 있었던 유구는 없는 걸로 보아, 천장의 높이는 대개
와적 3단을 조금 더 상회하는 수준이었을 것으로 추정된다. 이하에
서는 이러한 사항들을 바탕으로 각 단별로 적재량을 추정해 보도록
하겠다. 와적 시점은 소성부 면적이 가장 넓었던 2차 상면 단계를 기
준으로 하겠다.

1) 1단

통일신라 동요는 등요 구조이기 때문에 1단의 와적 밀집도가 가장
높을 것으로 가정하였다. 따라서 1단에서는 암키와를 중첩·정치하
되, 한 방향으로 쓰러지지 않도록 열의 가운데만큼은 합장·정치하

고 가운데에 수키와 1점을 꽂았다. 소성부 폭은 일정하지 않으나, 촘촘하게 배열한다면 1열에 평균 40장 내외의 암키와를 정치할 수 있을 것이다. 2차 상면을 9열로 설정한다면 최다 360장이다.[17]

2) 2단

2단까지는 암키와를 중심으로 적재한다. 여기에서는 1단과 동일하게 중첩 · 정치하는 방법이나 열기를 뒤로 잘 전달하기 위해 합장 · 횡치하는 방법이 있다. 그런데 불고래가 설치된 바닥으로 보아 기물 아래로부터의 열기 전달도 고려했던 가마 구조이기 때문에, 정치 적재였을 가능성이 보다 높을 것으로 판단된다. 따라서 2단의 와적은 1단의 암키와열 틈에 꽂아 넣어 세운 중첩 · 적재로 한다. 실제 사례로는 동해 북평동 와요지 1호, 이로동 2호를 들 수 있다. 이럴 때 2단의 적재량은 1단보다 다소 적어지고, 특히 연도부와 가장 가까운 마지막 와열에서는 낮아진 천장까지의 높이를 감안하여 암키와를 횡치했을 수도 있기 때문에 300매 정도를 상한으로 보아야 할 것 같다.

3) 3단

故 한형준의 감투가마를 보아 암키와 3단 이상의 정치 적재가 불가능한 것은 아닌 것 같다. 다만 등요의 와적 사례들에서는 밀집 정치된 암키와를 3단 이상으로 쌓아 올린 사례를 찾아보기 어렵다. 3단 이상부터는 남은 천장까지의 높이와 연소부에서 천장을 타고 흐

---

17 암키와와 수키와의 제원은 통일신라 동요 출토품으로부터 가져왔다.
　　암키와 : 높이 36cm, 와통 반지름 18cm, 두께 2cm
　　수키와 : 높이 34cm, 와통 반지름 16cm(넓은쪽) · 11cm(좁은쪽), 두께 1.6cm

르는 불길을 감안하여 기와를 누여서 쌓았던 것으로 여겨진다. 협소한 3단 째에 암키와를 누여서 채운 鶴峯 第1號窯의 실례가 있다. 와적 사례들을 보면 한번 번조 시 암키와와 수키와를 함께 구워낸 사례가 더욱 많기 때문에 3단 째에는 수키와를 적재해 보겠다. 이때 불길이 지나갈 틈을 주기 위해서는 횡치 또는 복개하는 게 효과적인데, 폭이 좁은 수키와를 횡치하기 보다는 2단의 암키와들을 덮듯이 복개하는 쪽이 보다 안정적이다. 또한 적재량을 늘이기 위해서는 수키와의 굽은 면이 엇갈리게 마주보도록 교차시키는 게 나을 듯하다. 이와 같이 수키와열을 교차 · 복개하여 적재한 사례가 있는데 바로 부여 왕흥사 16호 가마이다.

그런데 미륵사지 동요의 소성부 천장 높이가 불분명하기 때문에 3단에서의 수키와 적재량은 추정하는 수밖에 없다. 이와 관련하여 비록 오늘날의 기준이기는 하지만, 우리나라에서는 기와의 겹 잇기에 대해 3겹을 표준으로 하고 있다. 한옥 지붕 위에서 암키와 길이의 2/3가 겹쳐지도록 이어나가는 것이다.(도 9) 하지만 때에 따라 지붕 물매가 유독 완만한 곳에서 3겹 잇기를 하면 오히려 빗물이 역류하게 될 수 있기 때문에, 이를 완화하여 보통 시방서에는 2~3겹 잇기를 할 수 있도록 규정한다.[18] 이때 지붕 위 암키와 열과 열 사이를 마감하는 수키와의 수량은 대체로 암키와 2~3

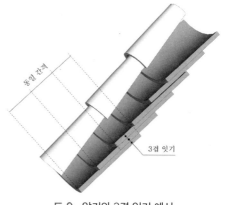

도 9 암키와 3겹 잇기 예시

18 국립문화재연구소, 『번와장』, 민속원, 2010, p. 115.

장 당 1장이 될 것이다(수1 : 암2~수1 : 암3). 미륵사지 동요의 조업 당시 사정을 알 길은 없지만, 가설적으로 지붕 위에서의 암수키와 비율을 가마 속으로 옮겨 온다면 1~2단의 암키와 수량에 대비하여 3단에 수키와 약 220~330매가 할당된다. 따라서 여기에서는 어림잡아 300매 가량의 수키와를 교차 · 복개한 것으로 보고자 한다.

4) 남은 공간

3단 상부에서 천장까지의 자투리 공간이나 소성부 벽면과 기물 사이의 틈 등이 여기에 해당되며, 화기의 흐름을 방해하지 않는 선에서 기물들이 조금이나마 놓일 것이다. 흔치 않지만 일본 小栗栖[오구루스] 3號窯와 같이 연소부에 적재한 사례도 있다. 이러한 공간에는 일반적인 암키와나 수키와도 가능하겠지만, 형태 상 정연하게 적재하기 어려운 수막새, 암막새, 기타 특수기와들을 채우는 것이 더욱 적당할 것 같다. 이러한 기와들은 암키와와 수키와에 비해 필요한 수량이 적다. 그 적재 수량은 짐작하기 어렵지만 100장 내외로 어림잡겠다.

Ⅳ. 맺음말

통일신라 동요의 2차 상면을 기준으로 하여 기와 적재량을 추정해 보았다. 경사가 있는 등요인 점을 감안하여 1단에서는 암키와를 최대한 밀집시켜 중첩 · 정치하였다. 소성부 바닥의 폭과 길이를 감안하여 산출한 1단의 암키와 적재량은 최다 360매 정도였다. 2단도 이와 비슷하나 연도부에 가까운 곳에서는 소성부 바닥이 높아지고 천장은 낮아져 적재 공간이 충분치 않았을 가능성이 있으므로 300매

가량으로 보았다. 3단은 지붕 위 암수키와 비율 1 : 2~1 : 3을 따라 수키와 300매를 교차·복개하였다. 그리고 3단 위에서 천장까지의 자투리 공간이나 소성부 측벽 쪽 공간 등 남는 공간에는 암막새, 수막새 등 특수기와를 채웠을 것으로 보고 약 100매 내외의 수량으로 추정했다. 결과적으로 약 1,000매 내외의 기와를 1회의 번조로 생산해낼 수 있었을 것으로 보았다. 물론 일부 기와들은 불을 세게 받아 허물어지거나 반대로 설익기도 하는 등 실제 사용할 수 있는 수량은 그보다 적었음이 분명하다.

한편 2차 상면에 비해 1열 정도 적은 맨바닥의 1차 상면은 적재량이 더 적었을 것으로 볼 수 있다.[19] 2차 상면의 와적법을 그대로 준용한다면, 1차 상면의 1단에서는 40매 암키와 8열로 320매를 중첩·정치, 2단에서는 약 250매 내외를 중첩·정치하며, 3단에서은 1~2단 암키와 약 500매에 대응하는 수키와 250매 정도를 교차·복개할 수 있다. 이것들에 자투리 공간의 100매 내외를 더하면 약 900매 가량의 기와가 1회 적재량이 된다.

미륵사지 동요에서 몇 차례나 기와를 구워냈는지를 알기는 어렵지만 화구를 총 3차례 중수했다는 보고나, 연소부에서 소성부로 이어지는 곳의 1, 2차 벽체의 존재로 보아 적어도 3회 이상의 열기를 감당했을 것이다. 일정 기간 동시에 사용됐을 서요의 적재량까지 생각한다면, 1회 조업으로 2,000장에 가까운 기와가 만들어졌을 것이다. 최소 3회의 조업을 감안한다면 거의 6,000장의 기와가 이곳에서 생산됐던 셈이다. 동요 회구부의 퇴적 양상[20]을 보면 조업회수가 더 많

---

19 2차 상면과 다르게 별도의 바닥 시설이 없었기 때문에 바닥과 기와의 融着을 막을 離床財가 따로 쓰였을지도 모른다.

20 동요의 회구부 토층은 흑회색 재층(숯, 점토, 와편, 토기편)-진흑색 재층(숯, 와편, 토기편)-적황색 점토층(와편, 토기편)-진흑색 재층-적갈색 점토가 포함된 흑갈색 소토

앉을 것으로 여겨지기 때문에 실제 생산량은 이를 상회했을 것이다.

지금까지 한일 양국의 여러 유적들에서 발견된 실제 와적 사례들을 바탕으로 미륵사지 통일신라시대 동요의 기와 적재량(생산량)을 검토해 보았다. 검토 과정에서 많은 추정과 비약이 뒤따랐음을 자인하며 조금이나마 의미 있었던 시도로 치부해 주시길 희망한다. 앞으로 와적 사례가 늘어나고 요지의 단면이나 회구부의 퇴적 양상에 대해 더 자세한 조사가 이루어지면 더욱 정확한 적재량을 알 수 있을 것이다. 적재량 검토는 요지의 시공간적 변화상을 가늠하는 하나의 척도가 될 수 있으며, 기와의 보급 범위나 장인 조직의 규모 등 과거 기와 생산체제를 복원하고자 할 때 상당히 유용한 정보를 제공해줄 수 있을 것이다.

층(와편, 토기편)-적황색 점토층-흑갈색 소토층(진흑색 재층, 와편)-적황색 점토층-흑갈색 소토층(진흑색 재층)-적황색 점토층-진흑색 재층의 순서로 형성되었다. 國立扶餘文化財硏究所, 앞의 보고서, 1996, p. 141.

표 2 와적 사례 일람표

유적	기와 적재 방법	도면·사진	도면·사진	유적	기와 적재 방법
공주 남장리 와요	1단과 2단은 양벽에 기대서 횡치·중첩, 3단은 암키와아들 복개21			부여 만지리 (조선)	1단과 2단은 양벽에 기대서 횡치·중첩, 옆의 중앙부에는 수키와와 암키와를 복개22
동해 북평동 와요지 1호 (18~19C)	1단 중앙부는 수키와 1조 교차, 좌우로 암키와 중첩·정치, 벽과의 틈에 수키와 중첩·횡치, 2단도 동일한 방법23			안동 A사찰 (조선)	1단 암키와 4매1조 중첩하여 정치와 횡치 반복, 2단에는 함장·횡치 좌우로 3매씩 중첩24
동해 이로동 와요지 2호 (18~19C)	동해 북평동 와요지와 매동소이25			진안 와룡리 (조선)	1단 중앙부는 중첩식으로 횡치, 좌우 공배는 중첩·정치26
寺谷 瓦窯跡 (9~10C)	1단은 소성부 구들(ㅁ자 ㅅ자)과 직교되도록 암키와 4매1조 교차식 배열, 2단은 방향을 90° 틀어 반복, 3단은 다시 90° 틀어 1단과 동일한 방법으로 적재27			栗桶野 6號窯 (7~8C)	1단은 1~5군데 암기와 함장·정치하고 그 좌우로 중첩하여 채움, 함장식의 사이에 수키와 삽입, 2단도 동일한 양상28

유적	도면·사진	기와 적재 방법	유적	도면·사진	기와 적재 방법
小無田 II 3號窯跡 (8C)		소성부 후벽 쪽 암기와 함장·횡치하고 그 사이에 수기와 삽입29	日の出山 A地点 4號瓦窯 (8C)		암기와를 소성부 양벽에 기대어 중첩·정치·적재30
小栗栖 3號窯 (7C후반)		요 전부에 불완전 소성된 암기와를 중첩·정치31	町谷 7號瓦窯 (8C)		소성 전 폐기되어 점토상태로 돌아있음. 생와(生瓦)·함장·정치 반복32
天台寺 第1號 瓦窯 (8C)		암기와 2매 1조 중첩·정치하여 W자 배열. 변형된 함장식으로 판단함33	南田 3號 (9C전반)		소성부 구들(ロスト ル)과 직교하여 암기와 4매 1조를 함장·횡치 반복34
天台寺 第2號瓦窯 (8C)		암기와 4매 1조 함장·정치. 양벽에는 암기와 1매를 덧댐35	牧瓦窯 5號窯 (8C전반)		1단은 2~3군데 암기와 함장·정치하고 그 좌우로 중첩하여 재움. 함장된 사이에 수기와 삽입. 2단부터는 암기와 중첩·정치 모든 수기와 중첩·정치36

유적	도면·사진	가와 적재 방법	유적	도면·사진	가와 적재 방법
鶴峯 第1號窯 (8C)		1단은 암기와 함장·정치하고 그 사이에 수키와 삽입하여 나열. 2단도 동일. 협소한 3단에는 암기와를 눕혀서 가능한 만큼 적재37	福枝 第一窯址 (10C)		1단은 소성부 구들(ㄷ자, ㅅ자)과 직교되도록 암기와 함장·정치 배열. 2단은 방향을 90° 틀어 중첩·정치 적재38
평택 칠원동 1호 기와 가마(15C)		소성실 뒷부분에 암기와 중첩·횡치39	제와장 故한형준 감투 가마		1단 함장·정치 반복, 2단부터 중첩·정치, 천장 부근부터 수키와·막새·특수기와를 가로세로로 횡치40
아산 명암리 기와가마 (10C말 ~11C초)		1단 앞부분은 암기와를 양 벽에 기대서 중첩·정치. 뒷부분은 암기와 중첩·횡치41	부여 향홍 사 기와 가 마터 16호가마 (6C후반)		1단은 수기와를 교차·정치하여 배열 2단은 수기와를 교차·복개식 적재42

21 문화재청, 앞의 보고서, 2000, p. 228.
22 李勳,『瓦窯의 構造形式 變遷』, 公州大學校 大學院 碩士學位論文, 1996, pp. 15~16.
23 江原文化財研究所,『東海市 北坪洞 · 泥老洞 瓦窯址』, 2006, pp. 207~209.
24 문화재청, 앞의 보고서, 2000, p. 229.
25 江原文化財研究所, 앞의 보고서, 2006, pp. 210~211.
26 圓光大學校 馬韓 · 百濟文化研究所,『鎭安 龍潭댐 水沒地區內 文化遺蹟 發掘調査報告書』V, 2001, p. 311.
27 靜岡縣,「寺谷瓦窯跡」,『靜岡縣史』資料編2 考古二, 1990, p. 885.
28 梶川敏夫,「京都洛北における造瓦窯 -栗栖野瓦窯の追加調査-」,『古瓦圖考』, ミネルブァ書房, 1989, p. 196.
29 松江市教育委員會 · 財團法人松江市教育文化振興事業團,『小無田Ⅱ遺跡發掘調査概報』, 1997, p. 26.
30 進藤秋輝,「東北地方の瓦窯」,『佛敎藝術』148號, 每日新聞社, 1983, pp. 16~17.
31 京都市文化觀光局 · 財團法人古大學協會,『小栗栖瓦窯跡發掘調査報告』, 1984, p. 11.
32 栃木縣敎育委員會,『古代下野の窯業遺跡』本文編Ⅰ · Ⅲ, 1976, p. 89.
33 花村利彦,「豊前天臺寺瓦窯址發掘調査の槪要」,『鄕土田川』第18號, 1960, pp. 2~3.
34 須田勉,「關東地方の瓦窯」,『佛敎藝術』148號, 每日新聞社, 1983, p. 26.
35 花村利彦, 앞의 책, 1960, p. 5.
36 三重縣敎育委員會,『近畿自動車道(久居~勢和) 埋藏文化財發掘調査報告書』第1分冊2, 1989, p. 17.
37 鹿兒島縣敎育委員會, 앞의 보고서, 1975, pp. 147~148.
38 京都府編,『京都府史蹟名勝天然記念物調査報告』第十伍冊, 臨川書店, 1934, pp. 14~15.
39 최정필 외,『평택 칠원동 -기와가마 조사 보고서-』, 세종대학교 박물관, 2004, p. 34.
40 문화재청, 앞의 보고서, 2000, p. 229.
41 朴淳發 外,『牙山 테크노컴플렉스 地方産業團地 豫定敷地內 文化遺蹟 發掘調査 牙山 鳴岩里 遺蹟』, 忠南大學校 百濟研究所, 2004, pp. 36~39.
42 國立扶餘文化財研究所,『왕흥사 기와가마터 -2011년도 부여 왕흥사지 12차 발굴조사 자료집-』, 2011, p. 12.

익산, 마한·백제연구의 새로운 중심

익산지역 백제 불교미술의
공시적·통시적 영향

진정환
국립전주박물관 학예연구사

I. 머리말

익산지역은 백제의 궁성유적인 王宮里遺蹟, 왕실 사찰인 帝釋寺址, 武王의 새로운 통치 이념이라고 할 수 있는 彌勒下生信仰을 구현한 彌勒寺址 등이 있는 곳으로, 백제의 새로운 王都 혹은 別都가 있었던 곳으로 추정되어 왔다. 이러한 익산지역의 백제 유적 가운데에서도 다른 지역에 비해 규모가 큰 불교사원과 다양한 불교미술품들은 일찍부터 주목받아왔다.

『三國遺事』'武王'條에 창건 내력이 기록되어 있는 미륵사에는 한국 최대의 석탑이 있는데, 이 탑에서는 2009년 1월 14일 사리장엄구가 발견된 바 있다. 궁성유적인 왕궁리유적에서도 백제의 절터가 확인되었다. 특히 이 寺址에 있는 오층석탑에서는 사리장엄구와 금강경판이 수습되기도 하였다. 또한 왕궁리유적에서 불과 1.4km 떨어진 곳에 있는 절터는 『觀世音應驗記』에 백제 무왕이 창건한 것으로 기록된 제석사가 있다. 아울러 삼국시대 광배 가운데에서 가장 빼어난 것으로 평가 받는 蓮洞里 石佛坐像을 빼놓을 수 없다.

이러한 익산지역 백제의 불교사원과 불교미술품에 대해 '사찰의 구조와 가람의 변화', '주변국과의 영향 관계', '석탑의 시원양식으로서 미륵사지 서탑의 연구', '왕궁리 오층석탑의 조성시기', '사리장엄구 연구' 등 고고학, 불교조각사, 금속공예사, 건축사 등 다방면의 조사와 연구가 실시되었다.

본고에서는 우선 익산지역 불교미술에 대한 몇 가지 쟁점을 살펴보겠다. 그 첫 번째가 미륵사지 서탑 사리장엄구 발견 이후 대두된 '미륵사의 발원자 문제'이다. 미륵사의 발원자가 누구였는가에 대한 의문을 풀어보고자 한다. 두 번째는 '제석사지 가람의 변천'에 대한 문제인데, 초창가람의 형태와 639년 중건가람의 존속시기를 집중적으로 다뤄보겠다. 세 번째로 왕궁리 오층석탑의 조성시기와 관련하여 '왕궁리 사지의 축조시기'를 검토해볼 것이다. 그리고 마지막으로, '無塔一金堂式' 가람으로 여겨져 온 연동리사지의 성격을 연동리 석불좌상의 조성 배경과 연관시켜 밝혀보겠다.

이를 바탕으로, 본고의 중요한 논제인 익산지역 백제 불교미술의 공시적 · 통시적 영향을 살펴볼 것이다. '공시적 영향'이라 함은 當代에 다른 지역에 익산지역 불교미술이 어떠한 영향을 끼쳤는가이다. 본고에서는 지금까지 많은 분야에서 다루어진 신라에 끼친 영향은 접어두고, 백제와 정치 · 문화적으로 긴밀한 교류를 하였던 왜에 끼친 영향을 구체적으로 살펴보겠다.

'통시적 영향'은 익산지역 백제 불교미술이 後代이 후대에 어떠한 영향을 끼쳤는가이다. 그런데 지금까지 백제 불교미술의 통시적 영향은 통일신라 불교미술에 끼친 영향만 다루어져왔다. 본고에서는 백제 멸망 이후 200백년이 지난 후삼국기 후백제지역에 익산지역 백제 불교미술이 어떠한 영향을 끼쳤는가에 대해서 밝혀보겠다.

Ⅱ. 익산지역 백제 불교미술의 몇 가지 爭點

1. 미륵사의 발원자

미륵사의 창건연기는 『三國遺事』에 기록되어 있다. 그 내용은 대체로 '무왕이 용화산 아래 큰 못가에서 미륵삼존이 나타난 것을 보고 미륵불 세 구와, 전각 · 탑 · 회랑을 세 곳에 세우고 미륵사라 했다'는

도 1 익산 미륵사지 전경

것이다.[1] 이러한 기록은 발굴을 통해 소위 '三院並立式' 가람이 확인
되면서 신빙성을 얻게 되었다(도 1).

미륵사지는 일제강점기인 1914년 서탑이 보수되기도 하였으나,
본격적인 조사는 1960년대 이후부터 이루어졌다. 1966년에는 사역
북서쪽의 간단한 수습조사가 실시되었으며, 1974년과 1975년에는
원광대학교 마한 · 백제문화연구소에 의해 동탑지가 발굴조사 되었
다. 그리고 1980년부터 1996년까지 국립문화재연구소에 의해 체계
적이고 종합적인 발굴과 유물 정리 작업이 실시되었다.[2]

---

1 『三國遺事』卷2 紀異2 武王.
   一日王與夫人 欲幸師子寺 至龍華山下大池邊 彌勒三尊出現池中 留駕致敬 夫人謂王曰
   湏創大伽藍扵此地 固所願也 王許之 詣知命所問塡池事 以神力 一夜積山塡池爲平地
   乃法像彌勒三會 殿塔廊廡 各三所 創之 額曰 彌勒寺(國史云 王興寺) 眞平王遣百工助
   之至 今存其寺(三國史云 是法王之子 而此傳之獨女之子 未詳)
2 尹德香,「彌勒寺址 유적의 발굴과 성과」,『益山의 先史와 古代文化』, 원광대학교 마

미륵사지의 발굴조사를 통해, 백제 사원의 가람배치 형식인 '一塔
一金堂式' 가람 세 개를 병치한 '삼원병립식' 가람배치였다는 것이
밝혀졌다.[3] 삼국시대 미륵사는 中院에 中門-木塔-金堂-講堂을, 東院
과 西院에 중문-석탑-금당을, 외곽과 둘레에 僧房과 回廊을 둔 구조
였다. 여기에 덧붙여 통일신라시대에는 동원과 서원 중문 외곽에서
남쪽으로 이어진 회랑과 이를 연결하는 동서의 회랑과 남문을 조성
하였으며, 연못 두 곳도 이때에 조성되었다.

미륵사지에서는 삼국시대부터 조선시대의 瓦塼類, 金屬類, 土陶類
등 다양한 유물이 출토되었다. 특히, 금당 등 중심지역에서는 고려
말 이후의 유물은 거의 출토되지 않아, 고려 말 이전에 중심지역이
폐기되었을 것으로 추정된다.

한편, 2009년 1월 14일 미륵사지 서탑의 해체 과정에서 발견된 舍
利奉迎記(도 2)는 작성 시기와 발원자가 기록된 문자자료로 백제사
연구에 획기적인 轉機가 되었다. 이 봉영기에서 주목되는 것은 '沙
宅王后가 정재를 희사하여 가람을 세우고 639년에 사리를 봉안하였
다.'는 내용이다.[4] 사리봉영기 발견 이전에도 학계에서는 무왕과 선

한 · 백제문화연구소 · 익산시, 2003, pp. 426~430.

3 이병호는 미륵사지의 가람배치를 수당대 유행한 대형원락식 사원의 영향을 받아 변
   형시킨 것이라고 보았고, 한나래는 정림사식과 미륵사식 가람의 형식을 별도로 구분
   하였다. 이병호, 「문화교류 상에서 본 백제 사찰의 위치」, 『백제 사찰과 주변국 사찰
   과의 비교 연구』, (재)백제역사유적지구 세계유산 등재 추진단 · 원광대학교 박물관,
   2013, pp. 195~196; 한나래, 「백제사찰 부속건물지의 유형과 성격」, 『백제사찰연구』,
   국립부여문화재연구소, 2013, pp. 112~113.
   그러나 미륵사지의 중원과 강당, 승방과의 관계만 살펴보면, 일직선상에 탑-금당-강
   당-승방이 있고 강당 좌우에 회랑과 연결되는 부속건물이 들어선 구조이다. 이러한
   가람배치는 부여 정림사지와 익산 제석사지에서 살펴볼 수 있는데, 미륵사의 가람은
   정림사식 가람을 확장 · 변형시킨 것이라고 생각되며, 미륵사 유형은 단 하나밖에 없
   으므로 별도의 유형으로 분류하기보다는 정림사식 가람배치의 변형으로 보는 것이
   타당하다고 생각된다.

4 『彌勒寺址 西塔 舍利奉迎記』.

화공주의 혼인에 대해 『삼국유사』의 기록을 적극적으로 수용하는 입장[5]과 부인하는 입장이 공존했었으나,[6] 사리봉영기의 내용은 『삼국유사』에 기록된 무왕과 선화공주의 혼인이 뒤집힐 수 있는 것이어서, 학계는 물론 일반인들의 관심을 끌었다.

한편, 2009년 사리봉영기가 발견되자 무왕이 즉위 초에 선화공주와 함께 미륵사의 중원을

도 2 익산 미륵사지 서탑 출토 금제사리봉영기

창건하고, 639년에 사택왕후가 서원을 창건하였다는 절충안

竊以法王出世隨機赴感應物現身如水中月是以託生王宮示滅雙樹遺形八斛利益三千遂使光曜五色行遶七遍神通變化不可思議我百濟王后佐平沙宅積德女種善因於曠劫受勝報於今生撫育萬民棟梁三寶故能謹捨淨財造立伽藍以己亥年正月卄九日奉迎舍利願使世世供養劫劫無盡用此善根仰爲 大王陛下年壽與山岳齊固寶曆共天地同久上弘正法下化蒼生又願王后卽身心同水鏡照法界而恒明身若金剛等虛空而不滅七世久遠蒙福利凡是有心俱成佛道.

5 盧重國,「百濟 武王과 知命法師」,『韓國史研究』107, 1999, pp. 3~31; 盧重國,「新羅와 百濟의 交涉과 交流」,『新羅文化』17·18, 2000, pp. 129~162.
6 김주성,「백제 법왕과 무왕의 불교정책」,『馬韓百濟文化』15, 2001, pp. 43~54; 강봉원,「백제 무왕과 '서동'의 관계 재검토 -신라와 백제의 정치·군사적 관계를 중심으로-」,『白山學報』63, 2002; 김수태,「백제 무왕대의 대신라 관계」,『대발견 사리장엄』, 원광대학교 마한·백제문화연구소, 2012, pp. 49~82.

이 제기되기도 하였다.[7]

과연 이것이 타당한가를 밝히기 위해『삼국유사』'무왕'조를 신뢰할 만한지 師子寺를 실례로 살펴보겠다. 주지하다시피『삼국유사』는 기록될 당시의 상황, 민담과 설화가 결합되어 윤색된 기록이기 때문이다.[8]

미륵사 뒤편 미륵산에 있는 師子庵은 1992년에 조사되었다.[9] 이때 「師子寺」銘 기와가 발견되어『삼국유사』'무왕'조의 '師子寺'라는 것이 확인되었다. 한편, 이 조사에서는 백제와 통일신라 평기와, 통일신라로 추정되는 「金馬渚城」銘 기와 등이 일부 발견된 바 있다. 그러나 백제와 통일신라 기와는 성토층에서 발견된 것뿐이고 가장 이른 시기의 건물지가 고려 초의 것이어서,[10] 백제~통일신라시대에 사자사가 존재했었다고 단정할 수 없다.[11] 한편, 사자사에서는 8세기 후반~9세기 초에 조성된 것으로 판단되는 金銅藥師佛立像과 金銅佛立像이 출토되었으나, 이 역시 傳世되었을 가능성이 있어, 조성시기 판단의 근거가 되지 못한다.[12] 특히 山頂 가까운 곳에 조성된 점은 백

---

7 길기태, 「무왕대 미륵사 창건 과정과 불교계」, 『한국사상사학회 학술발표회 발표요지』, 2009. 3. 14, p. 17; 조경철, 「백제 익산 彌勒寺 창건의 신앙적 배경 -彌勒信仰과 法華信仰을 중심으로-」, 『한국사상사학』 32, 2010, pp. 1~32.

8 김상현, 「彌勒寺舍利奉安記의 기초적 검토」, 『대발견 사리장엄』, 원광대학교 마한·백제문화연구소, 2012, p. 175.

9 扶餘文化財研究所, 『獅子菴 發掘調査報告書』, 扶餘文化財研究所·益山郡, 1994.

10 扶餘文化財研究所, 앞의 보고서, 1994, pp. 72~76.

11 金善基는 삼국시대 백제의 평기와가 발견된 것을 바탕으로 사자사를 백제 초기 사찰로 추정하기도 한다. 아울러, 다른 백제 사찰에서 보이는 연화문수막새가 확인되지 않은 이유에 대해 사자사의 격이 낮았기 때문으로 추정하였다. 金善基, 『益山地域 百濟 寺址 硏究』, 東亞大學校 大學院 博士學位論文, 2010, p. 163.

12 보고서는 7세기 후반 경에 조성한 것으로 추정하였다. 扶餘文化財研究所, 앞의 보고서, 1994, p. 172.
이 금동불은 통일신라 전성기 불상양식의 여운이 남아 있는 것으로 보아 8세기 말~9세기 전반에 조성되었을 것으로 판단된다.

제의 일반적인 경향과는 다른 양상이라 할 수 있다. 통상 山頂에 조성한 사찰은 고려 초 확립된 '裨補寺塔說'의 영향을 받았을 가능성이 매우 높다.[13] 이로 미루어 볼 때, 사자사 관련 내용은 미륵사의 명성에 假託하기 위해 만들어진 사자사 創建緣起가 『삼국유사』에 수록되었기 때문으로 생각된다.

한편, 서동과 선화공주의 혼인담은 삼국시대부터 광범위하게 유포되어 있던 '평강공주와 온달'과 같은 계통의 민담이 서동–선화의 이야기로 포장되어 『삼국유사』에 수록되었다고 볼 수 있다.[14]

『삼국유사』 '무왕'조의 서동과 선화공주, 사자사의 기록은 비록 후대의 윤색이지만, 미륵사가 미륵하생신앙을 바탕으로 국왕과 왕후가 공동으로 발원한 사찰이라는 것은 사실에 근거한 것이었다. 미륵사의 삼원병립식 가람과 사택왕후의 사리봉영기가 이를 증명한다.

한편, 미륵사가 미륵하생신앙에 의거하여 조성되었다는 기존의 견해와 달리 미륵사의 각 원이 각각 彌勒信仰과 法華信仰에 따라 조성

---

13 '裨補寺塔說'은 地德의 衰處나 逆處에 사원·탑·불상을 조성하여 비보케 하는 것을 말하는데, 태조 왕건의 훈요십조에 명시된 이후 사원·탑·불상이 국가를 비보한다는 '國家裨補思想'으로 확대된다. 陳政煥, 『高麗前期 佛教石造美術 研究』, 東國大學校 大學院 博士學位論文, 2013, pp. 201~209.

14 김주성은 무왕과 선화공주의 설화가 성왕대 관산성 패전 이후 상처받은 백제인들의 자존심 회복과 자신감 회복을 위한 의도가 있었을 것이라고 보았다. 김주성, 앞의 논문, 2001, pp. 49~53.
金基興은 삼국시대 금마저 주민들에게 유포되어 있던 「내복에 산다」계 민담과 미륵사 창건 설화를 통일기 금마저의 백제계 주민들이 통합하여 전승한 것이라고 한다. 金基興, 「서동설화의 역사적 진실」, 『歷史學誌』 205, 2010. 3, pp. 159~185.
그러나 필자는 견해는 다르다. 태종무열왕의 죽음의 전조인 대관사 우물의 기사로 볼 때, 백제 패망 이후 익산지역은 반신라적 정서가 강했을 것으로 생각된다. 강만식이 이미 제기한 바 있지만, 무왕과 선화공주의 설화는 익산지역의 이러한 반신라적 정서를 누르기 위해 신라 왕실에서 유포하였을 것으로 여겨진다. 강만식, 「서동설화의 생성과 전개」, 『先史와 古代』 19, 2003, p. 347.

되었을 것이라는 주장이 제기되기도 하였다.[15] 그런데 이러한 주장은 사찰 造營의 주체가 선화공주에서 사택왕후로 중간에 바뀌었다는 것을 의미하는 것이어서 문제가 있어 보인다.

미륵사는 중원의 중문 · 탑 · 금당 등은 동원과 서원의 그것과 동서 축선상에 정확히 일치하고 있을 뿐만 아니라, 중원에 비해 동원과 서원의 공간과 건물이 일정 비율만큼 축소된 것으로 보아, 미륵사는 처음부터 체계적인 계획 아래 조성된 사찰이라는 것이다.[16] 이러한 배치는 두말할 나위 없이 『미륵하생경』의 '용화삼회'에 그 배경이 있다고 할 수 있다.[17] 사리봉영기에 사택왕후가 정재를 희사하여 미륵사를 조성하였다고 기록되어 있으나, 이는 백제 왕실이 미륵사 조성을 주도하였다고 보는 것이 타당하다. 일부 주장처럼, 친정가문의 정치적 배경이나 불교 신앙적 배경이 미륵사 조영에 반영될 여지는 거의 없었을 것이다.

---

15 이내옥, 「미륵사와 서동설화」, 『역사학보』 188, 2005, pp. 37~39; 조경철, 『백제불교사의 전개와 정치변동』, 한국학중앙연구원 박사학위논문, 2006, pp. 147~158; 조경철, 앞의 논문, 2010, pp. 1~32.
이내옥은 미륵사의 세 탑을 『법화경』의 조탑신앙과 연결시켜 설명하였다. 조경철은 미륵삼회와 더불어 법화의 회삼귀일과 연관되는 것으로 보았으며, 사택지적이 법화신앙에 가까운 점에 착안하여 같은 가문인 출신인 사택왕후도 법화신앙의 신봉자로 보았다. 아울러 미륵사가 무왕과 선화공주의 미륵신앙과 사택왕후의 법화신앙이 조화를 이룬 사찰로 파악하였다.

16 尹德香, 앞의 논문, 2003, pp. 435~437.

17 金三龍, 「彌勒寺創建에 對한 彌勒信仰的 背景」, 『馬韓 · 百濟文化』 創刊號; 金杜珍, 「百濟의 彌勒信仰과 戒律」, 『百濟史의 比較研究』, 충남대학교 백제연구소, 2000; 金三龍, 「益山 彌勒寺 창건의 배경」, 『益山의 先史와 古代文化』, 원광대학교 마한 · 백제문화연구소 · 익산시, 2003, pp. 415~418; 김상현, 「미륵사 창건과 그 배경」, 『사비도읍기의 백제』, 충청남도역사문화연구원, 2007, p. 321; 최연식, 「백제 후기 미륵사상의 전개과정과 특성」, 『한국사상사학』 37, 2011.4, pp. 15~23.
한편, 별도의 공간에 미륵불을 봉안하는 조영 계획의 원류는 中國 成都 萬佛寺址에서 출토된 梁代의 부조상에 있을 것으로 생각된다. 이 부조상에는 담장이 둘러쳐진 3곳의 설법처에서 설법하는 미륵불이 새겨져 있다.

아울러 미륵사 각 院의 조성시기가 차이 나는 이유를 면밀히 분석해볼 필요가 있다. 미륵사 각 院의 정치적·신앙적 배경이 달랐으며, 발원자가 교체되었을 것이라는 주장의 근저에는 중원→서원→동원순으로 순차적으로 조성하였을 것이라는 전제가 깔려있기 때문이다.[18] 그런데 사찰 조영이 '발원→계획의 수립→부지의 조성→목조건축물의 조성→석조물의 조성'순으로 이루어진다는 점을 감안할 필요가 있다. 즉 석탑 조성을 위한 기단 구축은 목조건축물의 조성이 완료된 시점에 이루어졌을 것이다. 아울러 서탑과 동탑 부재의 차이점을 조성의 시차로만 볼 수 없다. 석탑 부재의 원재료인 석재의 수급에 따라 일부 隅柱를 모각한 석재가 쓰였을 가능성이 높다. 그리고 이러한 점들을 고려해 볼 때 미륵사 서탑 사리봉영기에 기록된 사택왕후의 '捨淨財造立伽藍'은 미륵사 서탑에 한정된 것이 아니라, 사택왕후가 백제 왕실을 대표하여 미륵사 전체를 발원했다고 보는 것이 타당하다.[19]

2. 제석사의 가람 변천

왕궁리유적에서 동쪽으로 1.4km 정도 떨어진 곳에 절터가 있는데, 이곳에서 수습된 「제석사」명 기와가 1942년 공주박물관에 기탁되면

---

18 중원의 서회랑지와 서탑의 토층 조사 결과 서탑지에 비해 중원의 회랑을 먼저 조성된 점과 만들진 점과 동탑의 2층에 우주를 모각한 면석이 등장한 것으로 보아 중원→서원→동원의 순으로 조성되었을 것으로 보는 견해가 제기되었다. 양정석, 「彌勒寺址塔址의 調査過程에 대한 檢討」, 『韓國史學報』 36, 2009; 이병호, 「유적으로 본 백제 무왕과 그의 시대」, 『백제무왕』, 국립부여박물관, 2011, p. 175.
19 무왕과 사택왕후가 백제 왕실을 대표하여 비슷한 시기 익산에 조성된 제석사와 미륵사를 각각 발원하였을 가능성을 배제할 수 없다.

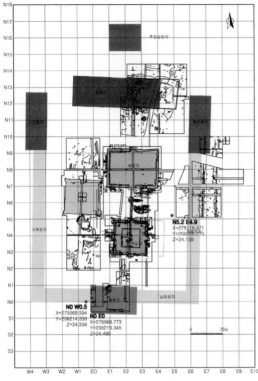

도 3 익산 제석사지 가람배치도

서 이 절터가 제석사라는 것이 세상에 알려졌다.

1993년 원광대학교 마한·백제문화연구소가 제석사지 목탑지 주변 시굴조사를 하였는데, 이때 금당지·강당지가 확인되었다.[20] 본격적인 발굴은 2007년부터 2012년까지 국립부여문화재연구소에 의해 이루어졌다.[21]

발굴조사로 磁北에서 약 6° 정도 동쪽으로 기울어진 남북축선상에 '중문-목탑-금당-강당-승방'이 있었으며, 남쪽과 동서쪽에 회랑과 건물로 중심곽을 둘러싼 배치였다는 것이 밝혀졌다. 이러한 가람배치는 정림사의 가람배치와 동일한 전형적인 一塔一金堂式이다. 이와 별도로 목탑지 북서편에서 방형 건물 築基部(기단의 지하부분)가 확인되었다(도 3).

20 김선기 외, 『益山帝釋寺址試掘調査報告書』, 圓光大學校 馬韓·百濟文化研究所·益山郡, 1994.
21 국립부여문화재연구소, 『帝釋寺址 발굴조사보고서 I』, 2011; 국립부여문화재연구소, 『帝釋寺址 발굴조사보고서 II』, 2013.

그리고 제석사지에서 북동쪽으로 300m 정도 떨어진 지역에 대한 시굴조사에서 연화문 수막새, 소조상 편, 벽체 편 등이 출토되었다.[22] 이 유적에서 제석사지 발굴 암막새가 나오지 않아, 639년 화재로 소실된 제석사의 잔해를 버린 폐기장이라는 것이 밝혀졌다.[23]

한편 본격적인 발굴에 앞서 백제 무왕 관련 기록이 수록된 『觀世音應驗記』가 1970년대 학계에 소개되면서,[24] 제석사지는 학계의 주목을 끌었다. 『관세음응험기』는 ① 무왕의 익산 천도와 제석사의 창건, ② 639년의 화재, ③ 사리장엄구, ④ 舍利神異, ⑤ 제석사 중창순으로 구성되어 있다.[25] 그 내용을 요약하면, '백제의 武廣王(무왕)이 枳慕蜜地(익산)에 천도해 帝釋精舍를 세웠는데, 639년 雷雨에 불당과 칠층탑 등이 모두 불탔으며, 舍利神異를 보고 제석사를 다시 중창하였다.'는 것이다. 이 『관세음응험기』는 미륵사지 서탑 사리봉영기에 새겨진 '大王'과 '法師'가 동일하게 등장하는 점 등으로 보아 신뢰할 수 있는 사료로 판단된다.

이제 『관세음응험기』의 내용이 실제 제석사 가람의 변천과 부합하는가를 살펴보겠다. 국립부여문화재연구소는 제석사 가람이 3차례

---

22 김선기 · 조상미, 『익산왕궁리전와요지(제석사폐기장) 시굴조사보고서』, 원광대학교 박물관, 2006.

23 金善基, 앞의 논문, 2010, pp. 37~38.

24 洪潤植, 「文獻資料를 통해서 본 百濟 武王의 遷都 史實」, 『益山의 先史와 古代文化』, 원광대학교 마한 · 백제문화연구소 · 익산시, 2003, pp. 315~329.

25 『觀世音應驗記』百濟武廣王.
　① 百濟武廣王 遷都枳慕蜜地 新營精舍 ② 以貞觀十三年歲次己亥冬十一月 天大雷雨 遂災帝釋精舍 佛堂七級浮圖 乃至廊房 一皆燒盡 ③ 塔下礎石中 有種種七寶 亦有佛舍利 睬水晶瓶 又以銅作紙 寫金剛波若經 貯以木漆函 發礎石開視 悉皆燒盡 唯佛舍利瓶 與波若經漆函如故 ④ 水晶瓶內外徹見 盖亦不動 而舍利悉無 不知所. 將瓶以歸大王 大王請法師 發即懺悔 開瓶視之 佛舍利六箇俱在處內瓶 自外視之 六箇悉見 於是 大王及諸宮人 倍加敬信 發即供養 ⑤ 更造寺貯焉 右一條, 普門品云 火不能燒 夫聖人神迹 導化無方 若能至心仰信 無不照復捨 右條追繼焉

에 걸쳐 변모한 것으로 추정하였다. 국립부여문화재연구소 보고서에 따르면, '創建伽藍'은 탑과 금당을 중문과 회랑이 둘러싼 구조로 639년 제석사가 소실되기 전까지 운영된 것으로 보았다. '重建伽藍'은 목탑이 폐기되고 금당, 강당, 승방을 중문, 회랑, 동서 건물이 둘러싼 형태로, 백제 멸망 이후인 7세기 후반~8세기 전반 동안 운영된 것으로 보았다. 그리고 마지막 단계인 '再建伽藍'은 고려시대에 강당과 승방만 운영되었을 것으로 추정하였다.[26]

이는 639년 화재 이후 사리장엄구를 다른 곳, 예를 들면 왕궁리 사지에 봉안하였을 것이라는 추론에 근거한 것으로, 『관세음응험기』의 '更造寺'와는 배치된다.

최근 이와 관련하여 주목할 만한 발표가 있었다.[27] 목탑지와 거의 동일한 규모의 방형건물 축기부(기단의 지하부분)를 初創 당시의 목탑으로 추정한 것이 바로 그것이다. 이 축기부는 목탑이나 금당에 비해 1.4m나 깊고 그 내부에서 유물이 확인되지 않은 점으로 보아, 초창 당시의 목탑일 가능성이 매우 높다.

그렇다면, 발굴보고서에서 '창건가람'으로 언급한 것은 639년 이후 更造寺 時의 가람, 즉 '重創伽藍'이라고 할 수 있다.[28] 제석사의 인장와가 대체로 의자왕대인 점도 이러한 추정을 뒷받침한다.

한편, 『관세음응험기』에 보이는 사리장엄구 역시 제석사 중창과 관련이 있는 것으로 보인다. 이와 관련하여 왕궁리 오층석탑 사리장

---

26 국립부여문화재연구소, 『제석사지발굴조사보고서 Ⅰ』, 2011, pp. 229~230.

27 배병선, 「제석사지와 익산의 백제건축」, 『639년 금마저: 고대 익산의 미술사적 고찰』〈익산역사유적지구 세계유산등재추진 국제학술회의 발표요지〉, 2013. 9. 27, pp. 29~53.

28 김선기는 현재 제석사지를 중창가람으로 보는 것에 동의하지만, 초창 가람을 왕궁리 사지일 것으로 추정하였다. 김선기, 「익산 제석사지 일고찰 -'갱조사'의 위치문제를 중심으로-」, 『문물연구』 6, 2002, pp. 11~16.

엄구가 7세기 전반에 조성되었을 것이라는 견해를 주목할 필요가 있다.[29] 만약 이러한 추정이 맞다면, 왕궁리 오층석탑 사리장엄구 가운데 사리병과 금강경판은 제석사 초창 당시의 것이었을 가능성이 높기 때문이다.[30]

또한 이러한 주장은 639년 제석사 화재 이후 남은 사리장엄구를 왕궁리 사지의 목탑에 봉안한 것으로 판단하고 있어,[31] 『관세음응험기』의 내용과는 다소 차이가 있다. 그러나 현재 제석사에 남아 있는 목탑 심초석 舍利孔의 추정 크기를 감안할 때,[32] 제석사 중창가람의 목탑 심초석 사리공에 사리장엄구를 봉안하였다고 보는 것이 타당하다.

다음으로 제석사 목탑의 폐기시기에 대해서 검토해보겠다. 이와 관련하여 목탑지 주변에서 통일신라 기와가 확인된 것으로 보아, 의자왕대 조영된 목탑이 대략 150년 정도 존속하다가 폐기되었을 것이라는 견해가 있다.[33] 그러나 황룡사 구층목탑의 사례를 보면,[34] 불과 1~2년 내에 중수된 사례를 찾아볼 수 있다. 이러한 사례는 낙뢰의 피해가 그리 크지 않았음을 의미한다. 제석사의 경우에도 낙뢰 피해

---

29 한정호, 「益山 王宮里 五層石塔 舍利莊嚴具의 編年 再檢討 -金製佛舍利內盒을 중심으로-」, 『불교미술사학』 3, 2005, pp. 39~50.
　　필자 역시 백제의 것으로 생각하는데, 이에 대해서는 Ⅳ장에서 구체적으로 다뤄보겠다.
30 왕궁리 오층석탑 사리병은 PbO 함량이 매우 높은 납유리제이며, 금강경판은 기존에 금제로 알려져 있었으나, 은판에 수은아말감 도금을 한 것으로 밝혀졌다. 유혜선 · 이영범, 「국보 제123호 왕궁리5층석탑 출토 사리기 성분분석연구」, 『한국문화재보존과학회 제23회 학술대회 발표 논문집』, 2006, pp. 99~107.
　　특히 수정병은 미륵사지 출토 납유리의 성분과 유사한 것으로 보아, 무왕대 조성된 것으로 보는 것이 타당하다고 생각된다.
31 한정호, 앞의 논문, 2005, p. 50.
32 제석사지 목탑 심초석의 크기는 61×26.5×18cm이다. 왕궁리 석탑 사리외함은 18.8 ×16.4×12.3cm이고, 금강경판외함의 크기는 25.1×18.6×11.3cm이므로, 두 외함을 제석사지 목탑 심초석 사리공에 충분히 봉안할 수 있다.
33 배병선, 앞의 논문, 2013, p. 39.
34 『三國遺事』 卷3 塔像4 皇龍寺九層塔.

가 경미했다고 가정하면, 목탑이 통일신라시대 중건되지 않았을 것
이라고 단정할 수 없다. 이 경우, 제석사지 사리장엄구는 왕궁리 오
층석탑이 조성되고 사리장엄구가 移運되기 전까지 제석사 목탑에 봉
안되어있었을 것으로 생각된다.[35]

한편, 제석사에서 「丁易寺」銘 기와가 출토되어 주목을 받았다. 이
명문와를 통해 통일신라대 사명이 「정역사」로 바뀌었다는 견해[36]와
함께 왕궁리유적에서도 이 기와가 발견된 것으로 보아 통일신라시대
기와를 공급하는 관청의 일종인 「정역시」가 있었을 것이라는 견해가
있다.[37] 필자도 사찰명칭이 바뀌기 보다는 「정역시」라는 관청명일 가
능성이 높다고 생각된다. 그러나 「정역시」명 기와가 대부분 강당지
에서 출토되었다는 점, 어골문과 사격자문 상에 양각되어 있어 통일
신라시대의 기와로 단정할 수 없다는 점,[38] 고려시대 유물이 거의 확
인되지 않는 왕궁리유적에서도 확인되는 점으로 미루어 볼 때, 그 시
기와 운영주체는 후삼국기 후백제일 가능성이 매우 높다.

附言하자면, 통일신라시대에는 사찰의 관리와 보수를 담당한 관청
인 成典이 있기는 하였으나,[39] 이러한 기구가 지방의 사찰에도 있었
는지는 의문이다. 아울러 신라에는 시·감이 붙은 관청이 없고, 고려
의 문헌기록에 丁易寺를 전혀 찾아볼 수 없는 점을 볼 때, 당의 제도

---

35 왕궁리 오층석탑의 조성시기 및 사리장엄구의 移運 시기에 대해서는 Ⅳ장에서 자세
히 살펴보겠다.
36 국립부여문화재연구소, 앞의 보고서, 2011, p. 241; 배병선, 앞의 논문, p. 40.
37 김선기, 「「제석사지와 익산의 백제건축」에 대한 토론문」, 『639년 금마저: 고대 익산
의 미술사적 고찰』〈익산역사유적지구 세계유산등재추진 국제학술회의 발표요지〉,
2013. 9. 27, pp. 54~55.
38 보고서는 「丁易寺」銘 기와를 고려시대 기와로 분류하였다. 국립부여문화재연구소, 앞
의 보고서, 2011, p. 185.
39 李泳鎬, 「新羅 中代 王室寺院의 官寺的 機能」, 『韓國史硏究』 43, 1983; 채상식, 「新羅
統一期의 成典寺院의 構造와 機能」, 『부산사학』 8, 1984.

를 계승[40]한 五代諸國과 긴밀한 교류 관계에 있던 후백제의 관청일 가능성이 더욱 높아 보인다.[41]

3. 왕궁리 사지의 축조시기

왕궁리유적은 경복궁 담장과 유사한 宮墻으로 둘러싸여 있는데,[42] 궁장의 동벽이 492.8m, 서벽이 490.3m, 남벽이 234.0m, 북벽이 241.1m의 규모이다. 내부는 석축을 쌓아 단을 구성하고 크고 작은 33채의 건물을 조성하였다. 이 가운데 궁성의 가장 중심부라고 할 수 있는 곳에서 「官宮寺」, 「大官宮寺」, 「王宮寺」 등의 사명이 새겨진 기와가 출토되어 사찰이 조성되었다는 것이 밝혀졌다. 아울러 이 사찰은 백제의 8엽 단판연화문수막새, 통일신라시대의 8엽 복판연화문 수막새와 당초문암막새 등이 출토되어, 백제 말에 창건되어 통일신라시대까지 지속되었던 것으로 여겨져 왔다.[43]

사찰의 구체적인 조성시기에 대해서 살펴보기에 앞서, 이 사찰의

---

40 『舊五代史』 卷149 志11後唐同光元年十一月 中書門下奏 諸寺監名請只置大卿監.

41 고려 태조의 직관제 역시 신라와 태봉의 직제뿐만 아니라 후당의 직제를 참고하여 형성된 것으로 볼 수 있다. 朴天植, 앞의 논문, 1981, p. 12.
후백제의 관제 역시 전적으로 신라의 것을 따르기보다는 중국의 예를 참고하여 직관의 체계를 형성시켰을 것으로 판단된다.

42 朴淳發, 「東아시아 都城史에서 본 益山 王宮里遺蹟」, 『익산 왕궁리유적 -발굴20년 성과와 의의-』, 2009, pp. 305~332.

43 전용호, 「왕궁리 유적의 최근 발굴 성과」, 『익산 왕궁리 유적의 조사성과와 의의』, 국립부여문화재연구소, 2009; 이명호, 「익산 왕궁성의 대지조성과 성벽 축조방식에 대한 연구」, 『익산 왕궁리 유적의 조사성과와 의의』, 국립부여문화재연구소, 2009; 지병목, 「한국 고대사에 있어서 익산 王宮里遺蹟의 가치 -최근의 고고학적 조사 성과를 중심으로」, 『익산역사유적지구의 세계유산적 가치』, 원광대학교 마한·백제문화연구소, 2010.

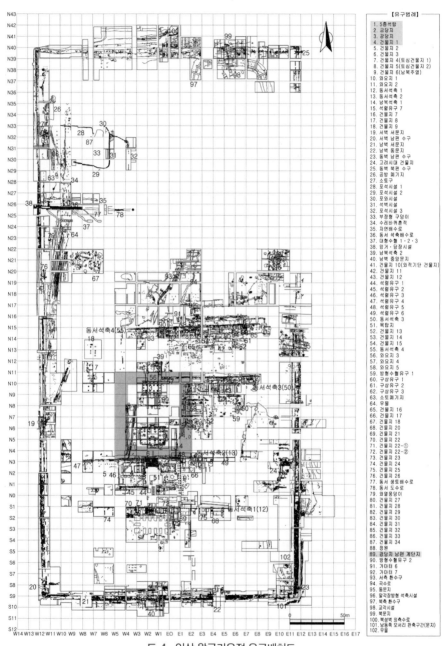

【遺構凡例】

1. 5층석탑
2. 금당지
3. 강당지
4. 건물지 1
5. 건물지 2
6. 건물지 3
7. 건물지 4(토심건물지 1)
8. 건물지 5(토심건물지 2)
9. 건물지 6(남북주열)
10. 요요지
11. 요요지
12. 동서석축 1
13. 동서석축 2
14. 남북석축 1
15. 석렬유구 7
16. 건물지 7
17. 건물지 8
18. 건물지 9
19. 서벽 서문지
20. 서벽 남편 수구
21. 남벽 서문지
22. 남벽 동문지
23. 동벽 남편 수구
24. 고려시대 건물지
25. 동벽 북편 수구
26. 공방 폐기지
27. 소토구
28. 포석시설 1
29. 포석시설 2
30. 포와시설
31. 석축시설
32. 포석시설 3
33. 부정형 구덩이
34. 수레바퀴흔적
35. 자연배수로
36. 동서 석축배수로
37. 대형수혈 1·2·3
38. 암거·암관시설
39. 남북석축 2
40. 남북 중앙우지
41. 건물지 10(와적기단 건물지)
42. 건물지 11
43. 건물지 12
44. 석렬유구 1
45. 석렬유구 2
46. 석렬유구 3
47. 석렬유구 4
48. 석렬유구 5
49. 석렬유구 6
50. 동서석축 3
51. 목탑지
52. 건물지 13
53. 건물지 14
54. 건물지 15
55. 동서석축 4
56. 요요지 3
57. 요요지 4
58. 요요지 5
59. 방형수혈유구 1
60. 구상유구 1
61. 구상유구 2
62. 구상유구 3
63. 소토폐기지
64. 우물
65. 건물지 16
66. 건물지 17
67. 건물지 18
68. 건물지 20
69. 건물지 21
70. 건물지 22
71. 건물지 22-①
72. 건물지 22-②
73. 건물지 23
74. 건물지 25
75. 건물지 25
76. 건물지 26
77. 동서 생토배수로
78. 동서 도수로
79. 와열웅덩이
80. 건물지 27
81. 건물지 29
82. 건물지 29
83. 건물지 30
84. 건물지 31
85. 건물지 32
86. 건물지 33
87. 건물지 34
88. 정원
89. 강당지 남편 계단지
90. 방형수혈유구 2
91. 가마터 6
92. 가마터 7
93. 서측 환수구
94. 곡수로
95. 동문지
96. 동막장방형 석축시설
97. 북측 환수구
98. 교각시설
99. 북문지
100. 북성벽 외측수로
101. 남동측 모서리 판축구간(문지)
102. 우물

도 4 익산 왕궁리유적 유구배치도

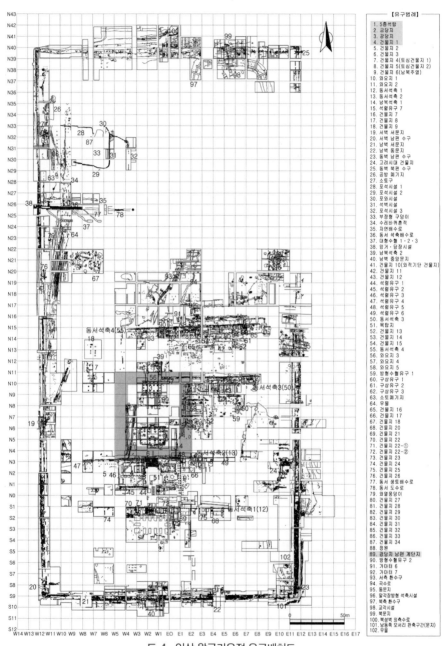

寺名이 어떤 것이었는지에 대해서 밝혀보고자 한다.[44] 사명과 관련하여 주목되는 것이 『日本書紀』의 639년 百濟川 곁에 '大宮'과 '大寺'를 조성하였다는 기록과 645년 1월條 보이는 '宮寺'의 기록이다.[45] 639년 일본에서 백제천 곁에 대궁과 대사를 조성한 것은 부상천을 중심으로 동서에 제석사와 궁성을 조성한 백제의 영향일 가능성이 높다. 역으로 미루어 보면, 왕궁리유적의 궁성도 '대궁'이라고 불렸을 가능성이 있다. 한편, 645년 기사의 '궁사'는 의미상 '궁 안의 사찰'을 일컫는 말로 볼 수 있다. 이러한 점을 종합해볼 때, 왕궁리유적의 궁성은 '대궁'이라고 불렸을 가능성이 있으며, 그 궁성 안에 조성된 사찰을 '궁사' 혹은 '大宮寺'라고 불렸을 가능성이 매우 높다. 백제 멸망 후 백제 왕실을 연상시킬 수 있는 '宮'을 '官'으로 바꿔 불렸던 것으로 보이며, 이것이 나중에 혼용되어 「大官宮寺」, 「大官官寺」, 「官宮寺」로 변형된 것으로 생각된다.[46]

본격적으로 왕궁리유적, 즉 백제의 궁성에 언제 사찰이 들어섰는지에 대해서 구체적으로 검토해보겠다. 이는 석탑 부근의 중첩된 건물지의 선후를 통해 밝힐 수 있다. 가장 이른 시기에는 궁의 상징적 의미를 지닌 장방형 건물이 들어서 있던 것으로 보인다. 그 건물을 파괴하고 정방형의 목탑이 들어섰다. 이 탑이 폐기된 이후에는 1m 이상 성토한 후 되파기해 기단을 조성하고 장방형의 건물을 축조하

---

44 寺名에 대해서 이신효는 「대관사」라고 불리다가 점차 「대관관사」, 「관궁사」로 변하였을 것으로 보았다. 「왕궁사」라는 명칭은 왕실의 원찰이라는 사실을 알고 있던 와공에 의해 붙여진 것으로 추정하였다. 이신효, 「백제 왕궁출토 사찰명기와의 고찰」, 『호남고고학보』 23, 2006.

45 『日本書紀』 卷23 舒明 11年 7月; 『日本書紀』 卷24 皇極 4年 1月.

46 「왕궁사」명 기와는 백제 때 사찰이 들어설 무렵에 조성된 것으로 추정되는 건물지 17에서 출토되었으나, 기와의 제작기법상 통일신라시대 기와로 추정되고 있어 좀 더 논의가 필요한 실정이다.

였으며, 이 건물이 파괴된 뒤 가장 늦게 석탑을 조성한 것으로 파악된다.[47] 즉 왕궁리 오층석탑 부지는 '궁성의 중심 건물 → 목탑 → 장방형 건물 → 석탑' 순으로 조성되었다는 것이다.

특히 정방형의 추정 목탑지에서 백제의 수키와가 발견됨에 따라, 왕궁리유적(궁성)의 사찰은 삼국시대 백제에 의해 조성되었을 것으로 추정된다. 그 구체적인 시기에 대해 정치적 역학 구도에 따라 의자왕대일 것으로 보는 견해가 제기되어 주목된다.[48]

한편, 목탑을 파괴하고 조성된 장방형 건물을 보덕국의 궁성으로 보는 주장이 제기된 바 있다.[49] 그런데 『新增東國輿地勝覽』 등 읍지에 報德城을 五金山城으로 비정하고 있어, 면밀한 검토가 필요하다. 우선, 왕궁리유적이 보덕국의 궁성일 것이라는 주장과 관련하여 『三國史記』 권5에 '大官寺의 우물이 피가 되었다.'는 기사를 주목할 필요가 있다. 이 기사는 태종무열왕의 죽음을 예고한 것이자, 신라에 대한 백제유민의 동요를 의미한다. 신라 입장에서는 고구려유민을 이용하여 익산 일대의 백제유민을 제압하는 소위 '以夷制夷'의 효과를 노리고 옛 백제의 궁성을 보덕국의 궁성으로 삼았을 가능성은 충분하다. 그러나 기단의 축조 방식이나 유물의 양상이 백제양식을 벗어나지 않아, 목탑이 소실된 후 백제유민들에 의해 장방형 건물이 들어섰을 가능성도 배제할 수 없다.

이러한 발굴의 결과는 최근 백제의 석탑이라는 주장[50]이 제기된

47 전용호, 「益山 王宮里遺蹟 -宮城에서 寺利로의 變化相에 對한 硏究-」, 『韓國의 都城』, 2010, pp. 266~280.
48 전용호, 앞의 논문, 2010, p. 277
49 전용호, 앞의 논문, 2010, pp. 277~278.
50 문승현, 『왕궁리오층석탑에 관한 양식 연구』, 高麗大學校 碩士學位論文, 2006; 한정호, 「익산왕궁리 오층석탑과 사리장엄구 연구」, 『新羅史硏究』 16. 2009.8, pp. 149~191.

왕궁리 오층석탑이 결코 백제에 의해 조성될 수 없음을 의미하는 것이기도 하다.

4. 연동리 석불좌상의 성격

연동리 석불좌상(도 5)은 머리만 파손되었을 뿐, 불신과 광배, 대좌는 원형을 유지하고 있다.[51] 연동리 석불은 거구임에도 당당하고

도 5　익산 연동리 석불좌상

---

51 연동리 석불좌상에 대해서는 다음과 같은 논문이 있다.
　大西修也,「百濟の石佛坐像-益山蓮洞里石造如來像をめぐって-」,『佛教藝術』107, 1976, pp. 23~41; 文明大,「百濟佛像의 形式과 內容」,『百濟의 彫刻과 美術』, 公州大學校 博物館 · 忠淸南道, 1992, pp. 81~82; 文明大,「百濟彫刻의 樣式變遷」,『百濟의 彫刻과 美術』, 公州大學校 博物館 · 忠淸南道, 1992, pp. 123~127.

균형 잡힌 형태를 보이며, 어깨가 둥글 뿐만 아니라 하체와 발의 윤곽까지도 조각하는 등 그 이전 시기 백제 불상과 달리 사실적인 형태미를 추구하였다.

佛衣는 通肩式인데, 禮山 四面石佛(도 6)처럼 大衣와 上衣를 착용한 二重着衣로 파악된다. 가슴에는 사선의 승각기와 띠매듭이 새겨져 있다. 대좌는 대의의 U자형의 옷주름이 흘러내려 대좌를 덮은 裳縣座이다.

이 석불에서 가장 주목되는 것은 광배이다. 6세기 金銅一光三尊佛 광배의 전통을 잇는 것이기는 하지만, 6세기 불상의 광배와 달리 7구의 化佛이 새겨져 있다. 두광 내부는 도안화된 연판문 둘레에 방사선이 새겨져 있는데, 이는 일본 法隆寺(호류지) 금당 金銅釋迦三尊

도 6 예산 사면석불   도 7 일본 法隆寺 금동석가삼존불

佛(도 7) 광배와 유사하다.

이러한 특징들을 볼 때, 연동리 석불좌상은 예산 사면석불 등 고식 불상 양식을 계승하면서도 북주 불상양식의 영향을 받아 7세기 초에 조성된 것으로 파악할 수 있다.

한편, 1989년 10월 원광대학교 마한·백제문화연구소에 의해 이 석불 주변에 대한 발굴조사가 이루어졌다.[52] 이 조사에서 석불 주변에 동서 13.8m, 남북 12.8m에 이르는 정방형에 가까운 건물지만 있었던 것으로 확인되었다. 아울러 이 건물지에서는 삼국시대 평기와만 출토되었다. 이러한 발굴 결과에 따라, 연동리 석불좌상 일대를 '無塔一金堂式' 가람의 사찰로 보는 견해가 있다.[53]

그런데 이 전각이나 석불의 성격과 관련하여 주목할 점은 석불좌상의 立地이다. 주지하다시피, 삼국시대 백제의 마애불이나 대형 석불들은 대체로 교통로상의 중요한 거점에 위치하고 있다.[54] 연동리 석불좌상 역시 7세기 백제의 또 하나의 궁성으로 여겨지는 왕궁리유적에서 미륵사를 거쳐 泗沘(부여)로 가는 교통로상의 중요한 거점에 위치한다.[55]

연동리 석불좌상 건물지의 성격과 관련하여 주목되는 불상은 예산 사면석불이다. 예산 사면석불은 연동리 석불좌상과 마찬가지로 사비에서 태안반도로 가는 교통로 상에 위치한 석불이다. 이 사면석불 주변에 대한 발굴조사가 1983년에 이루어졌는데,[56] 여기에서도 사면석불 조성 당시로 추정되는 6.3×5.5m 크기의 정면 3칸 측면 3칸의 건

---

52 김선기, 「익산백제연동리사지 조사연구」, 『한국철학종교사상사』, 원광대학교종교문제연구소, 1990; 金善基, 앞의 논문, 2010, pp. 21~25.

53 金善基, 앞의 논문, 2010, pp. 164~165.

54 陳政煥, 「南原 池塘里 石佛立像 考察」, 『東岳美術史學』 8, 2007, pp. 114~115.

55 大西修也, 앞의 논문, 1976, p. 8.

56 朴永福·趙由典, 「禮山百濟四面石佛調査 및 發掘報告」, 『文化財』 16, 1983, pp. 1~50.

도 8 정읍 보화리 석불입상

물지만 확인되었을 뿐 삼국시대 탑지는 확인되지 않았다. 반면 백제 중방에서 영산강유역으로 통하는 교통로 상에 위치한 정읍 보화리 석불입상(도 8) 주변에는 건물지가 없었던 것으로 밝혀졌다.[57]

이러한 사례를 종합해 보면, 연동리 석불좌상은 사비에서 金馬渚로 가는 교통로 상에 조성한 불상이며, 여기에 부속된 건물은 야외에 노출된 석불의 보호를 위한 보호각 용도의 건조물로 보아야 할 것이다.

III. 익산지역 백제 불교미술의 共時的 影響

익산지역 백제 불교미술이 동시기 신라에 영향을 끼쳤다는 것은

---

57 黃壽永·鄭明鎬,「井邑「부처당이」石佛立像二軀에 對한 考察」,『佛敎美術』7, 1982, pp. 33~49.

신라 선덕여왕의 비원을 담은 황룡사 구층목탑 조성에 백제의 장인
참여했다는 기록에서 유추해볼 수 있다.[58] 실제로 황룡사지 중금당의
이중기단은 백제 건축술의 영향으로 조성된 것으로 파악되고 있다.[59]

백제의 건축기술은 당시 신라뿐만 아니라 바다를 건너 왜에도 전
해졌다.[60] 아울러 불교사원 조영계획, 즉 가람배치는 물론, 불상 등의
개별 불교미술품에서도 역시 왜에 끼친 영향을 확인할 수 있다.

백제는 聖王 16년(538) 일본에 불교를 전래하는 등 불교사적으로
도 일본과 밀접한 관계를 맺고 있었다.[61] 특히 백제와 왜의 사찰 조
영사업은 6세기 후반부터 밀접한 관계 속에서 이루어지기 시작하여
백제 멸망 때까지 지속되었다.[62]

『日本書紀』에는 백제의 승려와 사신의 파견 사례를 빈번하게 찾아
볼 수 있다. 반대로 왜에서도 백제에 많은 사신과 승려, 장인이 찾아
왔을 것으로 추정된다. 이러한 맥락에서 본다면, 백제 무왕대 왜에서
온 사신, 승려, 장인들의 경우 백제의 新都인 금마저를 경유했을 가

---

58 『三國遺事』卷3 塔像4 皇龍寺九層塔.
  貞觀十七年癸卯十六日將唐帝所賜經像袈裟幣帛而還國以建塔之事聞於上善德王議於群
  臣群臣曰請工匠於百濟然後方可乃以寶帛請於百濟匠名阿非知受命而來経營木石伊于龍
  春(一云龍樹)幹蠱率小匠二百人初立刹柱之日匠夢本國百濟滅亡之狀匠乃心疑停手忽大
  地震動晦冥之中有一老僧一壯士自金殿門出乃立其柱僧與壯士皆隱不現匠於是改悔畢成
  其塔.

59 趙源昌, 「황룡사 중건가람 금당지 기단축조술의 계통」, 『文化史學』 32, 2009, pp. 45~
  62; 조원창, 『백제의 토목 건축』, 서경문화사, 2011, pp. 203~255.

60 趙源昌, 「日本 山田寺址에 나타난 百濟의 建築文化」, 『文化史學』 26, 2006, pp. 49~
  68; 趙源昌, 「飛鳥時代 倭 檜隈寺址에 나타난 百濟의 建築考古文化」, 『韓國上古史學
  報』 58, pp. 107~129; 조원창, 앞의 책, 2011, pp. 259~319.

61 『日本書紀』卷19 欽明 13年 10月; 『日本書紀』卷21 崇峻 1年.

62 이다운, 「백제와 고대일본의 불교교섭 -사찰 조영사업을 중심으로-」, 『史林』 30,
  2008, pp. 129~151; 이다운, 「639년 사찰조영을 통해 본 백제와 왜의 교섭」, 『639년
  금마저: 고대 익산의 미술사적 고찰』 〈익산역사유적지구 세계유산등재추진 국제학술
  회의 발표요지〉, 2013. 9. 27, p. 24.

능성이 매우 높다. 이들에 의해 금마저의 불교미술 경향이 왜에 전해 졌을 것이다.

금마저의 불교미술이 왜에 끼친 가장 큰 영향은 『일본서기』에 등 장하는 '大宮과 大寺'의 조성일 것이다. 『일본서기』 舒明(죠메이) 11 年條에는 "(639년) 추7월에 '금년에 대궁과 대사를 만들겠다'고 하 였다. 백제천변을 궁처로 하였는데, 서쪽 백성은 궁을 짓고, 동쪽의 백성은 절을 지었다"라는 기록이 있다.[63]

이 기록에서 주목할 점은 대궁과 백제대사로 일컬어지는 사찰의 입지이다.[64] 대궁과 대사를 지은 백제천 주변은 당시 왜의 정치적 중 심지였던 飛鳥(아스카)에서 떨어진 磐餘(이와레)라는 곳이었다. 이 는 사비에서 멀리 떨어진 금마저에 궁성과 규모가 큰 사찰을 조성한 백제의 사정과 동일하다. 한편 궁을 짓는데 西民을, 절을 짓는데 東 民을 동원했다는 것은 백제천을 경계로 서쪽에 궁을, 동쪽에 절을 지 었다고 해석할 수 있다. 만약 그러한 추정이 맞는다면, 扶桑川을 경 계로 서쪽에 궁성을 동쪽에 제석사를 조성한 금마저의 도시 구조와 이 역시 동일하다고 할 수 있다.[65]

---

63 『日本書紀』 卷23 舒明 11年 7月.
　　秋七月 詔曰 今年 造作大宮及大寺 則以百濟川側爲宮處 是以 西民造宮 東民作寺 便以 書直縣爲大匠.
64 『扶桑略記』 移熊凝精舍 建百濟大寺 今大安寺是也.
65 2010년 5월 발견된 禰軍墓誌銘에 기록된 '扶桑'은 '倭'로 해석할 수 있다는 것으로 보아, 백제의 왕궁리유적(대궁)과 제석사지(대사)가 부상천변에 자리 잡은 것과 왜 의 舒明가 왜의 대궁과 대사의 입지로 백제천변을 삼은 것은 결코 우연은 아닐 것으 로 생각된다. 한편 예군묘지명의 '부상'을 '왜'로 보는 견해는 다음의 논고가 있다. 王 連龍, 「百濟人禰軍墓誌考論」, 『社會科學戰線』 193, 2011, p. 127; 東野治之, 「百濟人 禰軍墓誌の'日本'」, 『図書』 756, 2012, pp. 2~4; 金榮官, 「中國發見 百濟遺民 禰氏家 族 墓誌銘 檢討」, 신라사학회 111회 학술발표회, 2012. 1. 28, p. 10; 이용현, 「百濟 禰軍 墓誌銘의 "日本"」, 한국고대사학회 126회 정기발표회, 2013. 5. 12, p. 14; 李成 市, 「禰軍墓誌の研究 -禰軍の事蹟を中心に-」, 한국목간학회 16회 정기발표회, 2013. 5. 12, pp. 9~10; 조법종, 「백제지명으로서의 '일본'명칭과 익산에 대한 시론적 검토」,

아울러 '금마저 궁성과 제석사의 조성', '백제천변의 대궁과 대사의 조성'이 백제 무왕과 왜 舒明의 왕권 강화책의 일환이었다는 공통점이 있다.[66] 무왕은 주지하는 바와 같이 새로운 왕도의 건설과 미륵하생신앙을 통해 왕권 강화를 추구하였다. 舒明 역시 대궁과 대사의 조성을 통해 蘇我氏(소가씨)의 영향력을 약화시키고 왕권 강화를 도모하였다. 결국 왕권 강화를 열망하던 舒明은 백제 무왕의 영향을 받아 대궁과 대사를 조성하였을 것이라는 추정이 가능하다.

다음으로 익산지역 백제 불교미술품이 왜에 끼친 영향에 대해 익산 연동리 석불좌상과 일본의 法隆寺 금당 금동석가삼존불 등 소위 止利樣式 불상과의 관계를 통해 살펴도록 하겠다.[67]

두 상의 공통점을 살펴보면, 첫째, 두 상 모두 건장한 형태를 보이지만 양감이 두드러지지 않는다. 둘째, 복부의 역삼각형 띠매듭도 같은 형식이다.[68] 셋째, 大衣와 裳衣를 펼쳐 대좌를 덮은 裳懸座라는 것도 동일하다.[69] 그리고 마지막으로 두 상의 광배는 매우 유사한데, 이

『익산, 마한·백제연구의 새로운 중심』(국립전주박물관 특별전 〈전북의 역사문물전 12, 익산〉 기념 학술심포지엄), 2013. 11. 9, pp. 139~143.

66 이다운, 앞의 논문, 2013, pp. 23~24.

67 金理那, 「百濟彫刻과 日本彫刻」, 『百濟의 彫刻과 美術』, 公州大學校 博物館·忠清南道, 1992, pp. 129~169; 문명대, 「백제 불교조각의 대일교섭」, 『백제 미술의 대외교섭』, 예경, 1998, pp. 133~167; 文明大, 「法隆寺 佛像彫刻과 三國時代 佛像彫刻과의 關係」, 『講座美術史』 16, 2001, pp. 53~83; 郭東錫, 「法隆寺 獻納寶物 143號 金銅一光三尊佛考 -百濟彫刻과의 比較를 중심으로-」, 『講座美術史』 16, 2001, pp. 89~109; 김춘실, 「百濟 6세기 후반 蠟石製 佛像 硏究」, 『美術史學硏究』 250·251, 2006. 9, pp. 5~38; 고승희, 「法隆寺 金堂 金銅釋迦三尊佛像의 光背 紋樣 硏究」, 『日本佛敎史硏究』 1, 2009, pp. 113~135.

68 중국 불상 가운데에서는 역삼각형 매듭을 보이는 사례는 없다.
松原三郎, 『中國佛敎彫刻史論』, 吉川弘文館, 1995, p. 254; 문명대, 「법륭사(法隆寺) 불상 조각과 삼국시대 불상 조각」, 『관불과 고졸미』, 예경, 2003, p. 95, 주 11.

69 두 상 모두 옷자락이 2단으로 겹쳐 있으나, 法隆寺 금당 금동석가모니불좌상은 아래로 갈수록 넓어졌으며, 弧形(Ω형) 옷주름이 한 단에 4개씩 조각되어 총 8개의 옷주름이 조각되어있다. 그러나 연동리 석불좌상은 좌우로 펼쳐져 있지 않고, 아랫단의

는 두 상이 직접적인 영향을 주고받을 것이라는 추정의 가장 강력한 근거가 된다.[70]

반면, 두 상은 수인과 착의법에서 차이점을 보인다. 연동리 상의 수인은 阿彌陀九品印을 맺은 것과 달리 法隆寺 상은 施無畏·與願印를 맺고 있다. 그러나 약지와 소지를 구부린 삼국시대 古式 불상의 형식을 따르고 있다. 法隆寺 상의 착의법은 비록 大衣와 裳衣를 착용한 연동리 상과 다르지만, 扶餘 軍守里 出土 蠟石製佛坐像(도 9), 瑞山 磨崖三尊佛(도 10) 등 삼국시대 불상의 대의형식을 따르고 있다.

즉 法隆寺 금당 석가삼존불은 6세기 후반~7세기 초에 조성된 백제 불상의 영향을 강하게 받았다. 그 중에서도 광배와 복부의 역삼각형 띠매듭이 유사한 연동리 석불좌상의 영향을 가장 크게 받았다고 할 수 있다.

다음으로 어떤 인물이 백제 불상의 양식을 일본에 전파하였는가에 대해 살펴보겠다. 이와 관련하여 法隆寺 금당 금동석가삼존상 명문에 '司馬鞍首止利佛師造(사마 안수도리 불사가 만들었다.)'는 기록이 있어 주목된다.

『日本書紀』에는 推古(스이코)가 605년에 鞍作鳥 즉 止利를 造佛工으로 임명했다는 기록과 606년 元興寺(飛鳥寺) 본존 완성 시 止利에게 嘉賞의 말을 하면서 達等과 多須奈의 공적을 언급한 기록이 있다.

止利의 출신지와 관련하여 『扶桑略記』에 기록되어 있어 주목된다.

끝자락만 겹쳐져 있어 4개의 Ω형 옷주름이 조각된 것처럼 보인다. 연동리 상의 상현좌와 法隆寺 상의 그 조형 원리는 같다고 할 수 있다.

70 法隆寺 금당 금동석가삼존불의 광배는 673년에 조성된 癸酉銘阿彌陀佛碑像의 광배형식과 가장 유사하다. 곽동석, 「연기지방의 불비상」, 『百濟의 彫刻과 美術』, 公州大學校 博物館·忠淸南道, 1992, pp. 199~204.
그러나 백제 유민에 의해 조성된 계유명아미타불비상은 연동리 석불좌상 등 백제 불상의 광배를 계승·발전시킨 것이라고 할 수 있다.

도 9 부여 군수리 출토 납석제불좌상   도 10 서산 마애삼존불

『扶桑略記』의 「用明2年記」에 止利의 아버지 多須奈를 百濟 工鞍部 사람으로 기록하였다. 그러나 같은 책에서 止利의 조부 達等을 大唐 漢人으로 언급하는 모순을 보인다.

이에 대해 일본인 학자들은 止利의 출신지를 중국으로 보는 경향이 많다.[71] 반면 『扶桑略記』에 보이는 이러한 모순은 편찬 당시 싹튼 일본의 국가의식에 따른 왜곡일 것이라는 주장이 있다.[72]

앞서 살펴본 것처럼 止利양식 불상에는 백제 불상의 영향이 큰 것을 알 수 있다. 그런데 止利양식에 영향을 끼친 백제의 불상 양식은

---

71 문명대, 앞의 논문, 2003, p. 111. 주 24, 25.
72 문명대, 앞의 논문, 2003, pp. 110~111.

중국의 영향을 기반으로 독자적인 양식이 형성되었던 6세기 말~7세기 초의 불상 양식이다. 이러한 점으로 볼 때, 止利양식을 창안한 도리 역시 백제계로 보는 것이 타당하다.[73]

그렇다면, 어떤 과정을 통해 백제 불상, 특히 익산 연동리 석불좌상의 양식과 형식이 왜에 전해졌는지 궁금하다. 이와 관련하여 588년 백제에서 왜에 寺工, 鑪盤博士, 瓦博士, 畵工 등을 보냈는데, 백제의 사신이 돌아갈 때 왜에서 善信尼 등을 백제에 유학시킨 것이 주목된다. 善信尼의 역할은 불교의 修學뿐만 아니라 佛事와 관련된 기술 습득을 위한 것일 가능성도 있다. 아울러 백제에 유학한 인물 중 한 명인 山鳥女가 止利의 이모라는 점이 주목된다.[74] 뿐만 아니라 백제에 유학한 승려들이 귀국한 후, 출가한 止利의 아버지 多須奈 역시 백제에 유학하였을 가능성이 충분하다.

백제계일 뿐만 아니라 백제 유학을 통해 당시 왜의 불교계를 이끈 집안의 내력으로 미루어 볼 때, 止利 역시 백제에 유학하였을 가능성이 매우 높다. 그 시기는 605년 造佛工으로 임명되기 직전이었을 것으로 추정된다. 백제에 유학한 止利는 백제 수도인 泗沘뿐만 아니라 당시 백제의 최대 국책사업이라 할 수 있는 새로운 궁성 건설과 최대 사찰의 건립이 진행되던 금마저에 들렀을 것이다. 이 때 止利는 연동리 석불좌상의 양식과 형식을 습득하여 도리양식 불상의 바탕으로 삼았을 것으로 생각된다.

요컨대 금마저 즉 익산지역에 새로 조성된 궁성과 사찰, 그리고 불상은 동시대에 신라는 물론 왜에도 직·간접적인 영향을 끼쳤다.

---

73 大西修也,「釋迦三尊像の原流」,『法隆寺から藥師寺へ』, 講談社, 1990, pp. 164~170; 文明大, 앞의 논문, 1998, pp. 163~165.
74 문명대, 앞의 논문, 2003, p. 111.

Ⅳ. 익산지역 백제 불교미술의 通時的 影響

삼국시대 최대의 사찰인 미륵사를 비롯한 제석사, 왕궁리 사지 등 익산지역의 백제 사찰은 통일신라시대에도 지속적인 중건과 중수가 이루어졌다. 그러나 통일신라시대의 중건과 중수는 백제의 흔적을 지우는 작업이었기 때문에, 진정한 의미에서 백제의 불교미술의 계승이라고 할 수 없을 것이다.

그러나 백제의 계승을 표방한 후백제가 건국된 뒤에는 양상이 바뀌게 된다. 甄萱은 900년 완산주에 이르러 '馬韓이 먼저 일어나고, …… 백제는 金馬山에 개국하여 6백여 년이 되었다. …… 내가 감히 완산에 도읍하여 의자왕의 오랜 울분을 씻겠다'고 공언하고 후백제를 건국하였다.[75] 이 연설은 자기 자신이 마한과 백제를 계승하였다는 것을 대내외에 표방한 것이라고 볼 수 있다. 그러면서 견훤은 마한과 백제의 망국 한이 서린 곳으로 익산지역을 지목하였다.

그랬던 만큼 견훤은 익산지역에서 백제에 대한 숭모나 기념사업을 활발하게 펼쳤을 것으로 생각되는데, 그 실체를 「葛陽寺 惠居國師碑」에서 찾아볼 수 있다. 惠居國師碑에는 922년 여름에 '미륵사 開塔'이 있었다고 한다.[76] 이 '開塔'의 성격과 관련해서 儀式, 補修, 새

---

75 『三國史記』卷50 列傳10 甄萱.
　　萱西巡至完山州 州民迎勞 萱喜得人心 謂左右曰 吾原三國之始 馬韓先起 後赫世勃興 故
　　辰卞從之而興 於是 百濟開國金馬山六白餘年 摠章中 唐高宗以新羅之請 遣將軍蘇定方 以
　　船兵十三萬越海 新羅金庾信卷土 歷黃山 至泗沘 與唐兵合 攻百濟滅之 今予敢不立都於完
　　山以雪義慈宿憤乎.
76 김혜원, 「葛陽寺惠居國師碑」, 『譯註 羅末麗初金石文(上)』, 혜안, 1996, pp. 338~347.
　　師法諱智□ 惠居軒號也 俗籍溟州朴氏 川寧郡 黃驪縣人也 考諱允榮 贈門下
　　侍中金氏夢 □□□□ 墜懷有娠 唐光化二年己未四月四日師生焉 神骨峻爽 頗非

도 11 익산 미륵사지 출토 금동보살수

로운 탑의 조성 등 다양한 해석이 있다.[77] 그러나 미륵사 석탑 해체 과정에서 후대의 보수나 흔적을 살펴볼 수 없었던 점과 후백제의 것으로 추정되는 동고산성 출토 막새와 같은 형식의 기와가 보이지 않는 점으로 보아,[78] '미륵사 개탑'은 탑과 관계된 것이 아니라 백제의 진정한 계승을 대내외에 드러낸 정치적 행사였을 것으로 판단된다.[79]

한편 미륵사지 사역 북편에서 출토된 기와와 후백제와 연관이 있었을 것으로 추정되는 제석사지 출토 기와가 유사한 것으로 보아, 대규모 불사는 없었다 할지라도 사찰의 보수나 그와 관련된 불교미술품의 조성은 있었을 것으로 판단된다. 이와 관련하여 미륵사지에서 출토된 金銅菩薩手(도 11)를 주목된다.[80] 보살수의 가늘고 긴 손가락과 팔찌의 표현은 후백제 왕실 발원 불상으로 평가되는 鳳林寺址

凡倫 □□學 穎慧夙發人敢莫先 每遊嬉寺塔 禮佛聞經 可驗宿因 乾化甲戌春 往牛頭山開禪寺 謁悟心長老 請歸佛 長老嘉愛 爲之薙染 時 年十六 越三年 就金山寺義靜律師戒壇 受具 於是 戒珠明朗 法器泓澄 雅厭苑繁振衣遐擧 博訪知識 益究玄乘 龍德二年夏 特被彌勒寺開塔之恩 仍赴禪雲選佛之場 登壇說法時 天花繽紛 由是 道譽彌彰 負笈者雲趣 時 新羅景哀大王 請住芬皇寺 賜紫羅屈眴 · 栴香 · 寶器等物 天成四年 敬順大王 命師移住靈廟寺法席 築戒壇 飾佛塔 設法會七日.

77 陳政煥, 「後百濟 佛敎美術의 特徵과 性格」, 『東岳美術史學』 11, 2010. 6, p. 164. 주 45.
78 芬皇寺 模塼石塔, 皇龍寺 찰주본기 등의 예로 미루어 볼 때, 塔을 보수할 경우에 기존 舍利莊嚴具에 當代의 奉安物을 추가하는 것이 일반적이었을 것으로 여겨진다.
79 陳政煥, 앞의 논문, 2010. 6, pp. 163~164.
80 국립문화재연구소, 『미륵사 복원 고증기초조사 연구 보고서2』, 국립문화재연구소 · 익산시, 2010, pp. 14~15; 崔聖銀, 「동아시아 불교조각을 통해 본 百濟 彌勒寺의 佛像」, 『百濟文化』 43, 2010, p. 149.

도 13　익산 왕궁리 오층석탑

石造三尊佛의 脇侍菩薩像(도
12)의 손과 매우 유사하다.[81]

후백제 왕실 주도로 미륵사

도 12　완주 봉림사지 석조삼존불 협시보살상

개탑이 있었다는 점과 후백제 왕실 발원 사찰인 봉림사지 보살상과
같은 특징을 보인다는 점으로 미루어 볼 때, 金銅菩薩手 역시 후백제
왕실에 의해 조성되었을 가능성이 매우 높다.

　후백제 불교미술품 가운데 익산지역 백제 불교미술의 영향을 잘
알 수 있는 것은 왕궁리 오층석탑(도 13)이다. 앞서 왕궁리 사지 축
조시기에 대해서 검토하였듯이 왕궁리 오층석탑은 백제와 통일신라
건물을 파괴하고 조성한 것이며, 고려시대 이후의 유물도 보이지 않

81　陳政煥, 앞의 논문, 2010. 6, pp. 174~180.

는다.[82]

왕궁리 오층석탑이 과연 후백제시기에 조성되었는가를 규명해 볼 필요가 있다. 이를 위해 석탑 각 부의 특징을 먼저 살펴보겠다.

基壇部는 높은 角形 1단 받침이 있는 地臺石, 隅柱와 2주의 撑柱가 있는 基壇中石, 附椽과 弧角形 2단 탑신받침이 있는 甲石으로 구성되어 있다. 塔身은 5층으로 되어 있으며, 1층 탑신에는 1주의 탱주가 모각되어 있다. 屋蓋石은 3단의 屋蓋받침이 있고, 평박하고 전각에서 반전을 이루는 것이 특징이다.

이 석탑에서 가장 눈여겨 봐야 할 점은 옥개부와 기단부이다. 3단 옥개받침은 彌勒寺址 石塔(도 14)과 유사하며, 평박하고 전각에서 반전을 이루며 우동마루가 두드러진 지붕은 定林寺址 五層石塔(도 15)과 유사하다.[83] 반면, 기단부는 9세기에 문경 · 상주일대에서 조성된 석탑, 예를 들면 聞慶 鳳巖寺 三層石塔(도 16), 聞慶 內化里 三層石塔(도 17), 尙州 化達里 三層石塔 등과 동일한 가구식 단층 기단을 보인다.[84]

이처럼 기본적으로는 신라 석탑을 계승하고 있는 왕궁리 오층석탑에 백제 석탑을 연상시키는 평박한 옥개부를 차용한 이유는 장대한 석탑의 하중을 효율적으로 분산하기 위한 기술적 측면뿐만 아니라, 후백제가 백제 계승을 대내외에 알리기 위한 기념비적 조형물로 이 탑을 조성하였기 때문으로 생각된다.

---

82 전용호, 앞의 논문, 2009, pp. 22~36.

83 천득염, 『백제계석탑 연구』, 전남대학교 출판부, 2000, pp. 48~49; 陳政煥, 「全北地域 百濟樣式 石塔에 對한 一考察」, 『國立公州博物館紀要』 3, 2003, pp. 116~129.

84 그 이유는 문경 · 상주일대가 견훤의 출생지였기 때문으로 추정된다. 견훤의 통일신라 문화에 대한 인식, 920년대 이후 본격화된 경북 북부지역에서의 행보, 후백제 왕실 발원 불교미술품의 성격 등으로 볼 때, 견훤은 기본적으로 통일신라의 전통을 바탕에 두고 백제적 요소를 결합하는 양태를 취했던 것으로 추정된다.

도 14 익산 미륵사지 석탑

도 15 부여 정림사지 오층석탑

도 16 문경 봉암사 삼층석탑

도 17 문경 내화리 삼층석탑

왕궁리 오층석탑을 백제 계승의 상징물로 여겼다는 점은 기단 내부의 구조와 제석사 사리장엄구의 재봉안에서도 확인할 수 있다. 석탑 기단 내부는 방형 석주가 중앙에 있고 네 귀퉁이에 팔각석주가 놓여 있는데, 이러한 구조는 통일신라 석탑에서는 찾아볼 수 없으며, 마치 미륵사지 석탑 기단부의 십자통로를 연상시킨다. 이러한 기단 구조의 모티프는 '미륵사 개탑' 시 얻었을 것으로 판단된다.

한편, 1965년 왕궁리 오층석탑 해체 · 수리 과정에서 기단 심주석과 1층 옥개석 두 곳에 나뉘어 봉안된 사리장엄구가 발견되었다. 기단 내부 방형석주에 品자형으로 뚫린 舍利孔에서는 금동불입상과 청동방울이 확인되었다. 반면 사리병과 내외함, 금강경판과 내외함, 구슬은 1층 옥개석 사리공에서 확인되었다.

앞서 제석사지 가람 변천에 대해 살펴보면서, 639년 화재 이후 중건할 당시 사리병과 금강경판은 새로 만들어진 제석사 목탑에 봉안되었을 것으로 추정한 바 있다. 이 추정이 맞다면, 수정사리병이 봉안된 사리내 · 외함은 물론이고, 금강경판내 · 외함 역시 639년 화재 이후 중건할 당시에 조성되었다고 보는 것이 타당하다.[85]

---

85 왕궁리 석탑 사리장엄구의 조성시기에 대해서 백제 말기로 보는 견해(한정호), 통일신라로 보는 견해(姜友邦), 후백제로 보는 견해(趙源喬) 등 다양하다.
  한정호, 앞의 논문, 2005, pp. 50~51; 姜友邦, 「佛舍利莊嚴論」, 『佛舍利莊嚴』, 國立中央博物館, 1991, p. 194; 趙源喬, 「益山 王宮里 五層石塔 발견 舍利莊嚴具에 대한 硏究」, 『百濟硏究』 49, 2009, pp. 61~96.
  다만, 강우방은 미륵사지 석탑 사리장엄구 발견 이후 그의 견해를 수정하여 미륵사지 석탑 사리장엄구와 왕궁리 석탑 사리장엄구가 동일한 장인에 의해서 조성되었을 것으로 보았다.
  강우방, 「미륵사탑 발견 사리장엄구와 왕궁리 탑 발견 사리장엄구의 상관성 -장엄구 영기문의 상징구조를 중심으로-」, 『대발견 사리장엄』, 2012, pp. 269~296.
  아울러 제석사지 목탑의 사리장엄구를 그대로 왕궁리 석탑에 안치하였다는 견해와 제석사지 사리장엄구를 본떠 백제 말기에 제작되었다는 견해가 있다.
  강희정, 「익산의 불교미술 백제 불교의 마지막 향화」, 『639년 금마저: 고대 익산의 미술사적 고찰』 〈익산역사유적지구 세계유산등재추진 국제학술회의 발표요지〉, 2013.

왕궁리 오층석탑 사리내함(도 18)에 대해서는 미륵사지 석탑 사리 장엄구 발견 이전부터 익산 미륵사지 출토 金銅製裝飾, 부여 능산리 고분 출토 金銅裝飾, 익산 쌍릉 출토 金銅裝飾(도 19), 부여 화왕리 출토 銀製柄琉璃球의 연화문과 유사하다는 점으로 미루어 삼국시대 백제에 의해 제작되었을 것이라는 주장이 제기되기도 하였다.[86] 이러한 견해는 미륵사지 사리장엄구(도 20) 가운데 금동제사리외호(도 21)의 문양과의 동질성이 확인되면서 점점 설득력을 얻고 있다.[87]

왕궁리 오층석탑 초층 옥개석의 사리장엄구 일부를 제석사 창건 당시가 아닌 639년 이후 제석사 중창 당시로 보는 이유는 金製舍利 內函의 형태 때문이다. 금제사리내함의 형태는 639년에 봉안된 미륵사 舍利壺와 달리 紡錘形盒으로, 645년에 조성된 皇龍寺 九層木塔의

도 18 익산 왕궁리 오층석탑 사리내함

9. 27, pp. 62~63.
필자는 사리기 중 수정병과 금강경판은 초창 당시의 것으로 보고, 기단부에 봉안된 금동불입상 등을 제외한 것들은 639년 이후에 조성되었을 것으로 본다.
86 한정호, 앞의 논문, 2005, pp. 39~47.
87 강우방, 앞의 논문, 2012, p. 288.

도 19 익산 쌍릉 출토 금동장식

도 20 익산 미륵사지 서탑 출토 사리장엄구

도 21 익산 미륵사지 서탑 출토 금동제사리외호

도 22 경주 감은사지 서삼층석탑 사리장엄구

金銅舍利函과 682년에 조성된 感恩寺 東·西三層石塔 金銅舍利外函 (도 22)과 동일하다. 특히 제석사 사리장엄구의 再奉安 시기와 황룡사 목탑 조성시기와 거의 일치하다는 점과 황룡사 목탑 조성에 백제의 장인이 참여했다는 점을 감안할 때, 황룡사 목탑에 봉안된 방추형의 사리함은 제석사에서 새로 만들어진 사리내함의 영향을 받았을 가능성이 높기 때문이다.[88]

金剛經板內函(도 23)은 방추형이 아닌 녹정형인데, 芬皇寺 舍利石函(도 24)이나 中國 唐代 法門寺 舍利莊嚴具 등 7세기 중엽 동아시아 사리장엄구에서 동일하게 살펴볼 수 있다. 그리고 고리 주위의 연판문이 백제식이라는 점 역시 금제사리내함과 동일한 시기 즉 640년대에 조성되었을 것이라는 판단의 근거가 된다. 한편, 사리외함과 금강경판외함에는 朱漆이 되어있어 주목된다.[89] 금동외함에 굳이 주칠

도 23 익산 왕궁리 오층석탑
       금강경판내외함

도 24 경주 분황사 사리석함(『조선고적도보』)

---

88 한편, 왕궁리 사리장엄구를 불국사 사리장엄구의 영향을 받아 조성된 것으로 추정하는 한편, 백제 기술을 보유한 후백제 장인이 조성하였을 것이라는 견해가 제기되기도 하였다. 趙源喬, 앞의 논문, 2009, pp. 61~96.
   그러나 후백제 견훤이 서라벌을 침입했을 때 백공을 잡아온 것을 고려해보면, 이럴 가능성은 거의 희박하다.
89 외함에 대한 성분 분석 결과 함의 외부에는 연백을 도포한 담은 주칠(진사/주)을 하였으며, 그 내부는 수은아말감 도금 하였다. 유혜선·이영범, 앞의 논문, 2006, pp. 103~106.

한 이유는 제석사 초창 당시의 외함이 주칠목함이었기 때문으로 여겨진다. 다만, 『관세음응험기』에서는 주칠목함은 화재의 피해를 입지 않았다고 하였으나, 재봉안 과정에서 내구성을 감안하여 금동제 외함을 교체하였던 것으로 생각된다.

다음으로 640년대 조성된 제석사지 목탑에 봉안되어 있던 사리장엄구가 왕궁리 오층석탑으로 옮겨진 시기에 대해서 살펴보겠다. 앞서 언급한 바와 같이 제석사 목탑 폐기시기와 왕궁리 오층석탑 조성

도 25 익산 왕궁리 오층석탑 출토 금동불입상

시기가 거의 일치하는 것으로 볼 때, 후백제왕 견훤이 폐허가 되어가던 제석사지 목탑 사리장엄구를 꺼내, 새로 조성한 왕궁리 오층석탑에 재봉안 하였을 것으로 판단된다.[90]

반면, 왕궁리 오층석탑 기단부에서는 1층 옥개석 사리공과 시대를 달리하는 금동불이 발견되었다. 왕궁리 오층석탑 출토 금동불입상(도 25)은 대좌와 함께 주조되었으며, 당초문과 화염문이 투각된 別鑄의 거신광배가 부착되어 있다. 통견식 대의를 착용하였으

90 한정호는 제석사지 화재 후 왕궁리 사지의 목탑에 봉안되었을 것으로 추정하였으나, 목탑 폐기 후 새로운 건물이 들어섰을 뿐만 아니라 석탑이 건립된 시기도 200여 년 후이기 때문에 타당성이 없어 보인다. 한정호, 앞의 논문, 2005, pp. 47~50.

며, 소위 우드야나식 옷주름 형식을 보인다. 육계는 낮고 넓으며, 머리에 청색을 칠하여 經典의 내용을 구현하고자 하였다. 코 아래에 수염을 새기는가 하면 턱이 짧아지는 등 전성기 금동불과는 다른 모습을 보이며, 신체의 비례 역시 상체가 짧고 하체가 길어 부자연스럽게 느껴진다. 이 불상은 통일신라 말 불상 양식에 중국 唐末五代의 새로운 양식이 혼합된 것으로 9세기 말~10세기 초에 조성되었을 것으로 판단된다.[91]

그런데 이러한 9세기 말~10세기 초의 양식적 특징을 보이는 금동불은 후백제 견훤의 왕궁리 오층석탑 조성과 사리의 재봉안을 단적으로 보여주는 증거라고 할 수 있다.

요컨대 후백제 견훤은 익산지역 백제 불교미술품을 적극적으로 수용하여 자신이 백제를 계승한 적통임을 대내외에 드러내고자 하였던 것이다.

V. 맺음말

삼국시대 익산지역은 백제 무왕에 의해 새로운 王都 혹은 別都로 개발되었다. 궁성뿐만 아니라 당대 새로운 이념이라고 할 수 있는 미륵하생신앙을 기반으로 한 미륵사와 왕실사찰인 제석사가 조성되었다. 의자왕대에도 왕궁리 궁성 안에 사찰이 조성되었는가 하면, 639년에 불탄 제석사가 중건되었다. 아울러 백제 석불 가운데 가장 큰

---

91 崔聖銀, 「羅末麗初 小形金銅佛立像 硏究 -王宮里 五層石塔 출토 金銅佛立像을 中心으로-」, 『美術資料』 58, 1997, pp. 5~24.

연동리 석불좌상이 자리잡고 있었다.

미륵사는 기존에 무왕과 선화공주가 발원한 것으로 여겨져 왔으나, 2009년 사리장엄구와 함께 발견된 사리봉영기의 기록처럼 사택왕후가 무왕과 함께 발원하였으며, 서탑의 조성은 오랜 미륵사 조성의 마무리였을 것이다.

제석사지 초창 가람의 흔적은 목탑 서편의 방형건물 축기부에서 찾아볼 수 있다. 639년 이후의 중건가람은 강당 좌우에 회랑과 연결되는 부속건물이 들어선 '일탑일금당식' 가람배치이다. 이때 조성된 목탑은 통일신라 말에 폐기되었을 것으로 보인다. 왕궁리 사지는 궁성 건물을 폐기하고 조성하였는데, 의자왕대 조성되었을 것으로 판단된다. 한편, 오층석탑은 후백제 견훤에 의해 조성되었다.

7세기 초에 조성된 연동리 석불좌상은 백제의 수도인 사비에서 또다른 수도인 금마저로 오는 교통로 상에 조성된 석불이며, 정방형에 가까운 건물지는 보호각의 성격을 가졌던 것으로 보인다.

이러한 익산지역의 백제 불교사원과 불교미술은 當代 신라는 물론 왜에까지 커다란 영향을 주는 등 동아시아 불교미술사상 중요한 위치를 점하고 있었다. 그리고 백제 멸망 후 250여 년이 지나 백제를 계승하고자 했던 후백제 견훤에 의해 익산지역의 백제 불교미술은 되살아난다. 이렇게 부활한 백제의 불교미술은 고려시대까지도 충청·전라지역에 커다란 영향을 끼쳐 백제계 석탑과 석불이 조성되는 밑바탕이 되었다.

익산, 마한·백제연구의 새로운 중심

고대의 익산에 대한
후대의 인식

이강래

전남대학교 사학과 교수

Ⅰ. 익산의 역사적 경험

익산의 고대 명칭으로는 金馬가 널리 알려져 있다. 많은 연구자들은 『삼국지』 동이전에 보이는 마한의 乾馬國이 곧 금마로서 지금의 익산 지역에 있었다고 본다. 그렇다면 익산의 역사적 맥락은 3세기 이전 마한의 건마국에서 발단한다고 할 수 있다. 그러나 이에 대해서는 이견도 있다. 사실 '건마'와 '금마'의 음가가 근사하다는 것 자체는 건마국의 소재지 비정을 위한 논증의 자질로서 충분하다고 평가하기 어렵다.

지명으로서 금마는 백제시대의 것으로 나타난다. 『삼국사기』 지리지에는 "金馬郡은 본래 백제의 金馬渚郡인데 경덕왕이 이름을 고쳤으며 지금도 그대로 부른다"라고 했다. 그리고 관하 3개 현의 백제시대 이름으로 所力只縣, 闕也山縣, 于召渚縣을 예거했다.[1] 그런가 하면 당의 웅진도독부 예하 魯山州의 6개 현 목록에는 "支牟縣은 본래 只馬馬知이다"라고 했다.[2] 여기에 보이는 지마마지는 『觀世音應驗記』의 후대 追記에 백제 武廣王이 천도했다고 하는 枳慕蜜地와 같은 지명일 것으로 널리 받아들여지고 있다.[3]

『관세음응험기』에 의하면 백제 무광왕이 지모밀지에 천도하여 帝釋精舍를 지었는데, 貞觀 13년 기해년(639) 11월에 큰 뇌우를 만나 불당과 부도와 낭방이 모두 불타버렸다고 한다. 이 기록은 익산 王宮里 오층석탑에서 발견된 사리장엄의 해석과 맞물려 7세기 백제사

1　『三國史記』 卷36 地理3 全州.
2　『三國史記』 卷37 地理4.
3　李基東, 「鄭求福 外 編著, 『譯註 三國史記』 4冊(城南市：韓國精神文化硏究院 1996~1997)」, 『歷史學報』 157, 1998, p. 302.

에 비상한 관심을 촉발했다. 특히 왕궁리 일대에서 '帝釋寺'명 기와 와 함께 '官宮寺'·'大官官寺'·'王宮寺' 등의 명문 및 백제시대의 와 당들이 출토되어, 이른바 천도 관련 논의의 물적 증좌로 주목되었다. 공교롭게도 미륵사지 서탑 출토 「사리봉안기」에도 무왕 40년에 해당 하는 기해년(639)이 사건 연대로 나와 있다. 익산은 백제사의 전개 가운데서도 아연 7세기 초 무광왕 혹은 무왕의 정치적이거나 종교 정책적 중심 공간으로 부상한 것이다.

7세기의 격랑은 백제 왕조의 몰락으로 이어졌다. 660년 7월 18일, 의자왕을 비롯한 백제 조정은 신라와 당의 공격군 앞에 항복하였다. 흥미롭게도 이 달 고구려 평양의 강물이 3일 동안이나 핏빛으로 물 들었다. 딱 한 달 전인 6월 18일 무열왕은 김유신과 함께 남천정에 도착하였고, 소정방의 당군은 덕물도를 향하고 있었다. 그로부터 1년 뒤 일통의 단서를 연 무열왕이 죽었다. 그의 죽음은 뜻밖에도 익산에 서 발현된 불길한 예조에서 비롯했다.

> 무열왕 8년(661) …… 6월에 大官寺의 우물물이 피가 되고, 금마군 에서는 땅에서 피가 흘러 너비가 5보나 되더니, 왕이 죽었다.

7세기 백제사에서 차지하는 익산의 위상이 백제를 멸망케 한 무열 왕의 죽음과 어떤 필연적 연관을 지니는지 짐작하기 어렵다. 다만 당 시 사람들은 두 가지 서로 다른 현상과 사건을 인과적으로 파악하고 있었다는 점을 주시할 필요가 있을 것이다. 또한 백제가 멸망하는 과 정에서 고구려 왕도의 강물이 핏빛이 되었던 때문일까, 그로부터 꼭 10년 뒤 고구려의 國系가 익산 지역에 깃들게 되었다. 즉 문무왕 10 년(670) 6월에 고구려의 대형 劍牟岑과 그가 이끄는 일단의 무리가 당의 관리와 승려 法安 등을 죽이고 신라로 향하였다.

일행이 서해의 史冶島에 이르러서 고구려의 대신 淵淨土의 아들 安勝을 만나 한성 안으로 맞아들여 임금으로 떠받들고, 小兄 多式 등을 보내 애걸하기를 "멸망한 나라를 일으키고 끊어진 왕통을 잇게 하는 것(興滅國繼絶世)은 천하의 옳은 의리이니, 오직 대국에 이를 바랄 뿐입니다. 우리나라의 선왕이 도의를 잃고 패멸당했으나, 이제 저희들은 본국의 귀족 안승을 찾아 받들어서 임금으로 삼고 제후의 나라가 되어 영원토록 충성을 다하고자 합니다"라고 하였다. 왕은 그들을 나라 서쪽 지방 금마저에 자리 잡게 하였다.

금마저 곧 익산에는 이리하여 670년 8월 1일에 신라왕이 책봉한 '고구려왕'이 자리하게 되었다. 그러나 '고구려왕'은 4년 뒤 '報德王'으로 고쳐 봉해졌다. 이는 칭호 자체에서부터 고구려적 요소를 제거하려는 신라의 의도에서 비롯한 것이다.[4] 그 뒤 680년 보덕왕 안승은 문무왕의 누이와 혼인을 하였으니, 이제 고구려왕과 고구려 국가는 신라 왕조에 온전히 용해된 셈이다. 게다가 얼마 뒤 그나마 익산 지역에서 규모를 유지하던 고구려 사람들은 자못 작위성 짙은 모반 사건에 연루되어 해체되고 말았다.

신문왕 4년(684) …… 11월에 안승의 조카뻘 되는 장군 大文이 금마저에서 모반했다가 일이 발각되어 처형당했다. 그 나머지 사람들은 대문이 사형당하는 것을 보더니, 관리들을 살해하고 읍을 장악해 반역하였다. 왕이 장졸들에게 명해 이를 치게 했는데 맞받아 싸우던 중에 幢主 逼實이 죽었다. 그 성을 함락시키고 그 곳 사람들을 나라 남쪽 지방의 주·군으로 옮겼으며, 그 지역을 금마군으로 삼았다.

신문왕은 기나긴 전란이 끝난 평화 시기 전승국의 첫 왕이었다. 그

4 梁炳龍, 「羅唐戰爭 進行過程에 보이는 高句麗遺民의 對唐戰爭」, 『史叢』 46, 1997, p. 54.

는 멸망기 백제의 중심 공간이자 고구려의 왕조 명분과 잔민들의 용해 흡수와 그 종국적 해체를 위해 선택된 공간이었던 익산 일대를 금마군으로 재편하였다. 무엇보다도 금마저의 고구려 집단을 해체한 이듬해 봄에, 신라가 "비로소 九州를 갖추게 되었다"라고 천명한 점을 주목한다. 9주는 중국 고대에 천하를 아홉으로 나누어 사유하던 것을 모방한 것이다. 그러므로 이제 신라는 '일통삼한'의 완성을 전제로 하는 천하관에 이른 셈이다.[5] 이렇게 익산은 통일기 신라의 금마군으로 존재하게 되었다. 이후 익산은 성덕왕 18년(719) "9월에 금마군 미륵사에 벼락이 쳤다"와 같은 형태로 희소하게 환기될 뿐이었다.

2백여 년이 흐른 뒤 10세기 벽두에, 익산은 다시 역사의 격랑 한가운데로 호명되었다. 통일기 신라의 현실이 제반 모순의 빈출로 어그러져가고, 일통의 명분 또한 명백한 발해의 실체 앞에 빛을 잃어갈 즈음이었다. 효공왕 4년(900), 견훤이 서쪽을 휘돌아 完山州에 이르자, 완산주 사람들이 그를 열렬히 맞이했다. 견훤은 인심을 얻은 것에 흡족해 좌우의 사람들에게 이렇게 말하였다.

> 내가 삼국의 시초를 상고해 보건대 마한이 먼저 일어나고 그 뒤에 혁거세가 발흥했으므로, 진한과 변한은 그를 따라 일어났던 것이다. 이렇듯 백제는 金馬山에 나라를 연 지 6백여 년이 되었는데, 摠章 연간에 당 고종이 신라의 요청으로 장군 소정방을 보내 수군 13만 명을 거느리고 바다를 건너오게 하고, 신라의 김유신이 다시 세력을 회복하고 전력을 기울여 黃山을 지나 泗沘에 이르러 당나라 군사와 합세해 백제를 쳐 없앴다. 이제 내가 어찌 감히 완산에 도읍을 세워 의자왕의 오랜 분원(宿憤)을 씻지 않으랴!

5   李昊榮, 「新羅中心思想의 成立 背景」, 『重山鄭德基博士華甲紀念韓國史學論叢, 韓國史의 理解』, 景仁文化社, 1996.

금마저와 금마군이 금마산으로 변전했다. 공간에 대한 호칭만이 아니라 그 역사적 맥락이 큰 폭으로 진통할 수밖에 없었다. 견훤의 인식 가운데서 금마산은 백제 개국의 표상 공간이 된 것이다. 견훤의 발언에서는 또한, 백제는 삼한 가운데 마한을 바탕으로 한다는 매우 중요한 계통 의식을 발견하게 된다. 마한을 고구려에, 변한을 백제에, 진한을 신라에 분배하는 최치원의 삼한 삼국 연계 인식이 주류를 점하던 상황에서, 견훤의 주장은 이후 지식인들이 벌인 본격적 쟁론의 출발이 되었다. 그리고 그 핵심 공간이 마한의 금마산이었다.

Ⅱ. 마한과 정통의 맥락

익산은 마한의 구성 분자에서 시작하여, 백제 무왕의 심중한 정치 무대였다가, 7세기 일통 국면의 매듭처를 거쳐, 10세기의 새로운 일통을 위한 발단처 등, 고대의 네 가지 시점 및 맥락에서 중심적 역사 공간으로 부상했다. 그러나 익산의 역사 공간적 맥락은 오히려 고대를 벗어나는 순간에 이미 본격적인 논쟁의 대상이 되고 말았다. 최치원의 삼한관이란 사실 진한-신라중심 역사관에 다름 아니었듯이,[6] 견훤 역시 오직 마한에서 백제로 이어진 계통 인식의 천명에 본의가 있을 뿐이었다. 그럼에도 불구하고 양인의 인식에는 위만에게 공격당해 한 지역으로 이거해 온 조선의 準王과 뒤이은 유이민의 파동이 공통적으로 고려되어 있었다.

이처럼 10세기 초에 삼한, 특히 마한과 후속 왕조의 관계에 대해

---

6 이강래, 「최치원의 고대 인식 : '一統三韓'을 매개로」, 『삼국사기 인식론』, 일지사, 2011.

양립하기 어려운 설명들이 확인되었다. 그러나 새로운 일통의 주역이 된 고려 왕조의 지배 계급들에게는 패멸당한 후백제 주역들의 삼한관이란 더 이상 유효성을 지니지 못하는 것이었다. 즉 12세기 중엽에 편찬된 『삼국사기』의 경우, 마한의 존재와 소멸을 마땅히 백제 본기에 정돈하였으되, 지리지의 서술에서는 신라 혹은 최치원의 삼한 인식을 수긍하고 수용했다.

13세기 말의 『삼국유사』는 한결 강경한 어조로 마한과 백제의 관련을 부인했다. 서술자는 우선 마한에 관한 최치원의 이해에 동의한다. 견훤의 말 가운데 마한이 먼저 일어났다고 한 것은 위만조선 성립기 준왕의 남천을 염두에 둔 것이겠고, 이렇게 성립한 마한과 고구려의 연계는 東明이 일어난 다음 마한을 아울렀기 때문일 것이라고 추론하였다.[7] 또한 간혹 사람들이 금마산을 들어 마한을 백제라고 하는 것은 잘못이며, 고구려에 馬邑山이 있었기 때문에 마한이라고 했다는 것이다. 마찬가지로 그는 "변한은 백제다"라고 한 최치원의 견해를 받아들이면서, 백제 땅에 있는 卞山의 존재로 인해 변한이라 했다고 판단하였다.[8]

『삼국유사』 서술자의 논조에는 단군의 조선을 시원으로 하는 역사의 계통성에 대한 관심이 고조되던 시대 배경이 반영되어 있다. 특히 준왕의 남천과 마한을 연결시켜 설명한 부분은 향후 적지 않은 설득력을 가지고 재론되었다.[9] 비슷한 시기 李承休 역시 고구려가 "마한

---

7 『三國遺事』 紀異 馬韓.

8 『三國遺事』 紀異 卞韓百濟.

9 이는 『後漢書』 한조의 마한 인식에서 비롯한 것인데 후일 조선후기 삼한정통론의 전개에 있어서 중요한 논거가 되기도 하였다.
   朴性鳳, 「馬韓認識의 歷代變化」, 『삼한의 역사와 문화』, 자유지성사, 1997, p. 113; 『馬韓·百濟文化』 12, 1990.

의 王儉城에 개국했다" 하고, 백제는 변한에 나라를 세웠다고 하였다.[10]

그러나 '韓地'로 들어와 '韓王'을 자칭한 조선의 준왕을 주목할수록, 그 경우의 마한은 공간적으로 고구려보다는 백제와 중첩되게 마련이다. 실제로 계통과 명분이 개입할 필요가 없는 영토 공간만의 사건 맥락에서는 일찍이 견훤이 피력한 마한 인식이야말로 오히려 당연시되고 있었다. 예컨대 後朝鮮 준왕의 남천에서 마한이 성립했다고 보는『고려사』찬자는 "금마군은 원래 마한국인데, 백제 시조 온조왕이 이를 합쳤다"라고 한다.[11] 그와 같은 단정이 역사적 실제에 부합하느냐 아니냐는 별개의 문제로서, 마한과 백제의 역사 공간의 중층 관계는 범연한 '사실'로 간주되었던 것이다.

게다가 금마군에는 후조선의 武康王陵이 있다고 하였다. 고려 왕조 당대에도 금마군의 무강왕릉은 '馬韓祖'의 릉으로 인식되어 있었다.『고려사절요』에도 같은 내용이 보존되어 있는데, 다만 '무강왕'을 '虎康王'으로 피휘하였다.[12] 이는 고려 혜종의 휘 '武'를 의미가 상통하는 '虎'로 代字 피휘한 것이므로, 고려 당대의 전승을 그대로 답습한 것이라고 할 수 있다. 따라서 적어도 고려 후기 이후에는 마한을 백제와 연계하여 이해하는 시각이 널리 공유되었다고 해야겠다. 權近의 발언은 이를 입증하고 있다.

> 삼한에 관한 설들이 서로 다르다. 그러나 조선왕 준이 위만의 난리를 피해 바다에 떠 남쪽으로 와 나라를 열고 마한이라 하였는데, 백제 온조가 서서 마침내 이를 병합하였다. 지금 益州에 옛 성이 있고 지금도 사람들이 箕準城이라 하니 마한이 백제가 된 것은 의심의 여지가

---

10 『帝王韻紀』下 東國君王開國年代.
11 『高麗史』卷57 地理2 金馬郡.
12 『高麗史』卷124 列傳37 嬖幸 鄭方吉 및 『高麗史節要』卷24 忠肅王 16년 3월.

없다. 진한은 신라 시조 혁거세가 일어난 곳이다.『신당서』에 '변한은 낙랑의 땅에 있다' 하였고, 또 '평양은 옛 낙랑군'이라 했으니, 진한이 신라가 되고 변한이 고구려가 된 것 역시 의심의 여지가 없다.『후한 서』에는 변한이 남쪽에, 진한이 동쪽에, 마한이 서쪽에 있다고 했는데, 그 가운데 변한이 남쪽에 있다 한 것은 대개 한의 영토인 요동 지역으로부터 '그러하다'는 것을 이른 것일 뿐, 변한이 진한과 마한의 두 한 남쪽에 있다고 이르는 것은 아니다. 최치원이 이를 연유로 마한이 고구려요 변한이 백제라 한 것은 잘못이다.[13]

  권근은『신당서』를 근거로 최치원의 견해를 비판하였다. 김부식과 일연이 최치원의 파악을 받아들여『신·구당서』를 수용하지 않은 것과 반대다. 여하튼 이제 일단 마한은 백제가, 그리고 진한은 신라가 되었다는 데는 대강의 합의가 이루어진 셈이다. 그러한 상황은 조선 초기의 지리서들에서도 마찬가지였다.[14]

  그런데 마한과 백제, 그 연관론의 전제가 되는 것은 다름 아니라 조선의 준왕이 마한을 '開國'했다는 것이다. 이것이 역사의 계통 인식에 미치는 파장은 조선-마한의 승습에 그치지 않는다. 오히려 더욱 중요한 것은, 온조가 마한을 병합하였으니 다시 마한-백제의 승

---

13 『東國通鑑』外紀 三韓.
14 『世宗實錄地理志』全羅道 益山郡, "本馬韓國[後朝鮮王箕準 避衛滿之亂 浮海西南至韓地 開國號馬韓] 至百濟始祖溫祚幷之 自後號金馬渚."
  『新增東國輿地勝覽』卷33 益山郡 建置沿革, "本馬韓國[後朝鮮王箕準 箕子四十一代孫也 避衛滿之亂 浮海而南至韓地 開國仍號馬韓] 至百濟始祖溫祚祚王幷之 自後號金馬渚."
  그러나 『신증동국여지승람』의 경우도 자체 내의 착종을 옳게 탈피하지 못하고 있다. 즉 卷6 경기조에서는 다시 "삼국유사에 '고구려 땅에 원래 마읍산이 있었기 때문에 마한이라 하고, 백제 땅에 원래 변산이 있었기 때문에 변한이라 했다' 하였는데, 지금 평양부에 마읍산이 있고, 부안현에 邊山이 있으니, 삼국유사의 말이 혹 증거가 있는 듯하다. 그런 때문에 최치원의 舊說에 따라 경기도·충청도·황해도 등을 마한의 옛 영역에 해당시키고, 전라도를 변한의 옛 영역에 해당시켰다"라고 한다. 또한 卷41에서도 "黃海道 本朝鮮馬韓舊地 後爲高句麗所有"라고 하였다.

습 관계로 이어지게 된다는 점일 것이다. 다시 말해 준왕은 조선왕에서 마한왕으로 변전했을 뿐이므로, 그 계통은 궁극에서 조선-백제가 되는 것이다. 실제로 『동국통감』의 사론에서 崔溥는 기자가 평양의 조선에 봉해진 周 무왕 기묘년(서기전 1122)으로부터 백제 온조왕에게 마한이 멸망당한 때까지를 통합하여 사고하였다.[15] 이러한 인식을 바탕으로 梁誠之는 고구려, 백제, 신라, 고려의 도읍들과 동렬에서 익산의 능묘를 정비하고 정기적으로 제사할 것을 상소한 바 있다.[16]

그리고 보면 통일기 신라의 최치원과 또 다른 일통의 왕조를 자부했던 고려의 편찬물들이 시종 마한과 백제의 역사 공간적 연계 문제를 부정하고 왜곡하려 한 데에는, 자기중심적 정통 의식의 개입도 없지 않았겠다고 생각한다. 신라와 고려는 각각 전삼국과 후삼국을 아우르는 데 상당한 진통과 무력 갈등을 경험했던 때문이다. 반면에 조선은 선행한 두 왕조와는 달리 백제의 고토였던 금마저, 금마군, 익주, 익산군 등에 조선과 마한의 왕통을 안배하는 데 크게 주저할 이유가 없었을 것이다. 그러나 이 마한 중심 정통이 끝내 백제로 이어지지는 않았다. 정통이란 관념[명분]에 불과하며, 그러므로 반드시 현실의 공간에 긴박될 필요는 없었기 때문이다.

> 기준이 남쪽으로 간 뒤 위씨가 비록 조선의 옛 땅을 차지했지만 겨우 80여 년 만에 멸망하였다. 위만이 멸망한 뒤에는 마한만이 이어져 117년의 장구함을 누렸다. 서북의 한 방면은 四郡과 二府에 편입되었으나, 동방에서 나라를 세워 統緖를 전해 온 것은 오직 마한뿐이었다. …… 마한이 망한 것은 백제에 땅을 빌려 주었던 것을 오히려 백제가 이를 도모한 것이었으니, 백제의 교활함은 곧 위씨의 옛 奸智인

---

15 崔溥, 『錦南先生集』 卷1 東國通鑑論, 馬韓亡.
16 『世祖惠莊大王朝實錄』 卷3, 2년(1456) 3월 28일.

바 …… 나는 그러므로 마한이 바로 동국의 정통이라고 하는 것이다.
…… 그리고 저 진한과 변한은 바로 마한의 속국이었다.[17]

위에 인용한 李瀷의 말에 의하면 마한은 정통을 감당했거니와, 백
제의 교활함은 위만의 간지와 같은 것이라고 한다. 즉 "마한은 先聖
의 후손이요 동방의 정통으로서 나라를 익산에다 세웠다"라고 한다.
이익은 이처럼 '마한 정통'의 관점에서 "마한이 망할 적에 오직 周勤
이 牛谷城에 웅거하여 옛 왕업을 회복하려다가 백제에게 살해되었는
데 東史에는 반역이라 기재하였으니 사가의 공정성을 상실한 것이
다. 지금 마땅히 금마의 빈터에 사당을 세우고 주근을 배향하여 군신
의 대의를 뚜렷이 밝혀야 한다"라고 주장하기에 이르는 것이다.[18]
安鼎福 역시 위만을 일러 '簒賊'이라 하고 『동국통감』에서 단군과
기자와 위만의 조선을 '三朝鮮'으로 다룬 것을 비판한 점은 이익과
다르지 않다.[19] 다만 그는 『삼국사기』 이래의 삼한의 위치에 대한 논
의를 정리하여 "마한은 금마군에 도읍하였는데 금마군은 지금의 익
산이니, 이것은 兩湖(호서·호남)가 마한이었다는 명백한 증거"라
고 하면서도, 최치원이 "마한은 고구려요 변한은 백제다"라고 한
말 또한 그르지 않다고 장황하게 변론하였다.

그 설 또한 옳다. 고운은 당시 사람인데, 마한이 고구려가 아니라는
것을 어찌 몰랐겠는가? 그가 말한 마한이 고구려라 한 것은 고구려가
일어난 땅을 가지고 말한 것이 아니라 뒤에 고구려가 마한 동북쪽 땅
을 병합한 것을 가지고 말한 것이다. …… 그가 변한이 백제라고 한 것
은 마한이 백제의 땅이 아님을 말한 것이 아니라, 변한의 반면이 또한

17 李瀷, 『星湖全集』 卷47 雜著, 三韓正統論.
18 李瀷, 『星湖僿說』 卷25 經史門, 前代君臣祠.
19 安鼎福, 『東史綱目』 凡例 및 卷1上 戊申年.

백제에 흡수되었기 때문에 그렇게 말한 것이다. 그는 삼한을 삼국에 분배하려고 했기 때문에 그 설이 이와 같은 것이니, 착오라고는 할 수 없다. …… 나는 고운의 설로 정설을 삼는다.[20]

이 모호한 논변의 핵심은 마한의 공간과 마한의 계통을 분리하는 사고이다. 안정복은 『삼국유사』 서술자가 마읍산을 근거로 고구려를 마한이라 하고, 반대로 금마산을 들어 마한을 지시한 견해들을 배척한 것은 잘못이라고 비판한다. 부안의 '邊山'을 '卞山'으로 삼아 변한에 연결하는 논법이 잘못이라는 논증도 잊지 않는다. 또 일찍이 권근이 변한을 고구려라고 한 설명은 터무니없다 하였다. 심지어 지금의 전남 장흥에 있는 天冠山이나 보성의 母后山에서 변한의 단서를 탐색하기까지 했다. 그러면서도 마한을 온전히 백제에 전유시키지 않으려는 안정복의 논변만은, "마한이 백제가 된 것은 의심의 여지가 없다"라고 한 권근의 단정보다 설득력이 크지 않다.

사실 안정복의 마한관은 스승 이익의 설명에 바탕을 둔 것이다. 이익은 준왕이 도읍한 '금마군'과 견훤이 피력한 '금마산'을 분별한다. 즉 남과 북의 한과 조선이 동방을 반분하고 있었을 때, 한의 동쪽 반면은 진한과 변한이 되고 서쪽 반면은 마한이 되었는데, 이 마한의 땅을 통틀어 '금마'라고 했다는 것이다. 다시 말해 준왕이 도읍한 당시의 익산이나 백제 시조 온조가 도읍한 稷山 모두 이른바 '금마'의 고을이라고 설명한다.[21] 이렇듯 그에 의하면 금마가 오직 백제의 금마저와 신라의 금마군에 한정하지 않고 아연 한반도 중부 이남의 서편 반면에 대한 통칭이 되고 만다.[22]

---

20 安鼎福, 『東史綱目』 附錄 下卷, 三韓考.

21 李瀷, 『星湖僿說』 卷2 天地門, 三韓金馬.

22 이러한 발상은 『宋史』 卷487 列傳246 外國3 高麗傳에 개성을 제외한 3경을 설명하면

한편 삼한 관련 논의에서 아직 미숙한 권근과, 삼한 특히 마한 정
통론의 세련된 논리를 완성한 안정복의 가장 큰 차이점은, 정작 준
왕과 마한의 선후 문제라고 해야 할 것이다.『고려사』지리지를 필두
로 조선 전기의 인식은 나라를 열어 국호를 마한이라 했다(開國號馬
韓)는 것이었다. 반면에 안정복은 준왕이 마한을 공략하여 격파하고
(攻破馬韓) 금마군에 도읍했다는 것이다. 물론 이 차이의 처음 단초
는 준왕의 남래를 전한『삼국지』동이전 인용『위략』과『후한서』동
이전의 서술이었다. 이 두 가지 상이한 인식에 따라 마한의 국도로서
금마의 위상에도 큰 차이가 뒤따르게 된다. 바야흐로 조선의 지식인
들은 이 점을 정면으로 거론하기 시작하였다.

> • 범엽의『후한서』를 근거로 하여 보면, 마한은 본디 스스로 나라를
> 지니고 있었는데, 기준이 특별히 와서 습격해 탈취한 것이다. 그런즉
> 금마가 마한의 국도가 된 것은 기준이 오기 전에 있었던 듯한데, 이른
> 바 月支國(目支國)이 아마도 그것일 것이다.[23]
> • 마한이란 기자의 41세 손인 기준이 漢 惠帝 원년(서기전 194)에
> 위만을 피하여 바다를 건너 남쪽으로 금마저에 이르러 도읍을 정하고
> 국호를 마한이라 한 데서 비롯되었다.[24]
> • 중국의 사서를 보매 이른바 목지국이 곧 익산이 아닌가 한다. 마한
> 은 본디 스스로 나라를 지니고 있었는데 기준이 특별히 와서 습격하여
> 탈취한 것이거늘 …… 우리나라 지식인들이 매양 '기준이 남쪽으로 와서
> 비로소 그 나라[마한]를 열었다'라고 함은 그릇된 것이 아니겠는가.[25]

서 옛 고구려의 평양을 서경, 신라지역을 東州 낙랑부로 삼아 동경, 그리고 백제지역
을 金州 금마군으로 삼아 남경이라 했다는 설명과 비교할 만한 것이다. 물론 고려시
대의 남경은 금마군이 아니라 지금의 서울지역이지만,『송사』의 경우는 '金馬'나 필시
그로부터 연유한 '金州'라는 명칭이 백제 전체를 이르는 대명사로 쓰인 용례가 된다.
23 韓鎭書,『海東繹史續』卷3 地理考3 三韓, 馬韓.
24 李圭景,『伍洲衍文長箋散稿』經史篇5 論史類1 論史.
25 丁若鏞,『與猶堂全書』6집 地理集1 彊域考, 馬韓考.

이처럼 정통론의 논리가 강화되면서 마한의 역사적 위상은 점차 높아져 갔다. 당연히 익산[금마]에 대한 호명의 맥락도 달라져 갔다. 마한의 국가적 실체가 준왕의 남래 이전으로 소급되고, 백제가 마한을 토대로 성장한 것이 아니라 위만과 마찬가지로 마한에 대해 찬적의 행위를 한 것으로 폄절되었다. 금마는 마한의 중심 공간이자 표상의 지위를 획득한 반면, 백제의 군읍으로서 역할은 거의 방기되어 갔다. 백제의 금마저 혹은 금마군에 대한 음미는 마한 정통론이 강고해지기 이전 시기에 한정될 수밖에 없었다.

Ⅲ. 백제와 일통의 맥락

정통이란 일통의 배면이기도 하다. 안정복은 정통을 정의하면서, 신라의 경우는 문무왕 9년 이후로, 고려의 경우는 태조 19년 이후로 설정했다. 문무왕 9년(669)은 나당연합군의 공격 앞에 고구려의 평양성이 함락되고 왕을 비롯한 지배계급이 항복하거나 패멸된 이듬해이다. 문무왕은 그 해 2월 21일 두 적국, 즉 백제와 고구려에 대한 평정의 완수를 공식 선언하고 대규모의 사면 복권 및 부채 탕감의 교서를 공포하였다. 그러므로 문무왕 9년은 일통을 이룬 신라 왕조의 첫 해인 것이다.

한편 고려 태조 19년(836)은 태조가 직접 지휘하여 一利川 전투에서 神劍의 후백제군을 궤멸시킨 해이다. 이로써 한국사상 최대의 분권시대는 막을 내리고 이른바 후삼국은 오직 고려 왕조 아래 통섭되었다. 신라의 경순왕은 이미 1년 전에 스스로 나라를 들어 고려에 투신해 왔기 때문이다.

그런데 만약 신라의 일통 논리를 원용해 본다면, 고려 왕조의 일통 원년은 태조 20년이어야 할 듯하다. 그러나 '정통' 자체가 이미 지극히 명분론적 대상에 불과하듯이, 정통론자들은 고구려의 패멸과 후백제의 종말이 동일한 가치 영역에 있다고 보지 않는다. 즉 신라의 고구려에 대한 것은 나라를 병합한 체례(幷國之禮)였던 반면, 고려가 견훤(의 후백제)에 대한 그것은 도적을 평정한 체례(平賊之禮)라는 것이다. 후백제는 신라 태내의 叛賊에 불과하므로, 그것은 왕조 국가의 병합이 아니라 반적의 토평에 해당한다는 것이다. 태조 19년이 곧바로 일통 첫 해가 되는 연유이다.

전삼국 가운데 백제는 신라에 병탄되었다. 후삼국 가운데 백제는 다시 고려에 병탄되었다. 따라서 전후의 백제의 멸망은 늘 일통을 위한 현실의 조건이었다. 그러나 명분론적 인식 가운데에서 백제의 멸망 자체는 마치 일통의 필수 전제가 아니었던 것처럼 왜곡을 강요당했던 것이다. 경험된 사건과 후대의 인식 사이에는 이처럼 메우기 어려운 격절이 가로 놓여 있다.

고려시대의 익산 인식에는 그러나, 상대적이나마 조선시대에 비해 백제의 멸망과 일통의 완결 사이에 인과 관계가 긍정되었다. 그것은 현실의 경험 영역은 물론 명분의 영역에서도 고려되었다. 백제가 망할 즈음에 이미 고구려 평양의 강물이 핏빛이 되었던 것이 그 단서다. 다시 일 년 후, 백제를 멸망시킨 주역이자 그리하여 일통의 단서를 열고 토대를 굳게 다진 무열왕의 죽음에 당해, 금마군의 대관사 우물물이 피로 변하고 그 일대 땅에 유혈이 낭자한 현상이 나타났다. 이 거듭된 변고의 인과성을 명료하게 헤아리기 쉽지 않지만, 적어도 백제의 멸망이 궁극적 일통에 앞서 고구려 멸망을 향한 매개였던 의미 맥락이야 새삼 이를 나위가 없다.

어쩌면 허울에 불과한 고구려 왕통을 하필 금마저에 안치하고, 조만간 해체 분산시켜 고구려인으로서의 집단성을 소멸케 한 것도, 금마군에 일통의 완결을 위한 어떤 형태의 매개적 의미를 기대했던 때문일지 모른다. 그 경우 금마군은 백제사와 유리되어 독립적 의미를 지닐 위험도 없지는 않다. 실제로 부분적 국면에서는 백제 자체가 일통의 반려로서 정당하게 고려되지 못하는 사례가 이미 신라 당대에도 있었다. 고구려 盤龍寺 普德和尙이 完山 孤大山으로 옮겨갔다는 『삼국사기』의 정보를 단서로 이 문제에 대해 생각해본다.

『삼국사기』 고구려본기는 이 사건의 연대를 보장왕 9년(650)이라고 한다. 보덕의 명분은 나라에서 도교를 받들고 불교를 믿지 않는다는 것이었다. 그러나 얼마 뒤 고구려 사람들 사이에는 馬嶺 위에 神人이 나타나서 "너희 임금과 신하들이 사치스럽기 한이 없으니 패망할 날이 멀지 않았다"라고 하는 것을 보았다는 소문이 자자했다.[26] 그러므로 보덕의 이탈은 고구려 패망의 전조였다. 1091년에 고대산 景福寺를 찾은 大覺國師도 보덕이 方丈을 날려 온 뒤 동명왕의 고국이 위태로워졌다고 썼다. 보덕의 이암이 곧 고구려 패멸의 발단이 되는 것이다. 보덕은 파국에 앞서 어지러운 나라를 떠났으니, 곧 '避地'한 것이다. 완산은 지금의 전주이므로, 의자왕 재위 10년의 백제 땅이었다.

그런데 최치원은 이 사건이 乾封 2년(667) 3월의 일이라고 했다. 고구려가 패망하기 1년 전이다. 문무왕과 李勣이 지휘하는 나당 연합군이 고구려 공멸을 목전에 두고 평양을 향해 냉정하게 조여들어오는 상황이었다. 무엇보다 심중한 사실은, 이때는 이미 백제가 패망한 뒤라는 것이다. 보덕의 이탈이 단순한 '피난'과 다를 바 없게 되었다. 게다가 그가 향해 간 그곳은 신라의 땅이었다. 생각건대 이 사건

---

26 『三國史記』 卷13 高句麗本紀 寶藏王 13년(654).

은 자못 유명하였던 듯, 뒷날 김부식도『보덕전』을 지은 바 있었고,[27] 대각국사 역시 보덕이 '백제의 고대산'으로 방장을 옮겼다고 했다.[28] 반면에 최치원의『보덕전』을 추종한 李奎報는 보덕이 선택한 곳이 '신라의 완산'이라고 한다.[29]

사건 연대의 차이는 멸망기 고구려의 존경받는 불교지도자가 선택한 대안 왕조가 백제인가 신라인가를 가름하고 만다. 이규보는 1199년 가을부터 이듬해 말까지 全州牧에 부임해 있었다. 그는 1200년 10월 보덕의 방장이 있는 경복사를 찾아가고[30] 또 금마군 일대도 유력했으니, 보덕과 안승에 관한 현지의 전승도 접했을 것이다. 그러므로 이규보의 연대관은 단순한 선호나 취사의 문제만은 아닐지도 모른다. 그러나 무신정권 치하에서 삼국의 부흥을 표방한 분립 경향을 목도한 이규보는, 지방분권화 경향이 거세었던 쇠란기 신라의 최치원의 현실 인식과 역사 인식에 각별하게 공명하고 공감했을 가능성이 매우 크다.[31]

고려의 지식인들은 최치원이 태조 왕건을 위해 견훤의 무례한 서신에 대한 답신을 작성했다고 말한다. 또 고려 현종은 최치원이 "雞林은 누른 잎(黃葉)이요 鵠嶺은 푸른 솔(靑松)이라"는 맥락의 글을 태조에게 보내는 등 은밀히 태조의 창업을 도왔다 하여 그에게 관

27 『三國遺事』興法 寶藏奉老普德移庵, "文烈公[金富軾 ‒ 필자]著[普德 ‒ 필자]傳行世."
28 『大覺國師文集』卷17「孤大山景福寺飛來方丈禮普德聖師影」.
29 李奎報,『東國李相國全集』卷10「是月八日游景福寺明日訪飛來方丈始謁普德聖人眞容 板上有宗聆首座李內翰仁老所題詩堂頭老宿乞詩依韻書于末云」및 같은 책 卷23「南行 月日記」.
30 김창현,「문집의 遊歷 기록을 통해 본 고려후기 지역사회의 양상‒이규보의 전주권역 遊歷 기록을 중심으로」,『韓國史學報』52, 2013, p. 115.
31 이강래,「고려와 조선전기의 백제 인식」,『百濟史 總論』, 충청남도역사문화연구원, 2007, pp. 147~148.

작과 시호를 추증했다. 그 자신이 그러한 증언들을 수긍하건 안 하건, 최치원은 실제 신라의 지방관으로서 후백제의 군사력과 갈등했다. 그리고 고려 왕조의 후백제에 대한 관점과 인식은 종종 전백제의 그것으로 전이되곤 하였다.

크게 보면, 조선 왕조의 경우 마한 정통의 맥락에서는 금마군의 위상이 부상하면서 오히려 백제사로부터 유리되어 갔던 것과는 달리, 삼한 일통의 맥락에서는 일통의 단위로서 백제 가운데 금마군은 그다지 거론될 기회나 필요가 없게 되었다. 이것은 양면적 의미를 지닌다. 그 하나는 완고한 명분이 과거의 경험된 사실을 덜 억압하게 되었다는 것이다. 그러나 다른 하나는 그 결과 익산 관련 역사 경험에 대한 설명들이 종종 시공간의 정합성을 일탈한다는 것이다.

사실 엄밀하게 말해 조선의 개국은 구체적 일통의 결과는 아니다. 물론 조선의 창국에도 타성적으로 '統三之業'의 명분을 부여한 양성지의 사례가 보여주듯이,[32] 삼한은 이미 조선의 공간적 대명사이기도 했다. 따라서 조선 역시 일통의 논리로부터 완전히 자유로웠던 것은 아니다. 다만 정통의 경우와는 달리 일통의 맥락에서는, 백제 혹은 익산과 관련하여 서로 다른 인식들이 교섭하고 공존할 수 있었다.

한 예로 권근은 백제의 계백에 대해, 출정에 앞서 처자를 죽였으니 심히 무도하며, 광패하고 잔인하기가 그와 같았으니 싸우기 전에 이미 패배한 것이라고 말했다.[33] 그러나 최부는 반론한다.

> 장수가 된 이는 왕명을 받으면 그 집안을 잊고, 군사에 임해 서약을 하매 그 어버이를 잊거니와 …… 권근이 계백을 논하되 첫째 무도

---

32 梁誠之, 『訥齋集』 卷1 備邊十策 및 같은 책 卷2 奏議 便宜二十四事.
33 『三國史節要』 卷9 庚申年(660).

하다 하고 둘째 광패하고 잔인하다고 하였으나 …… 계백은 나라가 반드시 망할 줄을 알면서도 그 자신을 아끼지 않았는데 하물며 그 처자를 아끼겠으며, 그 처자를 아끼지 않았는데 더구나 君父를 배반하겠는가? 백제가 망할 때에 한 명의 충신이나 義士도 나라를 위하여 목숨을 바치는 사람이 없었는데, 유독 계백이 절의를 지켜 두 마음을 갖지 않았으니, 이것이 옛사람이 이른바 "나라가 망하면 함께 죽는다(國亡與亡)"라는 것이다.[34]

최부는 1488년 표류하여 중국에 상륙한 뒤 현지 관원에게 조선의 역대 사정을 간추려 말하는 가운데에서도 고구려와 백제의 인물로 오직 을지문덕과 계백을 꼽았다.[35] 사실 조선에서는 고구려보다는 백제의 성충과 계백을 신라의 김유신과 金陽, 그리고 고려의 강감찬과 정몽주에 비겨 충신의 전범으로 여겼다. 백제는 패망했으나 일통의 대상이자 조건으로서 그 정당한 위상이 부정되지는 않았다.

그와는 달리 금마군의 역사 경험은 왕조사의 줄기에 굳건히 귀속하지 못한 채 부유하였다. 고려의 충숙왕 16년(1329) 경, 금마군에 있는 '마한 무강왕'의 무덤으로 알려진 분묘가 도굴당한 사건이 발생했다. 당시에도 무덤 안에 부장된 금붙이를 노린 행위로 거론되었다. 그런데 그보다 한 세대 전에 집필된 『삼국유사』 왕력에는 백제의 무왕을 일러 '武康'이라고도 한다고 했다. 그러면서도 기이편 무왕조에서는 "백제에는 무강이라는 왕이 없다"는 이유로 이른바 '古本'에 있던 '무강왕'을 백제 무왕으로 단정하였다. 이것이 곧 연구자들로 하여금 『삼국유사』 왕력 편자와 기이편 서술자 사이의 단층을 주목하게 만든 주요 단서이기도 하다.

---

34 崔溥, 『錦南先生集』 卷1 東國通鑑論.
35 崔溥, 『漂海錄』 卷1 2월 初4일.

무왕조 서술자가 무강왕을 무왕으로 단정한 근거가 의외로 면밀치 않아 보인다. 동시에 그만큼 당시 세속에서 이르는 바, 무강왕이 무왕을 이른다는 데 폭넓은 공감이 형성되어 있었을 수도 있다. 그렇다 하더라도 금마군에 '마한 무강왕'의 릉이 있다는 세간의 인식을 『삼국유사』 서술자가 접하지 않았을 리 없다. 따라서 마한을 고구려 마읍산으로 매듭하려 한 그의 경직성이 '금마군의 마한왕릉'이라는 속설에 대한 배려를 인색하게 만든 바탕이었을 가능성이 크다. 여하튼 이 문제에 대한 인식은 고려 당대부터 혼란을 빚고 있다.

> 금마군은 본래 마한국이다[후조선왕 기준이 위만의 난리를 피해 바다에 떠서 남쪽으로 가 한지에 이르러 나라를 열고 국호를 마한이라고 했다]. 백제 시조 온조왕이 병합한 후로 금마저라고 불렀다. …… 미륵산에 석성이 있다[세속에서 전하기를 기준이 처음 쌓았다 하며, 그 때문에 기준성이라고 부른다]. 또 후조선 무강왕과 그의 비의 릉이 있다[세속에서는 末通大王陵이라고 하며, 일설에는 백제 무왕의 어릴 때 이름이 薯童이었다고 한다].[36]

금마군의 저명한 릉에 후조선 무강왕과 백제 무왕이 중첩되었다. 고려 당대에 도굴되었다 한 마한 무강왕의 무덤이 곧 이것이겠다. '서동'이라는 이름은 소년 시절 마를 캐 생업으로 삼던 데서 연유한 것이니, '말통'과 상통하는 사정을 짐작하기가 어렵지 않다.[37] 그러나 여러 갈래의 전승이 충돌 없이 수습될 도리는 없다. 필시 '고본'을 저본으로 작성되었을 『삼국유사』 무왕조의 내용은, 池龍과 여인의 교통으로 태어난 서동이 진평왕의 딸 善花와 혼인한 다음 막대한 황금

---

36 『高麗史』 卷57 志11 地理2. 『世宗實錄地理志』 全羅道 全州府 益山郡조에도 같은 내용이 있다.
37 『新增東國輿地勝覽』 卷33 益山郡 雙陵, "末通卽薯童之轉."

과 師子寺 知命法師의 신통력에 힘입어 백제 왕위에 오르고 미륵사를 창건했다는 것이다. 그러므로 무강왕을 후조선왕 혹은 마한왕으로 고려하는 순간, 그가 진평왕대의 미륵사 창건 연기담에 개입할 여지는 전혀 없다.

이익과 같은 경우는 마한을 '창업'한 시조 준왕의 시호가 곧 '무강'이라고 생각했다. 그러므로 익산의 릉은 무강왕 부부의 릉이며, 백제 무왕을 이르는 '말통대왕'의 릉이라는 속설은 근거가 없다고 했다.[38] 안정복 역시 한왕이 된 준왕이 곧 무강왕이며, 그 당시 익산 五金寺峰 서쪽의 雙陵이 곧 무강왕과 왕비의 릉이라고 논증했다. 아울러 선화부인과 함께 미륵사를 창건했다 한 무강왕은 백제 무왕의 오류라고 했다.[39]

그들은 일통의 주요 분자로서 백제를 수긍하면서도, 익산에 대해서는 의연히 일통보다는 정통의 단서요 표상으로 여겼던 때문이다. 특히 정통론의 관점에서 위만의 조선과 온조의 백제는 다를 바가 전혀 없다. 이들에게는 필시 마한의 '始終'이 익산에서 명료하게 해소되는 문제가 우선했던 것이다.

> 몽치 상투는 동으로 십제는 남으로 와 [椎髻東渡十濟南]
> 위만의 옛날 간지 온조 또한 같았으니 [衛氏故智溫王同]
> 땅 빌리기 쉽더니 나라 빼앗기 쉬웠다 [借地非難奪國易]
>   ……
> 동방의 정통이 영원할 것을 기약했으나 [東方正統期始終]
> 전철을 경계하지 않고 후회한들 미치랴 [前車不戒悔何及]
> 금마산 앞에서 왕업이 다하고 말았구나 [金馬山前王業窮][40]

---

38 李瀷, 『星湖僿說』 卷20 經史門 虎康王 및 前代君臣祠.
39 安鼎福, 『東史綱目』 卷1上 戊申年 및 附錄 上 考異 武康王.
40 李瀷, 『星湖全集』 卷7 海東樂府 「借地歎」.

익산의 역사 경험이요 그 물적 증거 가운데 주요한 두 인자인 무강 왕릉과 미륵사를 아우르기 위해서, 이러한 가름은 불가피했다. 만약 '고본' 방식대로 마한의 왕으로 공인되어 있던 무강왕과 미륵사 창건 을 분리하지 않으려다보면, "기준의 남천은 한 나라 혜제 정미년이 고, 신라 진평왕이 즉위한 것은 陳 나라 宣帝 大建 기해년(579)이니, 백공을 보내어 역사를 도왔다는 설은 몹시 허황되다"라는[41] 지적을 피할 도리가 없게 된다. 적어도 정통의 가치를 완전히 탈각하지 못한 조건에서는, 익산의 쌍릉은 후조선 무강왕과 왕비의 능이었다.

Ⅳ. 기억과 설명의 파생

고대 익산에 대한 인식의 범주에는 몇 가지 갈래가 분별될 수 있 다. 첫째, 사건 공간으로서 익산에 반영된 왕조의 역사는 후조선과 마한과 백제와 신라와 후백제에 걸쳐 전개되었다. 둘째, 정통론의 맥 락에서 익산은 후조선과 마한의 중심 도읍이었다. 셋째, 정통론의 바 탕을 이루는 일통의 논리에서 익산은 전삼국의 종결과 후삼국의 발 단에서 각별하게 활용되고 호명되었다. 넷째, 정통의 관념과 명분에 의해 마한과 백제의 역사적 연속성이 왜곡되듯이, 익산의 고대 유적 들은 무강왕과 무왕 사이에서 갈등하거나 착종되었다.

특정 공간에서 전개된 사건에 대한 기록이 경험 당사자들의 기억 과 설명을 반드시 옳게 반영하는 것은 아니다. 왜곡과 변형은 의도적 으로 혹은 의도하지 못한 채 다반사로 발생한다. 더구나 기록이란 때

---

41 李肯翊, 『燃藜室記述』別集 卷19 歷代典故 三韓.

로 하나의 중심 사건을 설명하기 위해 그에 기여하는 연관 사건들이 동원되는 구성물이기도 하다. 다시 말해 7세기의 대전란이 파국적 종결을 향해 치달아갈 때 평양의 강과 금마저에 핏물이 흐른 사건은, 결과로서의 일통을 경험한 후 비로소 환기된 연관 경험들임에 다름 아니다.

사건에 대한 기억이 분열되면서 새로운 설명의 파생도 거듭된다. 속성상 시공간의 정합성에 유의하는 역사 기록물이 아닌 경우, 설명이 범하고 있는 부조리와 자가당착조차 간과될 수 있다. 즉 조선시대의 사서와 지리서들에서는 점차 무강왕과 무왕이 분별되어 갔지만, 문인들의 서정 가운데 익산의 표상들은 다시 뒤섞이고 만다. 예컨대 金宗直은 미륵사 석탑 앞에서 돌연 '금마의 무강왕'을 추억한다.

> 귀신과 백성 공력 아득히 다해 [鬼功民力竟茫茫]
> 용화산 만길 언덕 밀치고 솟아 [上軼龍華萬仞岡]
> 천 년 석재는 죄안을 이루나니 [千載石材成罪案]
> 가련하구나 금마국 무강왕이여 [可憐金馬武康王][42]

사실 무강왕과 무왕을 '분별'한다는 것이 어떤 역사적 객관을 회복했다는 의미는 아니다. 오히려 『신증동국여지승람』에 소개된 세속의 전승, 즉 무강왕이 마한국을 세운 다음 선화부인과 함께 사자사 행차 도중 미륵의 현신을 인연으로 지명법사의 도움을 얻어 불전과 미륵상을 만들었으며 이때 신라 진평왕이 백공을 보내 도왔다는,[43] 그러므로 마한국 무강왕과 백제국 무왕의 시점이 뒤섞인 전승이야말로 '본래'의 설명일 것이다. 그것이 일찍이 『삼국유사』 찬자에 의해

---

42 金宗直, 『佔畢齋集』 卷21 詩 「益山彌勒寺石浮屠」.
43 『新增東國輿地勝覽』 卷33 全羅道 益山郡 佛宇.

백제 무왕의 이야기로 속단되었을 뿐이다. 속단은 무례했으나 미륵사 창사를 백제 무왕대로 회복시켜 놓은 것은 지지할 만한 실증이었다.[44]

다만 세상의 전승 및 그 전승을 반영한 '고본'의 행위 주체인 무강왕과 백제 무왕을 분별하거나 혹은 동일시하는 문제는 그와는 별개의 영역에 있다. 『삼국유사』로부터 200여 년 뒤까지도 이처럼 시인의 정서 속에서 무강왕은 여전히 미륵사와 온전히 별리되지 않았다. 물론 익산[금마]의 역사 공간에서 후조선[마한]과 백제를 회고하는 것이야 여느 시인의 서정인들 다를 바 없을 것이기도 하다. 김종직과 같은 때 활동했던 徐居正 역시 익산에 들어서서, "백제의 텅 빈 유허에 늙은 나무 쓸쓸한데(濟國遺墟空老樹) 기준의 옛 궁터에 석양만 비껴있었다(箕君故殿幾斜陽)"고 한다. 그가 마주했을 미륵사의 석탑도 외롭고 용화산 위 성벽도 메말랐으니, "백 년이 흐른다 한들 말없는 적요 가운데서 금마가 가여웠고(百年無語憐金馬) 발걸음 닿는 처처에서 마음이 아팠다(登臨無處不傷神)"하였다.[45]

그러나 익산의 역사 공간적 맥락이란 거슬러 오르다보면 백제 너머 마한, 그리고 다시 후조선으로 닿게 마련이니, 그 장구함에서 독보적이었다. 하물며 그곳은 고대 유교의 王者요 동방 문명의 표상인 기자의 유예가 응결된 곳이었다. 조선 중기의 문인 관료로서 익산으로 은퇴한 후 익산의 華巖書院에 배향된 蘇世讓은, 1557년에 쓴 글에서 "호남의 50여 읍 가운데 오직 우리 (익산)군만이 가장 오래되었으니 본래 마한의 무강왕이 도읍한 곳이라 궁터와 왕묘가 지금까

---

44 신종원, 「사리봉안기를 통해 본 『삼국유사』 무왕조의 이해」, 『익산 미륵사와 백제 - 서탑 사리봉안기 출현의 의의』, 일지사, 2011, p. 79.

45 徐居正, 『四佳集』 四佳詩集補遺3 詩類 「益山」.

지도 있다"라고 자부하였다.[46] 진주를 본관으로 하는 소씨는 스스로 箕氏에서 유래했다고 여겼다. 준왕의 후예라 하는 행주 기씨, 청주 한씨, 평양 선우씨 등과 유사한 경우라 하겠다.

그런가 하면 보덕국 안승 집단의 안착과 해체도 익산이 지니는 하나의 역사적 매듭이었던 터라, 기억 가운데 고구려의 잔영이 스며 깃들기도 했다. 한 예로 고려 공민왕대에 益山府院君으로 봉해졌던 李公遂는 익산 화암서원에 가장 먼저 배향되었는데, 이들 익산 이씨는 고구려 李文眞의 후손이라고들 말한다. 이문진은 고구려 영양왕 때 『新集』을 편찬한 이였다. 실제로 안승 집단을 위시한 고구려 유민들 가운데에는 금마저를 매개로 새로운 본향 의식을 형성하게 된 성씨들이 있었던 듯하다.[47] 최치원이 말하는 眞監禪師 慧昭의 경우도 그 가운데 하나로 여긴다.

　　선사의 法諱는 혜소요, 속성은 최씨이다. 그의 선조는 漢族으로 山東에서 벼슬하는 집안이었다. 수나라 군대가 요동을 정벌할 적에 고구려에서 많이 죽었는데, 그때 뜻을 굽혀 고구려의 백성이 된 사람들이 있었다. 그 뒤 聖唐의 시대에 와서 옛날 한사군의 지역이 판도로 들어올 적에, 지금의 전주 금마에 터를 잡고 살게 되었다.[48]

물론 신라 왕실조차 그 연원을 중국으로 설명했던 최치원의 사유를 감안할 필요는 있다. 그러나 고구려 멸망기 유민들의 이거와 보덕국의 추이를 배경으로 삼아 생각할 때, 진감선사 혜소의 사례는 충분한 설득력을 지닌다. 이처럼 준왕과 안승과 견훤 등 비교적 짧은 기

---

46 蘇世讓, 『陽谷先生集』卷14 記「益山東軒重新記」.
47 林炳泰, 「新羅小京考」, 『歷史學報』35 · 36, 1967.
　　강경구, 「三國史記 高句麗本紀의 成立」, 『古代의 三朝鮮과 樂浪』, 기린원, 1991.
48 최치원, 이상현 옮김, 『고운집』, 한국고전번역원, 2009, p. 360.

간의 빈약한 사실 정보로 이루어진 대상들에 대한 설명은, 시간이 흐르면서 차츰 정돈되어 갔다. 반면, 익산의 역사적 경험에서 가장 큰 비중을 점하여 마땅한 백제 관련 기억은 부분적으로 의연히 난맥을 일소하지 못하였다. 예컨대 金正浩는 익산에 대해 이렇게 말한다.

> • 본래 백제의 今麻只인데 무강왕 때 성을 쌓아 別都를 두고 금마저라고 불렀다. 당이 백제를 멸망시키고 마한도독부를 두었다.[49]
> • 금마를 마한이라 하는 설명 역시 당이 마한도독부를 금마군에 둔 데에서 비롯한 것이다. 여러 책들을 살펴보매 금마는 백제가 부여로 남천한 뒤의 별도였다. 그런데 그 곳에 있는 옛 성과 옛 절과 옛 무덤을 모두 기준의 것으로 전하는 것은, 대개 기준의 남천이 險瀆에서 시작하였으나 그 뒤의 연대와 國都를 명료히 말할 수 없는 탓이다.[50]

김정호에 의하면, 무강왕은 오직 백제 법왕의 아들인 무왕이며, 그를 기준이라 한 것은 잘못이라고 한다. 미륵사는 백제 무강왕과 선화부인이 창사한 것이고, 용화산 위의 옛 성도 백제 무강왕이 쌓은 것이며, 오금사의 쌍릉 또한 백제 무강왕과 왕비의 릉이라고 한다. 무강왕을 백제 무왕이라고 단정한 것은『삼국유사』찬자의 판단과 다를 바 없다. 그러나 더 나가 그는 익산의 유적들에서 준왕의 자취를 부정하고, 마한 관련 전승은 백제 패망 이후 마한도독부에서 비롯한 것이라고 생각했다. 그리고 금마는 사비시대의 별도였다고 판단했다. 요컨대 백제의 무왕을 후세에 잘못 '무강왕 기준'으로 일컬었다는 것이다.[51] 조선 초 지리서들에 보이는 '후조선 무강왕'의 행적들이 모두 백제 무왕의 것으로 환치되는 순간이다.

---

49 金正浩,『大東地志』卷11 八道地志 全羅道 益山 沿革.
50 金正浩,『大東地志』卷29 方輿總志1 箕子朝鮮.
51 金正浩,『大東地志』卷31 方輿總志3 百濟, 別都.

특히 금마 별도설은 뒷날 『관세음응험기』의 출현으로 비상한 전개를 보인 무왕의 익산 천도설과 맞물려 아연 주목을 받게 되었다. 백제 무광왕의 枳慕蜜地 천도와 백제 무강왕의 별도 今麻只 문제는 자연히 백제 무왕의 '정치 행위'로 귀일했다. 사실 김정호가 주목한 성지, 사지, 능묘들 자체가 이미 국도의 중요 요건이기도 했다.[52] 견훤의 탄생 설화에 보이는 지렁이(蚯蚓)는 원형의 용이 왜곡 변용된 것이듯이,[53] 그것은 무왕의 부계 池龍의 경우와 함께 동일한 人物交媾 모티프의 파생물이다. 백제 무왕[무강왕, 무광왕]의 도읍도 마한국왕 및 보덕국왕의 도읍과 동렬에서 음미될 일이다.

다만 후대의 기억과 설명의 파생은 특히 시간의 제약에서 자유롭기 일쑤인지라, 백제왕의 그것이 마한국왕 도읍의 원형이 아니라고 단정할 만한 필연은 없다. 즉 이 문제와 연관한 최근의 궁리 가운데에서는 "백제 말에 있었을 마한의 역사 잇기라는 정황"을 감지하거나,[54] "무왕 즉 무광왕(무강왕)은 마한 고지인 이 지역에서는 마한 왕이라고 관념되거나 말해졌을 가능성"도 가늠하고 있는 것이다.[55] 실로 고대의 역사 공간으로서 익산은 『삼국지』에 보이는 '조선왕' 준의 '한왕'으로의 변전에서 시작하여 백제의 금마산 '개국'이라는 견훤의 인식에 이르기까지에 걸쳐 있다. 그리고 그에 대한 고려와 조선시대의 인식은 무강왕-무왕-무광왕의 짝이나 지모밀지-지마마지-금마지(저)의 짝과 다를 바 없이 축적적이지도 연속적이지도 않은 채 변용과 파생이 무성했던 것이다.

---

52 黃壽永, 「百濟帝釋寺址의 硏究」, 『百濟硏究』 4, 1973.
53 姜鳳龍, 「甄萱의 勢力基盤 擴大와 全州 定都」, 『후백제 견훤정권과 전주』, 주류성, 2001, pp. 95~96.
54 나경수, 「薯童說話와 百濟 武王의 彌勒寺」, 『韓國史學報』 36, 2009, p. 414.
55 金基興, 「서동설화의 역사적 진실」, 『歷史學報』 205, 2010, p. 165.

익산, 마한·백제연구의 새로운 중심

익산지역의
발굴성과와 과제

김선기
원광대학교 박물관 학예연구팀장

김규정
전북문화재연구원 원장

I. 머리말

　익산지역에서 유적에 대한 최초의 발굴조사는 익산 쌍릉으로 일제 강점기 일인학자에 의해 이루어졌다. 1960년대에는 미륵사지에 대한 긴급 수습조사가 있었으나 극히 제한적인 조사였다. 익산에 산재해 있는 백제 유적 연구의 필요성을 느껴온 원광대학교에서는 1973년에 마한·백제문화연구소를 설립하였다. 이후 본 연구소에 의해 1974년 미륵사지 동탑지 발굴조사가 이루어졌으며, 왕궁리유적에 대한 시굴조사도 있었다. 이러한 조사는 방대한 유적의 부분적인 조사였으며, 본격적인 발굴조사가 이루어진 것은 문화재관리국 문화재연구소에서 1980년에 시작한 미륵사지 종합발굴조사라고 할 수 있다. 이후 1990년대까지는 주로 마한·백제문화연구소와 국립부여문화재연구소에 의해서 다양한 지역에 대한 발굴조사가 이루어졌는데 대부분 익산지역 백제문화유산의 실체를 밝히고자 하는 학술조사에 치중하였다.

　2000년대 이후에는 익산지역도 도로개설·공단조성·관광지조성 및 호남고속철도 건설 등 본격적인 개발 사업이 시작되었다. 개발에 따른 구제발굴조사가 늘어나고 이를 감당하기 위하여 호남문화재연구원과 전북문화재연구원이 설립되었다. 이후 익산지역의 발굴조사는 이들 3개 기관과 국립부여문화재연구소에 의해서 주도되어 왔다.

　여기에서는 우선 익산의 자연환경과 역사를 알아보고, 익산의 유적발굴조사가 어떻게 전개되어 왔는지를 살펴보고자 한다. 그리고 시굴조사나 발굴조사가 시행된 유적을 시대와 성격별로 분류하여 그 성과를 살펴보고, 익산 유적조사의 향후 과제를 기술해보고자 한다.

　끝으로 구석기시대로부터 삼한시대까지와 백제 분묘의 유구 설명과 과제는 김규정이 나머지는 김선기가 기술하였음을 밝혀둔다.

Ⅱ. 익산의 자연환경과 역사

1. 자연환경

익산시는 전라북도의 북서부에 위치하며 동부는 완주군과 남부는 만경강을 경계로 김제시와 서부는 임옥평야와 금강을 경계로 충남의 부여군 그리고 북부는 논산시와 접하고 있다. 지세는 동부지역은 험준한 천호산의 줄기가 가로막고 있으며, 서부는 금강이 흐르고, 남부는 김제평야와 연결된 평야지대로서 그 중간에 만경강이 흐르고 있다. 특히 평야지역은 오랜 침식에 의한 파랑상의 준평원 일부라고 할 수 있는 구릉지와 만경강에 의해 이루어진 하천 퇴적작용 결과 형성된 충적평야로 이루어졌다.

지질구조는 선캄브리아기의 화강암질 편마암으로 구성된 변성복합체·퇴적암류·화산암류 등 풍화에 강한 암석들이 분포하는 동부 산간지대와 대부분 풍화되기 쉬운 쥬라기의 화강암류가 기반암을 이루는 산간의 분지와 서부평야지대로 구분되어 분포하고 있다.

2. 역사

역사적인 맥락에서 익산을 살펴보았을 때 먼저 마한과의 관계를 거론하지 않을 수 없다. 고려시대이후 우리나라 문헌에서 마한과 관련된 지역이 바로 익산임을 적시하고 있기 때문이다. 그러면 우선 마한의 성립시기를 살펴 볼 필요가 있다. 여기에는 많은 이설이 있어왔는데, 이는 문헌기록의 상이함에서 비롯된다고 할 수 있다. 우선 중국측 문헌인 『後漢書』에는 위만에 격파된 준왕이 수천의 무리를 거느리고 바다로 들어와 마한을 격파하고 한왕이라 하였다고 되어 있다.[1] 그리고 『三國志』는 준왕이 연나라에서 망명한 위만의 공격을 받아 근신과 궁인들을 거느리고 도망, 바다를 경유하여 한의 지역에 거주하면서 스스로 한왕이라 칭하였다고[2] 기록되어 있다. 그러나 우리나라 사서인 『三國遺事』나 『高麗史』에서는 준왕이 당도한 한의 땅에 마한을 건국하고 있음을 기록하고 있다.[3] 때문에 마한의 건국 시기는 준왕의 남분 전과 남분 후라는 2개의 설로 크게 나눠진다.

준왕 남분 시기인 B.C. 198년 이전에 이미 마한소국이 성립되어 있었다고 보는 설은 『後漢書』기록 뿐 만 아니라 『三國志』동이전 변진한조에 나오는 중국 진나라의 역을 피하여 들어온 망인(亡人)의 집단에게 마한은 동쪽 변방의 땅을 나누어 주었다는 기록을 바탕으로 대체로 B.C. 3세기경에는 마한소국이 성립된 것으로 보기도 한다.[4] 늦게는 B.C. 108년 위씨조선의 멸망전후 유이민 집단의 남하 이동이 계기가 되어 삼한을 구성하게 되었다고 하기도 한다.[5] 어떻든 마한과 관련이 깊은 조선왕 준의 남분 지점이 중국측 사서에는 막연하게 기록되어 있지만 우리나라 고려시대 이후의 사서에는 모두 익

---

1 『後漢書』東夷列傳 韓條.
  朝鮮王準爲衛滿所破乃將其餘衆數千人走入海攻馬韓破之自立爲韓王準後絶滅馬韓人復自立爲辰王.
2 『三國志』魏志 東夷傳.
  準旣僭號稱王爲燕之亡人衛滿所奪將其左右宮人走入海居韓地自號韓王.
3 『三國遺事』馬韓條.
  衛滿擊朝鮮王準率宮人左右越海以南至韓地開國號馬韓甄萱上太祖書云昔馬韓先起赫世勃興於是百濟開國於金馬山.
  『高麗史』地理志.
  金馬郡本馬韓國後朝鮮王箕準避衛滿之亂浮海以南至韓地開國號馬韓百濟始祖溫祚王幷之自後乎金馬渚新羅景德王改今名.
4 盧重國, 「馬韓의 成立과 變遷」, 『馬韓百濟文化』10, 圓光大學校 馬韓 · 百濟文化研究所, 1987.
5 李基東, 「百濟의 成長과 馬韓倂合」, 『百濟史叢』, 百濟文化開發研究院, 1990.

산임을 적시하고 있다. 그러나 이러한 역사적인 기록도 실증사학을 바탕으로 하는 사학자들에 의해 부정되어 지기도 하면서 마한과 관련된 준왕의 남분 지점에 대해서 많은 이설이 있음도 사실이다.[6]

또한 익산은 마한 맹주국으로서의 목지국에 비정되는 지역이기도 하다. 『후한서』에 보면 준왕 이후 그 세력은 절멸하고 다시 마한인이 자립하여 진왕이 되었다고 기록되어 있다. 이 진왕은 54개 마한소국에 있어서 맹주적 역할을 하면서 목지국을 다스리고 있었음을 알 수 있어 목지국의 위치에 대하여 전통적 견지에서는 금마를 중심으로 한 익산설을 주로 따라 왔다.[7] 그러나 이후 이설이 등장하여 충청도의 직산설,[8] 예산설,[9] 인천설,[10] 서울위례성설,[11] 그리고 후기 목지국으로서 나주 반남면설[12] 등이 그것이다.

백제시대에 들어와서는 시조 온조가 마한을 병합하고 금마저라 불렀으며,[13] 30대 무왕은 익산에 궁성을 짓고 천도를 하였다는 천도설과 별도설 등이 있다.[14] 통일신라시대에는 신라의 문무왕이 고구려의

---

6 준왕 남분의 위치비정에 있어서 이병도는 경기도 광주설을, 천관우는 직산설을, 김정배는 익산설을 주장하여 왔고, 노중국은 익산설을 따르고 있으며, 성주탁은 강화도설을 주장한바 있다.

7 정약용(『疆域考』三韓總考), 韓鎭書(『海東繹史』地理考), 신경준(『疆界誌』) 등이 준왕의 남분에 관련이 있다고 전해지는 익산에 관심을 두고 있다. 그리고 최몽룡은 나주 반남면의 최후 목지국 이전에 익산에 있었던 것으로 판단하고 있다.

8 이병도, 「삼한문제의 연구」, 『한국고대사연구』 24, 한국고대사학회, 1976.

9 김정배, 「준왕 및 진국과 삼한정통론의 제문제」, 『한국사연구』 13, 한국사연구회, 1976.

10 천관우, 「目支國考」, 『한국사연구』 24, 한국사연구회, 1978.

11 신채호, 「전후삼한고」, 『조선사연구초』, 1929.

12 최몽룡, 「마한 목지국 연구의 제문제」, 『한국상고사』, 한국상고사학회, 1989.

13 『高麗史』卷57 地理2, 金馬郡條.
   金馬郡本馬韓國百濟始祖溫祚王幷之自後號金馬渚新羅景德王改今名…….

14 천도론자들은 천도의 근거로서 왕궁성 등 백제 무왕과 관련된 유적과 함께 문헌적인 근거로 『觀世音應驗記』를 들고 있으며, 별도는 김정호의 『大東地志』에서 처음 주장되

유족 안승을 금마저에 옮기어 보덕왕이란 봉작을 주었다가[15] 그들의 반란으로 신문왕 4년에 보덕국을 폐하였다.[16] 그리고 경덕왕대에는 금마저를 금마군으로 고쳐 불렀으며, 고려 1314년(충혜왕 5)에 원나라 순제의 황후 기씨의 고향이라 하여 군을 주로 승격시켜 익주라 부르기도 하였다.[17] 이때의 지명인 익주는 오늘날 익산시의 연원이 된다. 조선시대에는 태종 13년 익주를 익산군으로 바꾸었고, 근대에 들어와 1913년 익산·여산·함열·용안 등 4개 군의 통합 이후 군내에는 18개면이 되었다. 1914년 익산군청이 금마에서 이리로 옮겨졌으며, 1931년 4월 지방제령 개정에 의한 읍·면제 실시에 따라 익산은 읍이 되었고, 그 해 11월에는 이리읍이 되었다. 1947년 이리읍이 이리부로 승격되어 익산군에서 분리되었고, 1949년에 이리시로 승격되었다. 1961년에는 황화면이 충남 연무읍으로 편입되었고, 1974년 7월 북일면 전 지역이 이리시에 편입되었다. 1979년 5월 함열면이 읍으로 승격되어 1읍 14면 1출장소로 이루어졌으며, 이후 1993년 익산군과 이리시가 통합되어 익산시가 되었다.

Ⅲ. 익산지역 발굴조사의 전개

익산지역 최초의 발굴조사는 일제강점기인 1916년 일본인 마쓰이

었다.

15 『三國史記』卷6, 新羅本紀 文武王10年條.

16 『三國史記』卷6, 新羅本紀 神文王4年條.

17 『高麗史』卷57 地理2, 金馬郡條.
……自後號金馬渚新羅景德王改今名至高麗來屬忠惠王後伍年以元順帝奇皇后外鄕升益州.

(谷井濟一)에 의해 오늘날 익산 쌍릉으로 불리는 대왕릉과 소왕릉의 발굴이 시작되었다.[18] 이 능은 고려 충숙왕 때 이미 도굴되었기 때문에 이렇다 할 유물은 남아 있지 않았으나 판석으로 만든 굴식돌방무덤이라는 사실이 밝혀졌다. 이후 50년간은 익산지역에서 고고학적 조사는 전혀 이루어지지 않았다. 그러다가 1965년 미륵사지가 위치해 있던 노상마을에서 주민들이 하지보를 막기 위해 굴착을 하던 중 건물지가 나타나므로 당시 문화재관리국에 신고하여 미륵사지에 대한 아주 부분적인 수습조사가 이루어졌을 뿐이다.[19] 다음 해 정식 발굴조사는 아니지만 김원룡 선생에 의해 금마 오금산 출토 청동자료에 대한 보고가 있었다.[20]

익산지역의 금마면 미륵사지나 왕궁면 왕궁리유적 등의 백제시대 유적들에 대한 학계의 관심이 높아지면서 원광대학교에서는 1973년 마한·백제문화연구소를 창설하게 되었다. 연구소 창설 이후에 익산의 백제문화에 대한 본격적인 연구가 시작되었고, 백제 무왕의 익산천도 가능성도 이때부터 등장하였다. 여기에 힘입어 백제유적에 대한 본격적인 학술조사가 금마와 왕궁면을 중심으로 이루어졌는데, 1974년에서 1976년에 걸쳐 시행된 미륵사지 동탑지 발굴조사와[21] 왕궁리유적 시굴조사였다.[22] 미륵사지 동탑지 발굴조사에서는 탑 기단부가 거의 완벽하게 조사되었으며, 왕궁리유적에서는 궁장 일부

---

18 谷井濟一, 「益山 雙陵」, 『大正六年度調査報告』, 朝鮮總督府, 1920.

19 洪思俊, 「彌勒寺址 發掘作業略報」, 『美術資料』 7-5, 韓國美術史硏究會, 1966.

20 金元龍, 「益山 伍金山 出土 多鈕細文鏡과 細形銅劍」, 『美術資料』 8-3, 韓國美術史學會, 1967.

21 圓光大學校 馬韓·百濟文化硏究所, 「益山 彌勒寺址 東塔址 및 西塔調査報告書」, 『馬韓·百濟文化』 創刊號, 1974.

22 圓光大學校, 馬韓·百濟文化硏究所, 「益山 王宮里 城址 發掘調査報告書」, 『馬韓·百濟文化』 2, 1977.

와 왕궁리오층석탑의 북쪽에 위치한 사찰건물지가 조사되었다. 하지만 1970년대에도 단편적인 발굴조사에 그칠 수 밖에 없었다. 왜냐하면 그때까지도 전라북도 지역에 과학적이고 합리적인 발굴조사를 담당할 수 있는 인력은 거의 없었기 때문이라고 생각한다. 이러한 전문인력의 부재는 1970년대 초반부터 광활한 구릉지대에 건설되기 시작한 익산수출자유지역 공단조성사업에서 단 한건의 문화재 조사도 이루어지지 않았다는 점에서 익산 고고학사의 뼈아픈 기억으로 되씹어 봐야 할 것이다.

익산지역에 본격적인 발굴조사가 이루어진 것은 1980년대에 들어와서부터라고 할 수 있다. 그 최초의 조사가 미륵사지에 대한 종합적인 발굴조사였다. 당시 문화재관리국 문화재연구소에서 1차 5개년씩 10년간의 조사계획을 수립하고 조사에 착수했다.[23] 그러나 방대한 유적을 조사하는 데는 세월이 더 소요되어 1996년에야 마무리되어 장장 17년간이라는 당시 단일유적으로서 가장 오랜 기간 발굴조사가 이루어졌다는 기록을 남기게 되었다.[24]

이 외에도 1980년대에는 금마를 중심으로 한 일원에서 활발한 학술조사가 이루어졌다. 2차에 걸친 익산토성 발굴조사가 있었으며,[25] 이 무렵 익산군 일원에 대한 지표조사가 이루어져 미흡하나마 대체적인 익산의 유적 현황이 밝혀졌다.[26] 이때 찾아진 웅포리 폐고분군 발굴조사도 이루어졌다.[27] 이 외에 금마면 신용리의 백제토기요지 조

---

23 文化財管理局 文化財硏究所, 『彌勒寺 遺蹟發掘調査報告書 Ⅰ』, 1989.
24 國立夫餘文化財硏究所, 『彌勒寺 遺蹟發掘調査報告書 Ⅱ』, 1996.
25 圓光大學校 馬韓·百濟文化硏究所, 『報德城 發掘調査略報告(一名 益山土城)』, 1981; 圓光大學校 馬韓·百濟文化硏究所, 『益山伍金山城發掘調査報告書』, 1985.
26 圓光大學校 馬韓·百濟文化硏究所, 『益山郡文化財地表調査報告書』, 1986.
27 圓光大學校 馬韓·百濟文化硏究所, 『益山 熊浦里 百濟古墳群 發掘調査報告書』, 1988.

사,[28] 법당을 신축하기 위해 연동리 석불좌상과 광배의 보호각을 제거하는 과정에서 삼기면 연동리사지(석불사) 조사[29] 등이 이루어졌다. 그리고 문화재연구소(국립부여문화재연구소)에서는 익산 왕궁리유적의 성격을 밝히기 위해 1989년부터 발굴에 착수해 오늘날까지도 조사는 계속 이어지고 있다.[30]

　1986년 봄에는 웅포면 입점리고분군 발굴조사도 이루어졌다.[31] 산짐승을 잡기 위해 굴착한 한 고등학생에 의해 처음 발견되었는데, 관계당국에 신고되기 전 이미 유물은 옮겨졌고 고분의 바닥은 모두 파헤쳐졌다. 입점리 1호분이 품고 있었던 금동관모, 금동신발 등의 금동제품과 중국청자와 백제시대 토기 등은 백제 무령왕릉 발견 이후의 최대 발견이 될 수 있었으나 이미 유물은 그 위치를 떠나고 일부는 훼손되어 아쉬움을 금할 수 없었다.

　1990년대에도 익산지역의 학술조사는 계속되었다. 미륵사지와 왕궁리유적의 조사가 계속 이루어지면서 2차에 걸친 금마면 신용리의 미륵산성 동문지 조사,[32] 금마면 서고도리 저토성 시굴조사,[33] 금마면 신용리의 사자암 발굴조사,[34] 왕궁면 왕궁리의 제석사지 시굴조사,[35]

28　全榮來, 「益山新龍里百濟土器窯址」, 『古文化』 19, 韓國大學博物館協會, 1988.
29　金善基, 「益山 百濟蓮洞里寺址 調査研究」, 『韓國哲學宗敎思想史』, 圓光大學校 宗敎問題研究所, 1990.
30　國立夫餘文化財研究所, 『王宮里 發掘調査報告書 I~IX』, 1993~2013.
31　문화재연구소, 『익산 입점리고분 발굴조사보고서』, 1989.
32　金善基 · 趙相美, 『益山彌勒山城 東門址周邊發掘調査報告書』, 圓光大學校 馬韓 · 百濟文化研究所, 2001.
33　金善基 · 趙相美, 『益山猪土城試掘調査報告書』, 圓光大學校 馬韓 · 百濟文化研究所, 2001.
34　國立夫餘文化財研究所, 『獅子庵發掘調査報告書』, 1994.
35　김선기 · 김종문 · 조상미 · 임영호, 『益山 帝釋寺址 試掘調査報告書』, 圓光大學校 馬韓 · 百濟文化研究所, 1994.

웅포면 웅포리 백제고분군 발굴조사,[36] 낭산면 성남리 백제고분군 발굴조사,[37] 황등면 율촌리 분구묘 발굴조사[38] 등이 이루어졌다. 이러한 일련의 조사를 통해 저토성은 백제시대에 축조되었으며, 미륵산성의 석성부분은 통일신라시대에 축조되어 조선시대까지 사용된 것으로 확인되었다. 사자암은 지형적인 조건 때문에 백제시대 유구는 확인할 수 없었지만 백제시대 기와를 확인할 수 있었으며, 제석사지는 제한된 지역에 대한 시굴이었으나 당시 가람배치의 양상을 확인할 수 있었다. 그리고 성남리고분군에서 밝혀진 석실구조는 7세기대 익산의 백제유적과 관련이 있는 고분임이 확인되었다. 그리고 율촌리 분구묘 조사는 익산지역 최초로 마한과 관련된 유구로 판단되었다.

1990년대는 익산지역에서도 비로소 구제발굴이 이루어진 시기였다. 그 최초의 예가 원광대학교 마한·백제문화연구소에 의해 실시된 익산시 영등동 택지개발지구내 긴급발굴조사이다.[39] 이 조사는 이후 발굴로 이어졌고, 여기에서 청동기시대 이후의 많은 유구와 유물이 쏟아져 나왔다. 이러한 일련의 조사는 매장문화재에 대한 관계공무원 등의 인식의 변화를 가져오게 했다. 이후 익산시 신동리 간이골프장 시설부지내 조사와[40] 앞서 조사된 익산시 부송동 택지개발지구

36 崔完奎,『益山 熊浦里 百濟古墳群』, 百濟文化開發研究院·圓光大學校 博物館, 1995.
37 崔完奎·金鐘文,『益山 城南里 百濟古墳群』, 圓光大學校 博物館, 1997.
38 崔完奎·李永德,『익산 율촌리 분구묘』, 圓光大學校 馬韓·百濟文化研究所, 2002.
39 崔完奎·金鐘文·金善正,『益山 永登洞 遺蹟』, 圓光大學校 馬韓·百濟文化研究所, 2000.
40 崔完奎·趙仙榮·朴祥善,『益山 信洞里遺蹟 -5·6·7지구-』, 圓光大學校 馬韓·百濟文化研究所, 2005; 崔完奎·趙仙榮·朴祥善,『益山 信洞里遺蹟 -1·2·3지구-』, 圓光大學校 馬韓·百濟文化研究所, 2006.

내 긴급발굴조사에서도[41] 청동기시대 주거지와 초기철기시대 유구들이 조사되어 비로소 익산의 선사문화유적이 구체적으로 밝혀지기 시작한 시기이기도 하다.

1970년대 중반 이후 1990년대까지는 주로 학술조사가 이루어졌으며, 일련의 조사는 금마를 중심으로 한 백제문화의 실체를 밝히는데 초점이 맞춰져 있었다. 그리고 이러한 조사를 수행했던 기관은 원광대학교 마한·백제문화연구소, 국립문화재연구소와 국립부여박물관이라는 기관에 의해 주도되었다.

문화재 조사 업무의 폭증으로 1999년과 2002년에는 재단법인 '호남문화재연구원'과 '전북문화재연구원'이라는 조사연구 전문기관이 설립되면서 2000년대에는 익산의 유적조사에 이들 기관도 적극 참여하게 되었다. 그리고 발굴조사도 대규모의 택지조성이나 관광지, 도로건설 등의 개발로 인해 그 동안의 학술조사에서 구제발굴 중심의 조사가 진행되기 시작했다. 2000년대 유적이 확인된 시·발굴조사 건수도 40여 건으로 늘어났다. 조사된 유적도 2000년대 이전에는 백제시대 유적조사가 주류를 이루었다면, 이후는 구석기시대 이후 선사시대 유적조사가 주류를 이루며 삼국시대 이후의 유적도 조사된 시기이도 하다.

2000년대에 조사된 주목할 유적은 여산면 원수리 익산 농수산물 유통 및 가공단지 신축부지내에서 조사된 구석기유적이다.[42] 시굴조사만 실시되고 발굴조사로 이어지지 못했지만 익산지역 최초의 구석기시대 문화층을 조사했던 유적이다. 이후 왕궁면 쌍정리 공장신축

---

41 李信孝, 「裡里 富松洞住居址」, 『湖南考古學報』 1, 湖南考古學會, 1993.
42 김건수·최미노·김진, 『익산신막유적』, 湖南文化財研究院, 2002.

부지내의 쌍정리유적에서도 구석기시대 문화층이 발굴되었다.[43]

도로개설 및 확장공사에 의한 조사는 익산 하나로 개설공사에서 밝혀진 간촌리유적,[44] 금마~연무대간 도로공사에서 조사된 여산면 원수리유적,[45] 익산~장수간 고속도로에서 밝혀진 왕궁면 구덕리 사덕유적,[46] 고속국도 제25호선 논산~전주간 확장공사 제2지역 구간에서 조사된 왕궁면의 광암리유적과[47] 제1지역의 왕궁면 동용리유적,[48] 시도 31호선 용연~서두 도로개설 구간인 삼기면 서두리유적,[49] 익산 백제로 건설공사 2차구간인 삼기면 기산리유적[50] 등이 있다. 여기에서는 청동기시대로부터 조선시대에 이르는 주거지와 더불어 석실묘·석곽묘·옹관묘·토광묘·요지·건물지 등 다양한 유적들이 확인되었다. 이중 사덕유적은 유적의 일부가 보존지역으로 설정되었지만 100기 이상의 주거지와 수혈, 31기의 분묘와 가마등이 조사되어 대규모의 복합취락임을 알 수 있었다.

익산시 웅포면 웅포리 일원에서는 곰개나루 관광지나,[51] 골프장 건설[52] 등 관광지 개발 사업으로 인해 대규모의 발굴조사가 이루어졌

---

43 김미란·김진·안효성·송은영·장기재,『益山 雙亭里 舊石器遺蹟』, 全羅文化遺産研究院, 2012.

44 金建洙·金奎正·李恩政,『益山 間村里 遺蹟』, 湖南文化財研究院, 2002.

45 金建洙·韓修英·陳萬江,『益山 源水里 遺蹟』, 湖南文化財研究院, 2004.

46 湖南文化財研究院,『益山 射德遺蹟 I·II』, 2007.

47 全北文化財研究院,『益山 光岩里 遺蹟』, 2009.

48 全北文化財研究院,『고속국도 제25호선 논산-전주간 확장구간내 益山 東龍里 古墳群』, 2008.

49 全北文化財研究院,『益山 西豆里 遺蹟』, 2011.

50 全北文化財研究院,『益山 箕山里 遺蹟』, 2012.

51 圓光大學校 馬韓·百濟文化研究所,『益山 熊浦 곰개나루 觀光地 文化財 試掘調査 報告書』, 2002.

52 圓光大學校 馬韓·百濟文化研究所,『益山 熊浦 觀光團地 造成敷地內 百濟古墳群 試掘調査 報告書』, 2002; 圓光大學校 馬韓·百濟文化研究所,『益山 伍龍里 遺蹟』, 2013; 全北文化財研究院,『益山 熊浦里 遺蹟 I』, 2008.

다. 여기에서는 신석기시대로부터 조선시대에 이르는 다양한 유적들이 확인되었는데 익산에서 처음으로 신석기시대 주거지가 조사되었으며, 주거지·석실묘·석관묘·옹관묘·토광묘·토기가마 등이 조사되었다. 그리고 익산 쌍릉 테마관광지 조성사업 부지내의 조사도 이루어졌는데,[53] 여기에서는 건물지의 형태는 알 수 없으나 백제시대 수막새 1점과 기와편들이 출토되었다. 이곳은 무왕과 선화비의 능으로 전하는 쌍릉과 관련된 유적이었을 것으로 판단되는데, 이들에 대한 정확한 성격을 밝히기 위해서는 향후 조사가 필요하다.

한편, 2000년대 후반에는 익산시 서부지역인 송학동과 모현동의 주택단지 건설 등에 의한 조사가 집중되었다. 조사된 유적은 배산 체육공원 조성사업 부지내의 발굴조사와[54] 송학동 국민임대주택 건설부지내 유적,[55] 장신지구 국민임대주택 건설부지내 유적,[56] 배산지구 택지개발 건설부지내 유적,[57] 모현동 교회 신축부지내 유적[58] 등이 있다. 이들의 조사에서 청동기시대부터 조선시대에 이르는 주거지·주구묘·분구묘·석관묘·석곽묘·옹관묘·토광묘·가마·건물지·지상건물지 등이 조사되어 대규모의 복합취락이 있었음을 알 수 있었다.

2000년대에는 학술조사도 있었는데 왕궁리유적의 발굴조사가 계속되었으며, 미륵사지에서는 강당지 북편 배수로 정비구간 내의 조

53 圓光大學校 馬韓·百濟文化硏究所, 『益山 石旺洞 遺蹟』, 2012.
54 全北文化財硏究院, 『益山 杯山 遺蹟』, 2007.
55 全北文化財硏究院, 『益山 松鶴洞 遺蹟』, 2008.
56 全北文化財硏究院, 『益山 長新里 遺蹟 -高麗·朝鮮-』, 2010.
57 湖南文化財硏究院, 『益山 慕縣洞 2街 遺蹟 I·II』, 2011.
58 圓光大學校 馬韓·百濟文化硏究所, 『益山 慕縣洞 遺蹟』, 2011.

사와[59] 미륵사지 서탑 해체 후 기단부에 대한 발굴조사가 있었다.[60] 이 외에 정관 13년(639) 제석사지 화재 잔재물을 버린 폐기장유적에 대한 시굴조사,[61] 낭산산성 남문지 조사,[62] 그리고 국립부여문화재연구소에 의해 제석사지의 종합적인 발굴조사가 착수되었다.[63] 제석사지의 폐기장 유적에서는 백제시대의 수많은 기와편들과 함께 소조상편들이 출토되어 백제시대의 뛰어난 조형예술을 알 수 있게 하였다. 제석사지의 조사에서는 전형적인 백제시대 1탑 1금당식의 가람배치가 확인되었다.

2010년대 초기에는 익산시에서 삼기면 구평리 · 연동리 · 용기리 일원에 방대한 규모의 일반산업단지건설예정지역에 대한 조사가 있었다.[64] 조사결과 청동기시대로부터 조선시대에 이르는 주거지 · 석실분 · 석곽분 · 옹관묘 · 토광묘 · 건물지 · 기와가마 등 다양한 유구가 발굴되었다.

그리고 호남고속철도 건설부지에 대한 대대적인 조사기 이루어진 시기이기도 하다. 호남고속철도 구간은 망성면 · 낭산면 · 삼기면 · 황등면과 익산시를 통과하는 노선이다. 여기에서는 삼담리유적,[65] 계

---

59 湖南文化財研究院, 『益山 彌勒寺址 –사적 제150호 익산 미륵사지 강당지 북편 배수로 정비사업 문화유적 발굴조사 보고서–』, 2008.
60 國立文化財研究所, 『彌勒寺址 石塔』, 2012.
61 圓光大學校 博物館, 『益山 王宮里傳瓦窯址(帝釋寺廢棄場) 試掘調查報告書』, 2006.
62 全北文化財研究院, 『益山 郎山山城』, 2008.
63 國立夫餘文化財研究所, 『益山 帝釋寺址 發掘調查 報告書 I』, 2011.
64 全北文化財研究院, 『익산 구평리 I · II · III, 연동리 I, 용기리 I · II 유적』, 2011; 圓光大學校 馬韓 · 百濟文化研究所, 『益山 伍龍里 遺蹟』, 2013.
65 湖南文化財研究院, 『益山 三潭里 遺蹟』, 2012.

문동유적,[66] 어량리 · 장선리유적,[67] 용기리유적,[68] 서두리 · 보삼리유적,[69] 율촌리 · 신용동 · 모현동,[70] 신작리유적[71] 등에서 구석기시대 문화층을 비롯하여 청동기시대부터 조선시대에 이르는 주거지 · 석관묘 · 석개토광묘 · 토광묘 · 옹관묘 · 분구묘 등 다양한 유구가 발굴되었다.

이외에도 익산 서동마 농촌테마공원 조성부지에서는 신석기시대 주거지와 더불어 건물지 조사가 있었으며,[72] 연동리 석조여래좌상 주변 정비공사 부지에서는 가마유구와 함께 백제시대 수막새가 출토되었다.[73] 가마유구는 백제시대로 판단되며 익산에는 백제시대 건물유적들이 집중되고 있으나 가마의 조사는 처음이었다.

현재는 원광대학교 마한백제문화연구소에 의해 망성면 무형리에서 일반산업단지 진입로 조성부지가 발굴되고 있으며,[74] 호남문화재연구원에 의해서는 익산 하림공장 증축사업부지의 조사가 이루어지고 있다.[75] 전자에서는 대규모의 석관묘와 토광묘 · 주거지 등이 조사되고 있고, 후자는 주거지와 토광묘 등의 조사가 진행되고 있다.

---

66 湖南文化財研究院,『益山 啓文洞 遺蹟』, 2012.

67 湖南文化財研究院,『益山 長善里 · 漁梁里 遺蹟』, 2012.

68 湖南文化財研究院,『益山 龍機里 遺蹟』, 2013.

69 湖南文化財研究院,『益山 西豆里2 · 寶三里 遺蹟』, 2013.

70 湖南文化財研究院,『益山 西豆里1 · 栗村里 · 新龍洞 · 慕縣洞 遺蹟』, 2013.

71 全州文化遺産研究院,『益山 新鵲里 遺蹟』, 2013.

72 圓光大學校 馬韓 · 百濟文化研究所,『익산 서동마 농촌체험 테마공원 조성부지 문화재 발굴조사 약보고서』, 2012.

73 圓光大學校 馬韓 · 百濟文化研究所,『益山 蓮洞里 遺蹟』, 2013.

74 圓光大學校 馬韓 · 百濟文化研究所,『익산 일반산업단지 진입도로 개설공사 문화재 발굴조사(1차) 학술자문회의 자료』, 2013.

75 湖南文化財研究院,『익산 하림공장 증축부지내 발굴조사 지도위원회의 자료집』, 2013.

Ⅳ. 익산지역 발굴조사의 성과

1. 구석기시대

표 1 구석기시대 유적조사 목록

유적명	조사기관	참고문헌
영등동유적	원광대학교 마한 · 백제문화연구소	『益山 永登洞 遺蹟』(2000)
율촌리유적	원광대학교 마한 · 백제문화연구소	『익산 율촌리 분구묘』(2002)
신막유적	호남문화재연구원	『익산 신막유적』(2002)
천동유적	원광대학교 박물관	『益山川東地區試掘調査報告書 -2004年 봄 마무리 耕地整理豫定地域-』(2006)
다송리 상마유적	대한문화유산연구센터	『益山 多松里 上馬遺蹟』(2011)
쌍정리 구석기유적	전라문화유산연구원	『益山 쌍정리 구석기 유적』(2012)
서두리2	호남문화재연구원	『益山 西豆里2 · 寶三里遺蹟』(2013)
보삼리유적	호남문화재연구원	『益山 西豆里2 · 寶三里遺蹟』(2013)

구석기시대 유적은 왕궁 창평 · 율촌리 · 영등동 · 갈산리 · 천동 등
으로 지표조사를 통하여 석영 · 석영맥암 · 유문암 등 다양한 석재를
이용한 석기가 수습되었다. 그리고 신막 · 다송리 상마 · 쌍정리 · 서
두리 · 보삼리 등에서는 발굴조사를 통하여 구석기시대 문화층이 확
인된 바 있다.

신막유적은 익산에서 처음으로 정식적인 발굴조사를 통하여 문화
층이 확인된 유적으로 여산면 원수리 신막마을에 위치하며 천호산에
서 서쪽으로 흘러내린 해발 80m 정도의 구릉상에 해당한다. 시굴조

사를 통하여 2개의 구석기시대 문화층이 확인되었는데 윗 문화층은 후기구석기 최말기층으로 유문암 계통의 좀돌날몸돌·좀돌날격지·돌날·새기개 등이 다량으로 출토되었다. 아래문화층은 시기는 정확하지 않지만, 석영맥암의 여러면석기·몸돌·찍개 등의 몸돌석기류가 주로 출토되었다.

쌍정리유적은 춘포면 쌍정리 산 1번지 남사마을의 남쪽에 위치한 해발 15m정도의 구릉상에 위치한다. 지층은 모두 10개의 층으로 이중 제2층의 적갈색점토층과 제3층의 갈색점토층 그리고 제4층인 암갈색사질점토층에서 유물이 출토되었다. 유물의 밀집분포는 보이지 않고 높이를 달리하여 출토되었으며 석영과 규암자갈돌을 이용한 격지와 몸돌이 대다수이다. 석기의 종류는 양면석기와 찍개·여러면석기·주먹대패와 같은 몸돌석기를 비롯한 몸돌을 다듬어 만든 대형석기가 주를 이루며 소량이지만 유문암계 석재를 이용한 격지도 출토되었다.

서두리유적은 2개의 문화층이 확인되었는데 해발 20~10m 사이의 구릉 동사면에 위치한다. 지층은 8개 층으로 이 가운데 Ⅱ층인 황갈색점토층(제1문화층)과 Ⅲ층인 적황갈색사질층(제2문화층)에서 유문암계와 석영계 석기가 출토되었다. 제1문화층에서는 몸돌·좀돌날몸돌·격지·좀돌날·돌날·긁개·밀개 등과 더불어 새로운 형태의 찌르개(유경첨두기)가 출토되었다. 제2문화층에서는 유문암계 격지 1점을 제외하면 모두 석영암계 석재를 사용한 몸돌·찍개·여러면석기 등으로 1문화층에 비해 대형유물들이 출토되었다.

이밖에도 다송리 상마와 보삼리에서도 구석기문화층이 확인되어 익산지역 구석기유적은 익산 전역에서 확인되고 있다.

2. 신석기시대

표 2 신석기시대 유적조사 목록

유적명	조사기관	참고문헌
미륵사지	문화재연구소 (최맹식)	「益山 彌勒寺址 寺域內 出土 櫛文土器 및 無文土器」, 『昌山 金正基博士 回甲記念論叢』(1990)
율촌리유적	원광대학교 마한 · 백제문화연구소	『익산 율촌리 분구묘』(2002)
웅포리유적 (Ⅰ지구)	전북문화재연구원	「익산 웅포리유적」, 『한국신석기연구』14(2007)
신용리 갓점유적	원광대학교 마한 · 백제문화연구소	『익산 서동테마 농촌테마공원 조성부지 문화재 발굴조사 약보고서』(2012)

　신석기시대 유적은 수습유물로 미륵사지 연못지와 기단 성토층 하부 퇴적층에서 횡주어골문과 종주어골문이 시문된 즐문토기편, 율촌리 2호분 분구 성토층에서 즐문토기편이 있고, 발굴조사를 통하여 확인된 유적은 웅포리와 신용리 갓점에서 주거지가 확인되었다.

　웅포리유적은 전북 서부지역에서는 처음 조사된 신석기시대 주거유적으로 함라산(240.5m)에서 서쪽으로 뻗어 내린 여러 가지능선 가운데 하나인 해발 52.0m 내외의 나지막한 구릉 정상부에서 주거지 1기가 조사되었다. 주거지의 평면형태는 방형에 가까운 장방형으로 암반층을 굴착하여 축조하였으며 내부시설은 중앙에 노지, 벽가를 중심으로 주혈이 확인되었다. 유물은 바닥이나 벽가에 치우쳐서 굴지구 10여 점과 빗살무늬토기편, 노지 주변에서 탄화된 도토리가 출토되었다. 굴지구는 대부분 점판암 재질로 평면형태는 장타원형, 단면은 볼록렌즈형에 가깝다. 날은 측면을 따라 엇갈려 떼기 하였으며 인부 끝은 호상이고, 일부 굴지구에서는 인부를 중심으로 마모흔이 희미하게 남아있어 땅을 굴착하는 과정에서 지면과의 마찰에 의해 마모된 것으로 보인다. 빗살무늬토기는 모두 편으로 출토되어 정확한 기형은 알 수 없으나 문양이 다치 횡주어골문, 퇴화된 거치문, 사선문 · 무문양 · 이중구연토기편으로 출토된 토기의 특징으로 보아 신석기시대 후기~만기에 해당 된다.

신용리 갓점유적은 주거유적으로 금마면 신용리 용화산(해발 342.1m)에서 서남쪽으로 뻗어 내린 가지능선의 말단부 해발 51~56m 내외의 구릉 정상부에서 2기가 조사되었다. 주거지는 2기가 약 14m정도 떨어져 위치하고 있고, 내부에서는 노지와 계단시설이 확인되었으며 유물은 소량이지만 1호 주거지에서 금강식토기로 불리는 능격문계열토기편과 조우문계열의 토기편이 출토되었다. 화재에 의해 폐기된 주거지임에도 불구하고 유물이 거의 출토되지 않은 점과 토층양상 등으로 보아 의도적인 폐기로 보고 있다.

3. 청동기시대

1) 주거지

익산지역에서 청동기시대 주거지가 처음 조사된 것은 1993년으로 부송동 택지개발사업 진행과정에 3기의 청동기시대 중기 송국리식 주거지가 조사되면서이다. 이후 1995년부터 1996년에 영등동 택지 개발사업지구에 대한 발굴조사에서 청동기시대 전기의 특징적인 장 방형주거지와 송국리식주거지가 조사되었다.

2000년대 이후 택지개발과 도로개설 등 대규모 토목공사가 진행 되면서 많은 유적들이 조사되어 청동기시대 주거지는 1993년 부송 동유적이 조사된 이후 현재까지 23개 유적 107기의 주거지가 조사 되었다. 시기별로 살펴보면 전기는 영등동 · 신동리 · 섬다리 · 용기 리 · 어량리 마산 등 5개 유적 20기, 중기는 부송동 · 영등동 · 원수리

표 3　청동기시대 주거지 조사 목록

유적명	조사기관	참고문헌
부송동유적	원광대학교 마한 · 백제문화연구소	「裡里 富松洞遺蹟」,『各地 試 · 發掘調査 報告書』(2000)
영등동유적	원광대학교 마한 · 백제문화연구소	『益山 永登洞 遺蹟』(2000)
율촌리유적	원광대학교 마한 · 백제문화연구소	『익산 율촌리 분구묘』(2002)
원수리유적	호남문화재연구원	『益山 源水里遺蹟』(2004)
금성리유적	원광대학교 마한 · 백제문화연구소	『群長産業團地 進入道路(大田-群山間) 工事區 間 內 文化遺蹟 發掘調査 略報告書』(2005)
신동리유적	원광대학교 마한 · 백제문화연구소	『益山 信洞里遺蹟 -5 · 6 · 7지구-』(2005)
부송동 242-73유적	전북문화재연구원	『益山 富松洞 242-73 遺蹟』(2008)
장신리유적	전북문화재연구원	『익산 장신지구 문화재 발굴조사 약보고서』 (2008)
팔봉동유적	전북문화재연구원	『益山 八峰洞 遺蹟』(2008)
흥암리유적	호남문화재연구원	『益山 光岩里 遺蹟』(2009)
광암리유적	호남문화재연구원	『益山 光岩里 遺蹟』(2009)
부평유적	전북문화재연구원	『益山 富坪 遺蹟』(2010)
모현동 2가유적	호남문화재연구원	『益山 慕縣洞2街遺蹟Ⅰ』(2011) 『益山 慕縣洞2街遺蹟Ⅱ』(2011)
모현동유적	원광대학교 마한 · 백제문화연구소	『益山 慕縣洞 遺蹟』(2011)
신용리 갓점유적	원광대학교 마한 · 백제문화연구소	『익산 서동테마 농촌테마공원 조성부지 문화재 발굴조사 약보고서』(2012)
와리 정동유적	원광대학교 마한 · 백제문화연구소	『함열 돌숲공원 조성부지내 발굴조사 지도위원 회의 자료집』(2012)
어량리유적	호남문화재연구원	『益山 長善里 · 漁梁里 遺蹟』(2012)

유적명	조사기관	참고문헌
마산유적	호남문화재연구원	『익산 하림공장 증축부지내 발굴조사 지도위원회의 자료집』(2013)
율촌리유적	호남문화재연구원	『益山 西豆里1·栗村里·新龍洞·慕縣洞 遺蹟』(2013)
보삼리유적	호남문화재연구원	『益山 西豆里2·寶三里遺蹟』(2013)
중발유적	원광대학교 마한·백제문화연구소	『익산 일반산업단지 진입도로 개설공사 문화재 발굴조사(1차) 학술자문회의 자료』(2013)
왕궁리유적	국립부여문화재연구소	『왕궁리-발굴중간보고IX』(2013)
마산유적	호남문화재연구원	『익산 하림공장 증축부지내 발굴조사 지도위원회의 자료집』(2013)

등 21개 유적 87기가 조사되었다.

부송동유적은 해발 20~30m의 나지막한 구릉에 입지하며 주변으로는 저평한 구릉과 곡간이 펼쳐져 있다. 확인된 청동기시대 주거지 3기는 아파트건설을 위해 터파기 공사를 하는 과정에서 확인되었으며 전체적으로 파괴가 이루어졌다. 내부시설로 중앙에 타원형 구덩이가 설치되고 양단에 2개의 주혈이 있는 평면원형의 송국리식 주거지로 일부 주거지에서는 바닥을 불다짐처리 하였다. 유물은 석검편·삼각형석도·석촉·석착·대팻날·곡옥·발형토기·적색마연토기가 출토되었다.

영등동 유적은 해발 20m의 나지막한 구릉상에 위치하고 유적주변은 저평한 구릉과 곡간이 발달되어 있다. 청동기시대 주거지는 3개의 구릉에서 모두 24기가 조사되었다. I지구에서는 (장)방형주거지 5기, 원형주거지 6기 등 모두 11기가 조사되었고, 중복관계는 확인되지 않는다. II지구에서는 장방형주거지 1기와 원형주거지 3기가 조사되었다. 대형의 장방형주거지는 주거지내에 장축을 따라 2열의 주혈이 일정한 간격으로 배치되고, 남쪽에 치우쳐 위석식노지가 2개가 설치되었으며, 벽면을 따라 구시설이 있고, 그 내부에 일정한 간격으로 주혈이 있다. Ⅲ지구에서는 원형주거지 3기, 방형주거지 4기, 굴립주건물 4기가 조사되었는데 굴립주건물은 주거지들 사이의 빈 공간에 배치되어 있다.

출토유물은 전기 장방형주거지인 Ⅰ-2호에서 구순각목토기 · 가락동식토기가, Ⅰ-3호에서 구순각목토기 · 이중구연거치문토기 · 흑색토기 · 소형발 · 심발형토기와 삼각만입촉 · 이단경촉 · 소형석검, Ⅰ-17호에서는 이중구연단사선문토기 · 일단경촉이 출토되었다. Ⅱ-7호에서는 이중구연단사선에 구순각목이 시문된 심발형토기와 적색마연토기호 · 유혈구이단병식석검편 · 삼각만입촉 · 이단경촉 · 반월형석도 · 토제어망추가 출토되었다. 중기 송국리식주거지는 평면 방형과 원형으로 구분되며 출토유물은 외반구연호 · 발 · 적색마연토기완 · 호 · 일단경촉 · 유경식석검편 · 삼각형석도 · 유구석부 등이 출토되었다.

율촌리유적은 해발 25~30m 내외의 저평한 구릉상에 위치하고 있다. 분구묘의 성토층에 대한 트렌치 조사 과정 중 성토층 아래에서 3기의 주거지가 확인되었다. 전면조사가 이루어지지 않아 주거지의 정확한 형태나 규모는 알 수 없으나, 평면형태는 방형과 원형이 모두 확인되며 내부시설은 주거지 중앙부에 타원형구덩이가 설치되고 양단에는 2개의 주혈이 배치된 휴암리식과 송국리식주거지이다. 유물은 심발형토기 · 적색마연토기편 · 석촉 · 석착 · 미완성석기 · 지석 · 어망추 등이 출토되었다.

모현동유적은 해발 15m 내외의 구릉상에 위치하고 있다. 도시개발로 삭평되면서 단애면에서 주거지가 확인되었다. 평면형태는 원형이며 내부시설은 주거지 중앙부에 타원형구덩이가 설치되고, 양단에는 2개의 주혈과 타원형구덩이를 중심으로 대칭으로 4개의 주혈이 배치되어 있는 송국리식주거지이다. 유물은 흑갈색점질토와 흑회색 점질토에서 다량의 유물이 출토되었도, 심발형토기·호형토기·적 색마연토기완·석촉·석착·삼각형석도·지석·석검편·방추차· 미완성석기 등이 출토되었다.

원수리유적은 천호산에서 갈라져 나온 가지 능선의 서사면에 위치 하고 있다. 주거지는 해발 70m 내외의 구릉사면부에 위치하며 모두 6기의 주거지가 조사되었다. 평면형태는 원형과 방형으로 원형 5기, 방형 1기이다. 내부시설은 주거지 중앙부에 타원형구덩이가 설치되 고 양단에 2개의 주혈이 있는 휴암리식과 송국리식주거지이다. 출입 시설은 2호와 5호 주거지에서 확인되는데, 2호 주거지는 북서쪽 벽 면을 따라 점토를 이용한 단시설이 확인되고, 5호 주거지는 북서쪽 벽면이 외부로 돌출되어 벽면을 경사지게 처리하였으며 바닥면에서 약간 단을 이루고 있다. 이밖에도 4호 주거지가 방형인 3호 주거지 를 파괴하고 축조되었는데 토층상에서 출입시설로 추정되는 경사면 과 3단정도의 단시설이 확인되어 출입시설로 추정하고 있다. 벽주혈 은 3호, 4호, 5호 주거지에서 확인된다. 유물은 외반구연 옹이 주를 이루고, 적색마연토기 완·소형토기·석검편·석도·석촉·지석· 미완성석기 등이 출토되었다.

신동리유적은 1지구의 해발 25m 내외의 나지막한 구릉에서 2기 가 조사되었다. 평면형태는 말각방형으로 내부시설은 확인되지 않았 다. 출토유물은 이중구연단사선문토기편·석기편 등이 있다.

금성리유적은 군장국가공단 진입로 개설공사로 조사가 이루어졌 다. 1기의 주거지가 조사되었으며 주거지의 평면형태는 말각방형이 다. 내부시설은 타원형구덩이와 내부 양단에 2개의 주혈이 배치되어 있는 휴암리식주거지이다. 출토유물은 무문토기편만 약간 출토되었다.

부송동 242-73유적은 해발 32m 내외의 구릉사면에 위치하고 있다. 주변지역은 대부분 도시개발로 삭평이 이루어져 마치 독립된 구릉처럼 남아 있다. 조사된 주거지는 모두 5기로 평면형태는 방형 2기, 원형 3기이다. 내부시설은 주거지 중앙부에 타원형구덩이가 설치되고, 양단에 2개의 주혈이 있는 휴암리식주거지와 송국리식주거지로 일부 타원형구덩이와 연결된 구시설과 벽구가 설치되어 있다. 유물은 무문토기저부와 석촉·석검·석부·석착·지석 등이 출토되었다.

홍암리유적은 해발 46m 내외의 구릉능선에 위치하고 있다. 조사된 주거지는 1기로 평면형태는 원형이고, 중앙에 타원형구덩이와 내부 양단에 주혈이 있는 송국리식주거지이다. 유물은 무문토기편·적색마연토기편·석도·석촉·지석·석제품 등이 출토되었다. 절대연대는 580BC가 측정되었다.

광암리유적은 해발 46m 내외의 구릉능선에 위치하고 있다. 조사된 주거지는 2기로 평면형태는 방형이고 중앙에는 타원형구덩이와 내부 양단에 주혈이 있는 송국리식주거지이다. 유물은 1호에서 호·무문토기편·적색마연토기편·석촉·지석·석제품·미완성석기·격지 등이 출토되었다. 2호에서는 무문토기편·지석·석제품·격지 등이 출토되었으며 360BC, 500BC, 690BC 등의 절대연대가 측정되었다.

부송동 부평유적은 해발 25m 내외의 구릉능선에 위치하고 있다. 조사된 주거지는 I지구에서 5기, II지구에서 3기 등 모두 8기로 평면형태는 모두 원형이며 중앙에 타원형구덩이와 내부 양단에 주혈이 있는 송국리식주거지이다. I지구에서 조사된 1호와 2호의 경우 서로 중복되어 있으며 2호가 선행한다. 유물은 무문토기·적색마연토기·석검편·석도·석촉·석부·석착·지석·석제품·미완성석기 등이 출토되었다.

장신리유적은 남동-북서 방향으로 뻗은 해발 20m 이내의 낮은 구릉에 해당하며, 주거지는 3지구에서 모두 4기가 조사되었다. 주거지의 평면형태는 4기 모두 원형으로 내부시설은 주거지 중앙부에 타원형구덩이가 설치되어 있으며, 양단에 2개의 주혈이 있는 송국리식주거지이다. 일부 주거지는 벽가를 따라 구가 설치되어 있고, 바닥면은 불다짐처리하였다. 유물은 호형토기 · 발형토기 · 적색마연토기편 · 석촉 · 석착 · 지석 등이 출토되었다.

모현동유적은 모현동 성락교회 신축부지로 해발 15m 내외의 남-북으로 뻗은 주능선에서 동쪽으로 뻗은 2개의 가지능선에 해당한다. 능선사이에는 낮은 골짜기가 형성되어 있다. 조사결과 청동기시대 주거지 7기, 수혈 11기가 조사되었다.

주거지는 동쪽으로 뻗은 주능선과 가지능선에 분포하고 있다. 조사전 경작과 식목조성 등으로 인해 대부분의 주거지 하단부가 유실된 상태로 확인되었으며, 서로 중복되지 않고 능선 전체에 걸쳐서 군집을 이루며 분포하고 있다. 생토면인 풍화암반을 굴착하고 축조하였으며 평면형태는 일부의 유실이 심하나 잔존형태로 볼 때 대부분 방형으로 판단된다. 방형주거지는 6호 주거지를 제외하면 내부 중앙부에 타원형구덩이가 설치된 휴암리식주거지이다. 유물은 호편 · 저부편 · 적색마연토기편 · 토제방추차 · 석촉 · 석부 · 지석 등이 출토되었다.

섬다리유적은 해발 10~15m 내외의 낮은 구릉상에 입지하고 있다. 유구는 장방형주거지 2기, 석개토광묘 3기, 옹관묘 4기, 수혈 1기가 조사되었다. 평면형태는 방형에 가까운 장방형으로 내부시설은 노지 · 벽구 · 주혈 · 원형구덩이 등이 확인되었다. 유물은 이중구연단사선문토기편 · 돌대문토기편 · 어망추 · 석도 등이 출토되었다.

학동유적은 해발 14m 내외의 낮은 구릉으로 유구는 구릉정상부에 위치하고 있으며 평면형태는 방형이고, 중앙에 타원형구덩이와 양단에 주혈이 있는 휴암리식주거지이다. 2호에서는 혈구가 있는 이단경식석촉과 일단경식석촉이 출토되었다.

묵동유적은 해발 8~14m 내외의 낮은 구릉정상부에서 1기의 주거지가 조사되었다. 평면형태는 원형이며 내부시설은 중앙부에 타원형구덩이가 설치되고 양단에 2개의 주혈이 있는 송국리식주거지이다. 유물은 석촉 2점이 출토되었다.

용기리유적은 남-북방향으로 뻗은 해발 45m의 구릉 능선과 사면에 분포하고 있다. 조사된 주거지는 모두 9기로 Ⅰ지구에서는 전기 장방형주거지 4기와 방형수혈 1기, 타원형구덩이와 양단에 주혈이 배치된 중기 송국리식주거지 3기가 조사되었다. 장방형주거지는 무시설식노지가 설치되어 있으며, 벽구와 저장혈 등이 확인되고, 정연하지 않은 주혈이 확인된다. 유물은 이중구연토기·이중구연단사선문토기·이중구연단사선+공열+구순각목토기·구순각목토기 등의 토기류와 반월형석도·석촉·지석·방추차 등의 석기류, 토제어망추 등이 출토되었다. 송국리식주거지는 평면형태가 방형이며 중앙에 타원형구덩이와 양단에 주혈이 배치되어 있다. 유물은 무문토기편·적색마연토기편·석촉·지석 등이 출토되었다. Ⅱ지구에서 조사된 2기의 주거지는 중앙에 타원형구덩이와 양단에 주혈이 배치된 휴암리식주거지로 유물은 무문토기편·석촉·지석·미완성석기 등이 출토되었다.

어량리유적은 망성면 어량리 일원으로 호남고속철도 건설로 발굴조사가 이루어졌다. 유적은 미륵산에서 북쪽으로 뻗어 내린 30m 내외의 구릉상에 위치하고 있으며 주변으로는 금강으로 유입되는 소하천이 흐르고 있다. 조사된 유구는 청동기시대 주거지 5기, 석관묘 5

기, 옹관묘 10기, 석개토광묘 5기, 토광묘 8기, 원삼국시대 분구묘 2
기, 수혈 8기가 조사되었다. 주거지는 Ⅱ구역에서 5기가 조사되었고
평면형태 원형이며 규모는 3~5m 정도이다. 내부시설은 중앙에 타원
형구덩이가 설치되어 있으며 양단에 2개의 주혈이 배치된 송국리식
주거지이다. 유물은 호·심발·관옥·일단경식석촉·지석·미완성
석기가 출토되었으며 4호에서는 유경식석촉 3점과 관옥, 1호에서 관
옥이 출토되었다.

율촌리유적은 북쪽의 남-북으로 뻗은 해발 10m 내외의 낮은 구릉
상에 입지하며 주변으로 곡간지와 기양천이 흐르고 있다. 주거지는
2기로 모두 방형이며 내부시설은 타원형구덩이와 양단에 2개의 주
혈이 있는 휴암리식주거지이다. 유물은 1호에서 무문토기편·주상
편인석부·삼각형석도·환상석부·토제방추차가 출토되었고, 2호에
서 무문토기편·합인석부편이 출토되었다.

보삼리유적은 해발 27.5m정도의 구릉능선 평탄면에 입지한다. 조
사된 유구는 주거지 1기로 평면형태는 말각방형이며 내부시설은 타
원형구덩이와 양단에 2개의 주혈이 있는 휴암리식주거지이다. 유물
은 무문토기편만 출토되었다.

와리 정동유적은 해발 27m 내외의 저평한 구릉 정상부와 사면에
서 확인되었다. 청동기시대 유구는 주거지 8기, 수혈 5기, 지상건물
지 1기 등으로 주거지는 경작에 의한 삭평으로 벽은 대부분 유실되
어 바닥만 남아 있다. 주거지의 평면형태는 원형과 말각방형으로 나
누어지며, 상단부 일부분만 잔존하는 7호 주거지를 제외한 7기의 주
거지는 중앙에 타원형구덩이가 설치되어 있다. 5호 주거지의 상단부
에서는 벽을 따라 구시설이 확인되었다. 바닥면은 대부분 회색 점질
토가 깔려 있으며, 유물은 무문토기·적색마연토기·석도·일단경
식석촉·지석·석제방추차·미완성석기 등이 출토되었다.

신용리 갓점유적은 용화산(해발 342.1m)에서 서남쪽으로 뻗어내린 능선의 말단부 해발 51~56m 내외의 구릉정상부에 입지한다. 청동기시대 유구는 주거지 1기, 수혈 2기이다. 주거지는 지형의 삭평으로 일부만 잔존하며 바닥은 생토면을 그대로 이용하였다. 중앙에 타원형구덩이와 양단에 2개의 주혈이 배치된 송국리식주거지로 유물은 유구석부 · 지석이 출토되었다. 평면원형의 수혈 2기는 내부에 목탄이 다량으로 채워져 있고, 무문토기편 · 적색마연토기편 · 석촉 · 석부 등의 유물이 출토되었다.

익산지역에서 조사된 청동기시대 주거지는 주거의 구조와 출토유물을 통해 전기와 중기로 구분할 수 있다. 먼저 전기에 해당하는 주거지는 영등동 · 신동리 · 섬다리 · 용기리 등 4개 유적 15기로 구릉의 능선을 따라 단독으로 배치되거나 2~3기가 독립적으로 조성된 단위취락이다. 내부시설은 노지 · 저장혈 · 주혈 · 벽구 · 벽주혈이 설치되어 있다.

유물은 토기의 경우 미사리식토기 · 가락동식토기 · 역삼동 · 흔암리식토기 · 구순각목토기 · 호형토기 · 심발 · 마연토기 등 다양한 출토상을 보이고 있고, 석기는 석도 · 석검 · 석촉 · 석부가 주를 이루고 있다.

또한, 거의 모든 전기주거지에서 어망추가 출토되고 있으며 용기리 I유적의 I-1호에서는 탄화미와 함께 두류인 콩, 잡곡인 조와 기장이 출토되었다.

중기는 전기와는 달리 새로운 주거형태인 송국리식주거지가 등장하며 3~5기가 주거군을 형성하고, 이러한 주거군이 몇 개가 모여서 취락을 형성하고 있으며 주거군과 일정한 공간을 두고 분묘군이 축조된다.

중기 주거지는 현재까지 보고서가 간행된 유적을 중심으로 살펴보면 16개 유적 70기이다. 유물은 송국리식토기 · 소호 · 완과 적색마연토기 호 · 완이 출토되었다. 송국리식토기는 원형주거지에서 주로 출토되고 있으며 적색마연토기 호나 완과 공반된다. 특히 중기주거지에서 가장 많은 양이 출토된 것은 적색마연토기 완으로 적색마연토기가 일상용으로 널리 제작 · 사용된 것으로 볼 수 있다. 완은 축약된 저부, 저부에서 구연까지 완만한 곡선으로 연결되고 구연은 직립에 가깝게 약하게 내만 되거나 직립하는 것이 특징이다. 적색마연토기 완은 구연부가 외반하는 형태에서 내만으로 변화되고 동최대경은 상단에 있는 것에서 없는 것으로 변화되는 것으로 보고 있다.[76]

석기는 석검 · 석촉 · 석도 · 석부 · 유구석부 · 석착 · 대팻날 등 다양하며 가장 많은 양을 차지하는 것은 석촉으로 일단경식과 일체형 석촉이 대부분이다. 또한 모현동 3호에서 삼각만입촉 1점, 학동 2호에서 유혈구이단경식석촉 1점이 출토된 바 있다. 석검은 부평 I-4호의 유경식석검을 제외하고는 대부분 편으로 출토되어 정확한 형식을 알 수 없다. 석도는 대부분 편으로 출토되었으며 대체로 삼각형석도이다. 이 외에도 석부 · 유구석부 · 유단석부 · 석착 · 대팻날 · 방추차 등이 출토되었지만, 수량은 많지 않다. 토제품인 방추차와 어망추는 전기 주거지에 비해 출토량이 많지 않다.

2) 분묘

분묘는 무형리, 화산리 신덕, 율촌리, 웅포리, 장신리, 섬다리, 어량리, 서두리, 포변 등에서 석관묘, 석개토광묘, 옹관묘 등이 조사되었

---

76 宋永鎭, 「韓半島 南部地域의 赤色磨研土器 研究」, 『嶺南考古學』 38, 嶺南考古學會, 2006, pp. 54~56.

다. 분묘는 전기 후반에 출현한 것으로 보는 것이 일반적이지만, 익산지역에서 아직까지 청동기시대 전기 분묘는 확인된 예가 없다. 다만 석천리 옹관묘와 화산리 신덕 석관묘의 경우 사용된 토기의 형식으로 보아 전기 후반까지 올라갈 가능성이 있다.

표 4 청동기시대 분묘유적 조사 목록

유적명	조사기관	참고문헌
무형리 옹관묘 (옹관묘)	국립전주박물관 (이건무, 신광섭)	「益山 石泉里 甕棺墓에 대하여」,『考古學誌』第6輯, 韓國考古美術研究所
신덕유적 (옹관 · 석관 · 토광묘)	국립전주박물관	『益山 華山里 新德遺蹟』(2002)
율촌리유적 (석관묘)	원광대학교 마한 · 백제문화연구소	『익산 율촌리 분구묘』(2002)
웅포리유적(Ⅶ지구) (석관묘)	전북문화재연구원	익산 웅포관광지구(3지구) 조성지역 내 문화유적 발굴조사 웅포리유적(Ⅶ지구) 약보고(2004)
장신리유적 (옹관 · 석관 · 토광묘)	전북문화재연구원	『익산 장신지구 문화재 발굴조사 약보고서』(2008)
모현동 2가유적 (토광 · 옹관묘)	호남문화재연구원	『益山慕縣洞2街遺蹟Ⅰ』(2011) 『益山慕縣洞2街遺蹟Ⅱ』(2011)
어량리유적 (옹관 · 석관 · 토광묘)	호남문화재연구원	『益山 長善里 · 漁梁里 遺蹟』(2012)
서두리1유적 (토광 · 옹관묘)	호남문화재연구원	『益山 西豆里1 · 栗村里 · 新龍洞 · 慕縣洞 遺蹟』(2013)
서두리2유적 (토광 · 옹관묘)	호남문화재연구원	『益山 西豆里2 · 寶三里遺蹟』(2013)
포변유적 (옹관 · 석관 · 토광묘)	원광대학교 마한 · 백제문화연구소	『익산 일반산업단지 진입도로 개설공사 문화재 발굴조사(1차) 학술자문회의 자료』(2013)

석천리에서는 3기의 옹관이 수습 조사되었다. 3기 모두 직치식 옹관묘로 옹관으로 사용된 토기는 모두 직립구연 壺이며 토기의 형식

으로 보아 송국리식토기 보다는 이른 시기로 볼 수 있다.[77]

율촌리에서는 주거지 3기와 함께 석관묘 6기, 토광묘 2기, 옹관묘 1기가 조사되었다. 석관묘는 소형에 속하고 벽석은 단벽 1매, 장벽 2~5매의 판석을 이용하여 축조하였다. 바닥은 2-1호만 무문토기와 할석을 깔았고, 나머지는 생토면을 그대로 이용하였으며, 유물은 출토되지 않았다. 토광묘는 1호의 경우 묘광은 1단으로 굴광하고 개석은 확인되지 않았으며, 바닥은 전면에 무문토기를 깔았고, 유물은 출토되지 않았다. 4호는 묘광은 1단으로 굴광하고, 개석은 장방형의 할석 5매를 이용하여 덮었다. 바닥은 생토면을 그대로 이용하였으며, 유물은 출토되지 않았다. 옹관묘는 1기로 후대에 축조된 5호분 동측 주구를 굴착하면서 일부가 파괴된 상태로 확인되었다. 묘광은 옹관보다 약간 넓게 굴광하고 경사지게 옹관을 안치하였다. 옹관으로 사용된 토기는 직립구연 호형토기로 바닥면에는 원공을 투공하였다.

화산리 신덕유적은 북서에서 남동으로 뻗은 해발 19.5m의 구릉상에 입지하고 주변은 넓은 평지가 펼쳐져 있다. 유구는 석관묘 2기, 토광묘 2기, 옹관묘 3기(신고 옹관 2기 포함), 수혈 등이 조사되었다. A지구에서 조사된 1호 석관은 벽석과 개석이 모두 유실되었으며 바닥은 고운 점토를 깔았고 서쪽에 치우쳐 원형의 구덩이에 구순각목문이 시문된 토기를 깔았다. 2호 석관묘도 장벽석 1매, 단벽석 1매만 잔존하며, 바닥은 아무런 시설을 하지 않고, 유물 또한 출토되지 않았다. 옹관묘는 모두 3기가 조사되었다. 1호는 대부분 파괴된 상태로 수습되어 정확한 구조를 알 수 없으나, 2호는 묘광을 2단으로 굴광하고 옹관을 수직에 가깝게 약간 경사지게 안치하였다. 1호와 2호모두 발형토기로 뚜껑을 덮었다. 3호는 상면이 대부분 파괴되어 정

---

77 金吉植, 「扶餘 松菊里 無文土器時代墓」, 『考古學誌』 9, 韓國考古美術研究所, 1998.

확하지 않지만, 구조는 2호와 유사할 것으로 판단된다.

B지구에서는 토광묘 2기가 조사되었다. 1호는 장방형에 굴광은 정확하지 않으며, 바닥에 무문토기를 파쇄하여 깔았다. 2호는 2단 굴광에 뚜껑은 확인되지 않으며, 바닥은 무문토기를 파쇄하여 깔았고, 북서쪽 단벽에 치우쳐서 원형구덩이가 확인된다. 유물은 천하석제 丸玉 1점이 출토되었다.

웅포리유적은 함라산(240.5m)에서 북쪽의 금강으로 뻗어 내린 가지능선의 능선에 위치하고 있다. 능선을 따라 평탄한 대지를 형성하고 있으나, 동·서사면은 급경사를 이루며 북서쪽으로 금강이 한눈에 조망된다. 유구는 석관묘 7기가 조사되었다. 7호 석관묘를 제외하고 6기의 석관묘는 열상으로 군집을 이루는데, 1열은 1호·3호·4호·5호, 2열은 2호·6호가 배치되어 있다. 구조는 장벽은 판석 4~6매, 단벽은 1매의 판석을 세워서 축조하였으며 개석은 수매의 판석으로 덮고 틈새는 할석을 이용하여 막음 하였다. 바닥은 대부분 생토면을 그대로 이용한 반면에 2호·6호는 무문토기편, 7호는 소형할석을 깔았다. 유물은 4호 석관묘의 장벽과 단벽이 만나는 지점에서 일단병식석검 1점을 봉부가 아래로 향하게 세워서 부장하였다.

섬다리유적은 주거지 2기와 함께 석개토광묘 2기, 토광묘 1기, 옹관묘 4기가 조사되었다. 석개토광묘는 2기로 1호는 1단 굴광에 개석은 7매의 장방형 할석을 이용하여 덮었다. 바닥은 적색마연토기를 깔았으며 유물은 서쪽 단벽에 치우쳐 일단병식 석검 1점이 출토되었다. 옹관은 4기로 1호는 옹형토기를 垂直으로 안치한 후 그 위에 완을 이용하여 뚜껑을 덮었다. 2~4호 옹관은 상면이 파괴되어 정확한 구조를 알 수 없으나, 3호 옹관의 경우 외반구연 옹형토기를 약간 경사지게 안치한 것으로 추정 된다.

어량리유적은 미륵산에서 북쪽 금강으로 뻗은 해발 50m 정도의 구릉상에 입지하고 있다. '가'지구에서는 주거지 5동, 수혈 3기, 구 1기, 석관묘 1기, 석개토광묘 5기, 토광묘 8기, 옹관묘 9기가 제한된 공간에 공존하고 있다.

주거지는 5동 모두 평면 원형으로 반파된 3호 주거지를 제외하면 4기의 주거지는 모두 송국리식주거지이다. 분묘는 5호 주거지와 인접하여 석관묘가 분포하고 있으며, 북쪽과 북서쪽으로 석개토광묘, 토광묘, 옹관묘가 혼재되어 있다. 분묘는 3개의 군집을 이루고 있는데, 석관묘를 중심으로 1호 토광묘, 1~4호 석개토광묘, 1호·2호 옹관묘가 A군, A군에서 북쪽으로 5m 정도 떨어져서 2~5호 토광묘와 9호 옹관묘가 B군, B군에서 북동쪽으로 5m 정도 떨어져서 4~8호 옹관묘, 6~8호 토광묘, 5호 석개토광묘가 C군이다.

석관묘, 석개토광묘, 토광묘는 모두 시상대를 무문토기를 파쇄하여 깔았다. 또한 2호 토광묘는 규모가 3~5호 토광묘와 비슷하지만, 2단 굴광에 장타원형 묘광이라는 점에서 석관묘, 석개토광묘와 유사하다. 옹관의 경우 1호·4호 옹관은 장타원형으로 토광을 굴광하고, 장벽과 단벽은 무문토기 옹을 깨뜨려서 마치 석관의 형태처럼 굴광벽에 세워서 축조하고 있다. 이런 구조는 '나'지구 옹관묘에서도 확인되는데, 이는 기존 무문토기 옹관묘와는 차이를 보이는 것으로 石棺墓의 영향으로 축조되었을 가능성이 있다. 이를 옹관묘의 범주에 포함시켜야 할지 축조방법이 석관묘와 유사하기 때문에 석관묘의 한 형식으로 보아야 할지는 검토가 필요하다. 석관묘, 석개토광묘, 토광묘 모두 유물이 출토되지 않았으나, 1호 옹관묘에서만 관옥 30점이 출토되었다. 옹관묘에서 관옥이 출토된 예는 논산 마전리 옹관에서도 확인되는데 논산 마전리 유적과의 관련성이 있을 것으로 추정된다.

'나'지구에서는 석관묘 4기와 옹관묘 1기가 구릉 정상부에서 확인되었다. 2호 석관묘는 옹편을 깔아 시상대를 시설하였고, 1호 옹관묘는 2개체의 옹을 깨뜨려 굴광 벽면에 세우고 옹편을 이용하여 뚜껑은 덮고 있어 전체적인 구조와 형태가 석관묘와 유사하다. 유물은 4호 석관묘에서 봉부가 결실된 1단 첨근식 유경식석촉 1점이 출토되었다.

장신리유적은 주거지 4기와 함께 석관묘 1기, 토광묘 3기, 옹관묘 4기가 조사되었다. 석관묘와 토광묘 바닥에 무문토기를 파쇄하여 깔았을 뿐 유물은 출토되지 않았다.

익산지역 청동기시대 분묘는 석관묘, (석개)토광묘, 옹관묘로 대별되는데 석관묘는 5개 유적 21기가 조사되었다. 조사된 석관묘의 입지는 저평한 구릉의 능선이나 사면의 등고선을 따라 나란하게 열을 지어 배치되어 있다. 다른 유구와의 공반관계를 살펴보면 대체로 주거지, (석개)토광묘, 옹관묘와 공반된다.

석관의 규모는 대체로 100~150cm이며 100cm 이하인 석관묘도 많은 수를 차지하고 있다. 이처럼 규모가 150cm 이하인 석관의 경우 성인을 신전장을 하기는 불가능하였을 것으로 판단되기 때문에 당시의 매장풍습이 신전장 이외에 굴장과 세골장 등 다양하게 이용되고 있었을 가능성이 있다.

(석개)토광묘는 6개 유적 25기가 조사되었다. 대체로 주거지, 석관묘, 옹관묘와 공반되지만, 묘광의 축조방법은 일단과 이단으로 구분되는데 일단 굴광 8기, 이단 굴광은 화산리 B2호, 섬다리 2호, 어량리 1호 · 2호 · 5호와 토광묘 2호 등 6기이며 나머지 토광묘는 삭평 등으로 굴광의 형태를 알 수 없다. 개석은 8기에서 확인되는데 모두 석개이며 이단 굴광의 경우 대체로 석개가 확인되지만 어량리 2호는 이단 굴광임에도 불구하고 개석이 확인되지 않는 것으로 보아 판재와 같은 목개가 사용되었을 가능성도 있다. 유물은 화산리 신덕 B2호에서 천하석제 환옥 1점, 섬다리 1호, 서두리 2-1호에서 각각 일단

병식석검 1점이 출토되었을 뿐이다.

옹관묘는 8개 유적 28기가 조사되었다. 대체로 석관묘, (석개)토광묘와 공반된다. 묘광의 굴광방법에 따라 일단과 이단으로 구분되지만, 지형의 삭평 등으로 인하여 잔존 상태만으로 이를 구분하기는 쉽지 않다. 매장방식은 직치, 사치, 횡치로 구분되는데 직치 9기, 사치 11기, 횡치 6기, 불명 2기로 사치가 가장 많고 다음으로 직치와 횡치이다.

이중 어량리 옹관묘는 4기 모두 묘광을 장방형에 가깝게 굴광하고 벽가를 따라 토기편을 이용하여 세워 마치 석관묘의 벽석처럼 축조한 특이한 구조이다. 이는 기존 조사된 청동기시대의 옹관묘와는 축조방법에서 차이를 보이는데 전체적인 구조가 석관묘와 유사한 것으로 보아 石棺墓의 영향에 의해 축조되었을 가능성도 있다.

유물은 어량리 가-1호에서 관옥 30점, 용기리 옹관에서 소형발 1점이 출토된 것을 제외하면 나머지 옹관묘는 유물이 전혀 출토되지 않았다.

3) 기타

기타유구로는 수혈과 굴립주건물을 들 수 있는데 수혈은 11개 유적 35기, 굴립주건물은 2개 유적 5기가 조사되었다. 굴립주건물은 영등동에서 4기가 조사되었으며 주거군들 사이의 빈 공간에 위치하고 있다. 수혈은 용기리에서 전기로 편년될 수 있는 이중구연토기가 출토된 수혈 1기가 조사되었고, 와리 정동유적에서는 구릉의 서사면 중단부에서 1기, 하단부에서 4기 등 총 5기의 수혈이 조사되었다. 청동기시대 수혈은 대부분 소형에 속하며 유물은 무문토기편과 석기 소량이 출토되어 정확한 용도를 알 수 없지만, 수혈과 굴립주건물은 대부분 주거지와 공반되고 출토유물에 있어서도 주거지 출토유물과 큰 차이가 없어 동시기에 주거의 기능과는 별개로 저장과 관련된 창고로 사용되거나 기타 특수한 용도로 사용된 것으로 볼 수 있다.

4. 초기철기시대

1) 주거지

표 5 초기철기시대 주거지 조사 목록

유적명	조사기관	참고문헌
용기리유적	전북문화재연구원	『익산 구평리 I · II · III, 연동리 I, 용기리 I · II 유적』(2011)

초기철기시대 주거지는 아직까지 명확하지 않지만, 송국리식주거지가 계속해서 사용되었던 것으로 보이며 이밖에도 평면 방형에 한쪽 벽가에 노지가 설치된 주거지가 축조된다.

익산지역에서 이 시기에 해당되는 주거지는 용기리에서 1기가 조사되었다. 주거지의 평면형태는 방형이지만, 내부에서 노지는 확인되지 않았으며 유물은 조합우각형파수부호가 출토되었다. 그리고 여산면 신막에서도 시굴조사를 통하여 평면형태 방형에 원형점토대토기가 출토된 유구들이 확인되었으나 정식적인 발굴조사가 이루어지지 않아 유구의 정확한 성격은 알 수 없다.

2) 분묘

분묘는 석곽묘와 목관묘가 조사되었는데 석곽묘는 다송리에서 1기가 조사되었으며 나머진 모두 목관묘이다.

다송리유적은 해발 약 20m 내외의 구릉의 남사면에 위치하며 유구는 대부분 파괴되어 수습 조사가 이루어졌다. 석곽묘 1기로 구조는 네벽을 할석으로 쌓고, 장방형 판석 1매로 뚜껑을 덮은 형태의 석곽묘로 볼 수 있다. 유물은 조문경 · 입형동포 · 관옥 110점과 족부에서 흑색마연토기 장경호편과 무문토기편이 출토되었다. 특히 입형동포는 요녕지역의 청동단추가 의기화된 것으로 보고 있다.

표 6 초기철기시대 분묘유적 조사 목록

유적명	조사기관	참고문헌
오금산청동기 출토지 (수습유물)	김원룡	金元龍, 1967,「益山伍金山出土 多鈕細文鏡과 細形銅劍」,『美術資料』8-3, 韓國美術史學會
용제동출토유 물(신고유물)	김원룡	金元龍, 1968,「益山郡 梨堤 出土 靑銅一括遺物」,『史學硏究』20, 韓國史學會
다송리유적 (석곽묘)	전영래	全榮來, 1975,「益山 咸悅面 多松里 靑銅遺物出土墓」,『全北遺蹟調査報告』第5輯
평장리출토 유물(불명)	전영래	全榮來, 1987,「錦江流域 靑銅器文化圈 新資料」,『馬韓 · 百濟文化』第十輯
어양동옹관묘 (옹관묘)	호남문화재연구원	『益山 間村里遺蹟』(2002)
서두리1유적 (토광묘)	호남문화재연구원	『益山 西豆里1 · 栗村里 · 新龍洞 · 慕縣洞遺蹟』(2013)
신동리유적 (토광묘)	원광대학교 마한 · 백제문화연구소	『益山 信洞里遺蹟 -5 · 6 · 7지구-』(2005)
오룡리유적 (토광묘)	원광대학교 마한 · 백제문화연구소	『益山 伍龍里 遺蹟』(2012)
계문동유적 (토광묘)	호남문화재연구원	『益山 啓文洞 遺蹟』(2012)
금곡유적 (적석토광묘)	호남문화재연구원	『益山 源水里遺蹟』(2004)

평장리유적은 궁동마을 남쪽 동-서방향으로 뻗은 구릉상에 위치하고 있다. 유구는 파괴되어 정확하게 알 수 없으나, 목관묘로 추정되며 전한경 1점, 세형동검 2점, 동모 1점, 동과 1점이 출토되었다.

신동리유적은 오금산(해발 125m)에서 남으로 길게 뻗어 내린 능선의 말단부로 해발 25~35m 정도의 구릉에 위치하고 있다. 6구역에서 1기, 7구역에서 2기 등 모두 3기의 토광묘가 조사되었다. 유물은 6-1호에서 흑색마연토기 장경호, 7-1호에서 세형동검 · 청동검파두식 · 철부 · 삼각형점토대토기, 7-2호에서 철사 · 삼각형점토대토기가 출토되었으며 동과편 1점이 지표수습 되었다.

오룡리유적은 해발 25~30m 정도의 구릉정상부와 사면에 위치하고 있다. 모두 4기의 토광묘가 조사되었으며 일정한 거리를 두고 단독으로 확인된다. 유물은 세형동검과 세문경 등의 청동기 토기는 흑색마연토기 장경호와 원형점토대토기, 석기는 삼각형석촉 등이 출토되었다. 유물의 부장위치는 청동기를 목관내 바닥에 부장하나, 토기와 석기는 매장시설을 설치한 후 충전토상에 부장한 것으로 판단된다. 이중 5-2호 출토 葉脈文鏡은 한반도에서는 아직 출토 예가 없으며 集安의 伍道嶺溝門과 丹東 趙家堡에서 출토된 바 있다. 오룡리 목관묘에서는 철기가 전혀 공반되지 않았으며 동경 가운데 5-2호 출토 葉脈文鏡은 粗紋鏡으로 문양대는 외구와 내구의 구분이 없이 종방향으로 엽맥문을 교차하여 시문하였다. 3-1호는 동검과 함께 흑색마연토기장경호 · 원형점토대토기 · 삼각형석촉이 공반되었다. 동검의 경우 절대는 형성되지 않았고, 결입부가 약하게 남아 있으며 등날은 봉부에서 신부 중간부분까지만 형성되어 있다.

구평리 Ⅳ유적은 동-서방향으로 뻗은 해발 20m 내외의 구릉으로 북사면인 해발 12~16m 사이의 완만한 구릉사면에 위치하고 있다. 구평리에서는 토광묘 4기가 조사되었는데 4기 모두 북서사면인 해발 12~17m 사이의 완만한 구릉 사면에 위치하고 있다. 1호는 해발 16.7m 지점에 위치하고 있으며, 유물은 동장벽에서 세형동검, 북서단벽에서 흑색마연토기 장경호·점토대토기가 출토되었다. 2호는 해발 15.6m에 위치하고 있으며 유물은 북단벽에서 점토대토기가 출토되었다. 3호는 해발 13.2m에 위치하며, 유물은 북서단벽에서 흑색마연토기호 1점, 점토대토기 2점이 출토되었다. 4호는 해발 12.9m에 위치하며, 유물은 북서단벽에서 흑색마연토기호 1점, 점토대토기 1점이 출토되었다.

서두리유적은 삼기면 서두리 255-3번지 일원 하갈마을의 북서쪽 해발 25m 정도의 구릉이 발달되어 있는 곳으로 유구는 구릉 서쪽사면 해발 15.5m 정도에 위치한다. 토광묘들을 벽면 수직에 가깝게 굴광하고 바닥은 별다른 시설을 하지 않았다. 유물은 남벽에 인접하여 동사 1점이 출토되었다.

계문동유적은 동-서 방향으로 뻗은 해발 10~15m 내외의 낮은 구릉의 동쪽사면에 위치하고 있다. 토광묘는 바닥에 별다른 시설을 하지 않았으나, 암갈색점토가 확인된다. 유물은 검파두식·철도자·철족·연질토기편이 출토되었다.

옹관묘는 어양동과 구평리에서 조사되었다. 어양동 옹관묘는 하나로 개설공사로 조사가 이루어졌으며 점토대토기 2점을 이용하여 합구한 2옹 합구식으로 생토면인 암갈색점토층을 굴광하고 삼각형점토대토기 옹 2점을 구연을 합구하여 눕혀서 축조하였다. 유물은 전혀 출토되지 않았지만, 옹으로 사용된 토기가 삼각형점토대토기인 점으로 보아 시기를 짐작할 수 있다.

구평리 Ⅳ유적 옹관묘는 남서사면 중하단의 해발 18.0m지점에 위치하고 있다. 생토면인 명갈색점질토를 굴광하고 축조되었으며 생토면을 옹관보다 약간 넓게 굴광한 후 주옹인 옹형토기에 발형토기의 구연부를 삽입한 상태로 횡치하였다. 유물은 출토되지 않았다.

3) 기타

기타유구로는 수혈이 있다. 수혈은 용기리 I, 서두리, 구평리 IV유적 등에서 조사되었다. 용기리 I유적에서 조사된 수혈은 구릉 서사면 해발 29.0m 지점에 위치하고 있다. 유구는 생토면인 황적갈색풍화암 반토를 경사지게 굴광하고 축조되었다. 평면형태는 말각방형으로 내부시설은 없이 생토면을 그대로 이용하고 있다. 유물은 벽가에 치우쳐 파수부편과 저부편이 출토되었다.

서두리유적은 삼기면 서두리 255-3번지 일원 하갈마을의 북서쪽 해발 25m 정도의 구릉이 발달되어 있는 곳으로, 유구는 구릉 서쪽사면 해발 17.0m 정도에 위치한다. 평면형태는 말각장방형이며 벽면은 양간 경사지게 굴광하고 바닥은 서단벽에 인접하여 주혈이 확인된다. 유물은 남장벽 바닥면에서 조합식우각형파수부호 1점, 중앙에서 동단벽으로 치우쳐 퇴적토상에서 무문토기편·고배편·삼각형석촉편·반월형석도편 등이 출토되었다. 구조와 출토유물로 보아 토광묘일 가능성도 있다.

구평리 IV유적에서는 조사지역 남서사면 중단부의 해발 20.5m 지점에서 확인되었다. 평면형태는 장방형이고 남쪽벽의 어깨선이 유실된 상태다. 장축방향은 북동-남서방향으로 등고선방향과 직교하고 있으며 동쪽벽 중앙부의 바닥면에 접하여 무문토기 저부편이 출토되었고, 하층의 암갈색점토에서 탄화미와 조 또는 기장으로 추정되는 잡곡이 검출되었다. 탄화미에 대한 방사성탄소연대측정 결과 전북지역에서 처음으로 초기철기시대 작물자료가 확인된 유적이다. 곡물은 안정된 하부의 층에서 토기와 함께 출토되었기 때문에 수혈내부에 곡물을 저장(또는 보관) 하였을 가능성이 있다.

5. 삼한시대

1) 주거지

표 7   삼한시대 주거지 조사 목록

유적명	조사기관	참고문헌
신동유적	원광대학교 마한·백제문화연구소	『益山 新洞 文化遺蹟 發掘調査 報告書』(2002)
웅포리유적 (Ⅶ지구)	전북문화재연구원	익산 웅포관광지구(3지구) 조성지역 내 문화유 적 발굴조사 웅포리유적(Ⅶ지구) 약보고(2004)
장신리유적	호남문화재연구원	「益山 長新里遺蹟」, 『金堤 大東里遺蹟』(2004)
사덕유적	호남문화재연구원	『益山 射德遺蹟 Ⅰ·Ⅱ』(2007)
송학동유적	호남문화재연구원	『益山 松鶴洞 遺蹟』(2008)
장신리유적	전북문화재연구원	『익산 장신지구 문화재 발굴조사 약보고서』 (2008)
모현동유적	원광대학교 마한·백제문화연구소	『益山 慕縣洞 遺蹟』(2011)
서두리유적	전북문화재연구원	『益山 西豆里 遺蹟』(2011)
삼담리유적	호남문화재연구원	『益山 三潭里 遺蹟』(2012)
신용리 갓점유적	원광대학교 마한·백제문화연구소	『익산 서동 농촌테마공원 조성부지 문화재 발굴조사 약보고서』(2012)
익산 기산리유적	전북문화재연구원	『益山 箕山里遺蹟』(2012)
마산유적	호남문화재연구원	『익산 하림공장 증축부지내 발굴조사 지도위원 회의 자료집』(2013)
중발유적	원광대학교 마한·백제문화연구소	『익산 일반산업단지 진입도로 개설공사 문화재 발굴조사(1차) 학술자문회의 자료』(2013)
마산유적	호남문화재연구원	『익산하림공장 증축부지내 발굴조사 지도위원회 의 자료집』(2013)

삼한시대 주거지는 영등동, 신동, 사덕, 웅포리, 송학동, 장신리, 내장, 기산리, 용기리 I, 구평리 IV, 상갈 2-B 등에서 조사되었다.

영등동유적은 해발 15~17m 구릉의 정상부에 입지하며 II지구에서 삼한시대 주거지 1기가 조사되었다. 주거지는 시굴조사 당시 목탄이 포함된 흑갈색부식토가 방형에 가까운 윤곽선을 보이며 확인되었고, 확장조사를 하였으나 동쪽부분에서만 주거지의 윤곽선이 확인되었다. 평면형태는 원형에 가깝지만 정확하지 않고, 내부시설은 2개의 주공이 확인되었으나 정형성은 없으며 내부에는 흑갈색부식토와 목탄이 퇴적되었다. 유물은 적갈색연질시루편 · 회색경질타날문토기편 · 흑갈색연질타날문토기편 · 우각형파수편 등이 출토되었다.

신동유적은 익산시 보건소 예정부지에 대한 발굴조사 결과 주거지 4기, 수혈 6기, 굴립주건물로 추정되는 유구 1기 등이 조사되었다. 주거지 평면형태는 방형이며 내부시설은 노지, 주혈, 타원형구덩이 등이 설치되어 있다. 유물은 대부분 편으로 출토되었는데 2호 주거지에서 발과 호가 출토되었다.

사덕유적은 천호산의 지맥으로 북동쪽에서 둘러싸인 산지에서 남서쪽으로 뻗어 내린 해발 50~60m 산지성 구릉의 남동사면에 입지하고 있다. 삼한~백제시대 주거지 104기, 수혈 124기, 토기가마 4기, 삼국시대 분묘 31기가 조사되었다. 주거지는 능선과 계곡 등 조사지역 전면에 걸쳐 분포되어 있다. 크게 수혈주거지와 벽주건물로 구분되며, 사주식 주거지는 13기가 확인되었다. 주거지의 평면형태는 방형계와 장방형계이다. 내부시설은 노지와 배연시설 · 벽구 · 주공 · 소주공 · 배출구 등이 확인된다. 유물은 토기류가 대부분으로 호형토기 · 발형토기 · 장란형토기 · 시루 · 옹형토기 · 자배기 등 600여 개체가 확인되고, 토제품은 연통형토제품 · 연가 · 방추차 · 어망추 등이 출토되었다. 그 외 철촉 · 철부 · 철도자 · 철겸 · 철정 등의 철제품도 출토되었다.

웅포리유적은 해발 240.5m의 함라산에서 북쪽으로 뻗어 내린 지류의 정상부에 자리하고 있으며 북서쪽으로 금강이 하류하고 있다. 시굴조사 당시 I지구~VIII지구로 나누어 조사가 이루어졌으나 유적이 확인되어 발굴조사가 이루어진 곳은 I지구 · II지구 · VII지구이다. VII지구에서는 청동기시대 석관묘 7기, 원삼국시대 주거지 7기가 조사되었다. 원삼국시대 주거지는 능선 정상부의 평탄한 대지에 입지하고 있다. 평면형태는 장방형과 방형이으로 내부시설은 화덕 · 벽체 · 주공 등이 확인되었다. 유물은 대호 · 장란형토기 · 발형토기 · 주구토기 · 조형토기 · 양이부호 · 시루 · 방추차 등이 출토되었다. 시기는 A.D. 2~4세기가 중심연대로 추정된다.

송학동유적은 해발 20m 내외의 남동에서 북서방향으로 뻗은 구릉사면에 위치하고 있으며 모두 23기의 주거지가 조사되었다. 방형의 평면형태인 주거지는 대체로 2~3열을 이루고 있으며, 내부시설은 부뚜막 · 주혈 · 벽구 등이 설치되어 있다. 유물은 호형토기 · 장란형토기 · 발형토기 · 주구토기와 방추차 · 지석 등이 출토되었다. 특히 6-1호 주거지 바닥면에서는 토제 옥거푸집이 거의 완벽한 상태로 출토 되었는데 거푸집 내부에서 유리옥 부스러기가 함께 출토되어 당시의 유리옥 제작과정을 이해할 수 있는 중요한 자료이다.

장신리 유적은 남동-북서 방향으로 뻗은 해발 20m 이내의 낮은 구릉에 입지하고 있다. 삼한시대유구는 1 · 2구역에서 토광묘 2기 · 주구묘 3기 · 옹관묘 13기 · 주거지 42기 · 구상유구가 조사되었으며, 3 · 4구역에서는 주구묘 1기 · 주거지 63기 · 수혈유구 21기와 삼국시대 주거지 1기가 조사되었다. 주거지는 구릉의 정상부와 사면부 전면에 고르게 분포하고 있으며 사주식주거지는 9기가 확인되었다. 주거지의 평면형태는 방형으로 대부분 화재폐기되었다. 내부시설은 화덕시설과 주혈·벽구·배수로 등이 확인되었고 장란형토기·발형토기·시루·양이부호·방추차·철제품 등의 유물이 출토되었다.

모현동유적은 구릉하단에서 주거지 2기가 소나무 식재와 후대에 조성된 민묘에 의해 대부분 유실된 상태로 확인되었다. 1호 주거지는 발형토기를 엎어 솥받침으로 이용한 부뚜막이 확인되고, 장란형토기와 연질토기편이 출토되었다.

내장유적에서는 2-2구역의 동쪽 부분에서 3기의 주거지가 조사되었다. 평면형태는 방형으로 파괴가 심한 2호 주거지를 제외하고는 2기는 구들시설을 갖추고 있다. 이 가운데 3호 주거지의 구들시설은 판석을 양쪽으로 세우고 판석과 할석을 함께 사용하여 개석을 덮은 형식으로 주거지의 구조와 출토유물을 보아 5세기 말로 편년할 수 있다.

기산리유적은 해발 30m의 구릉사면에 위치하고 있으며 모두 9기의 주거지가 조사되었다. 수목이식과 분묘 이장 등 후대의 교란으로 잔존상태가 좋지 않으며, 평면형태는 모두 방형으로 추정된다. 주거지간에 중복이 확인되며 선행주거지가 매몰된 이후에 후대주거지가 축조되고 있으나 유물에서는 시기차이가 크지 않다. 내부시설은 부뚜막과 벽구·주혈·장타원형구덩이 등이 확인된다. 부뚜막은 한쪽 벽가에 치우쳐 축조되었고, 벽체는 남아 있지 않으며 솥받침으로 사용된 토기와 석재만 남아 있다. 주혈은 8호 주거지만 4주식이며, 나머지는 주혈의 정형성이 확인되지 않는다. 유물은 옹·호·발·완·시루·장란형토기·방추차·지석 등이 출토되었다.

용기리 I 유적에서는 주거지 4기, 수혈 1기가 조사되었다. 주거지는 평면 방형이며, 내부시설은 부뚜막과 주혈이 확인된다. 유물은 장란형토기·호형토기·발형토기가 출토되었다.

용기리유적은 해발 27~28m 내외의 북사면에서 4기가 확인되었고, 평면형태는 방형이다. 사주식 주거지는 1기가 확인되었는데, 10호 주거지가 이에 해당한다. 내부시설은 부뚜막시설·주혈·내구시설 등이 확인되었고, 장란형토기·발형토기·호형토기·지석 등이 출토되었다.

구평리 Ⅳ유적에서는 모두 12기의 주거지가 해발 13~21m 사이의 사면에 분포하고 있다. 분포에 따라서 3~4개의 주거지군으로 나누어지고, 개별주거군의 주거지 수는 2~5기가 군을 이루고 있다.

평면형태는 대체로 방형을 하고 있으며 면적은 6m² 정도의 주거지는 1기, 면적 8~9m²는 3기, 11m²의 주거지가 4기, 거의 20m²에 가까운 9호 주거지 1기가 있어 11~12m² 정도의 주거지가 가장 많은 수를 차지하고 있다. 내부시설은 부뚜막·주혈·벽구·배수로 등이 조사되었다. 부뚜막은 3호 주거지를 제외한 다수의 주거지에서 대체로 북서쪽 모서리 인근이나 (북)서벽 중앙부에 위치하고 있는 것이 특징이다. 부뚜막이 대부분 파괴되어 흔적만 남아있으나 주변에서 확인되는 다량의 토기편과 소토덩어리로 보아 부뚜막시설이 존재했을 것으로 판단된다. 주혈은 대부분의 주거지에서 확인되었지만 정형성은 없다. 특히 화재로 폐기된 주거지에서는 탄화된 쌀·맥류(밀)·잡곡(조)·두류(콩·팥)·박屬 등의 작물종자가 검출된 것으로 보아 당시에는 논농사와 밭농사가 함께 이루어졌음을 알 수 있다. 많은 주거지가 화재로 폐기되었지만, 출토유물은 많지 않으며 발·호·장란형토기·옹·시루·주구토기편 등의 토기류와 석기·철기 등이 약간 출토되었다. 발과 장랑형토기는 부뚜막주변에서 호형토기나 옹은 한쪽벽면에서 출토되는 양상을 보이고 있다.

상갈 2-B 유적은 상갈마을에서 남동쪽으로 뻗어 내린 구릉에 입지하고 있다. 유구는 삼한시대 주거지 1기로 평면형태는 장방형이며 장축방향은 남-북 방향이다. 별다른 시설은 확인되지 않았고, 유물은 회백색연질토기편이 출토되었다.

익산에서 조사된 삼한시대 주거지는 서해안지역에서 조사된 주거지들과 마찬가지로 평면형태가 방형계이며 내부시설은 한쪽 벽가에 치우쳐 부뚜막이 설치되어 있는 것이 특징이다. 주혈의 경우 정형성을 갖추고 있는 4주식 주거지도 확인되지만, 주혈의 정형성이 보이지 않는 주거지도 확인되며, 구조 및 특징에 있어 백제시대 주거지와 큰 차이가 없이 출토유물에서만 차이를 보이고 있어 구분하기 쉽지 않다.

2) 분묘

표 8 삼한시대 분묘유적 조사 목록

유적명	조사기관	참고문헌
영등동유적 (주구묘)	원광대학교 마한 · 백제문화연구소	『益山 永登洞 遺蹟』(2000)
간촌리유적(주구묘)	호남문화재연구원	『益山 間村里 遺蹟』(2002)
율촌리유적 (분구묘)	원광대학교 마한 · 백제문화연구소	『익산 율촌리 분구묘』(2002)
천동유적 (옹관묘)	원광대학교 박물관	『益山川東地區試掘調査報告書 -2004年 봄마무리 耕地整理豫定地域-』(2006)
장신리유적(주구 · 옹관 · 토광묘)	전북문화재연구원	『익산 장신지구 문화재 발굴조사 약보고서』(2008)
모현동유적(주구 · 옹관 · 토광묘)	원광대학교 마한 · 백제문화연구소	『益山 慕縣洞 遺蹟』(2011)
와리 정동유적 (분구묘)	원광대학교 마한 · 백제문화연구소	『함열 돌숲공원 조성부지내 발굴조사 지도위원회의 자료집』(2012)
포변유적 (토광 · 옹관묘)	원광대학교 마한 · 백제문화연구소	『익산 일반산업단지 진입도로 개설공사 문화재 발굴조사(1차) 학술자문회의 자료』(2013)

분묘는 영등동, 율촌리, 간촌리, 모현동, 묵동, 내장 등에서 주구묘와 분구묘가 조사되었다.

영등동유적은 5기의 주구묘가 조사되었는데, 평면형태는 방형과 원형으로 구분되며, 한쪽에 개방부가 있는 것이 특징이다. 매장주체부는 Ⅰ-1호 1기에서만 확인되었는데 토광묘로 규모는 길이 400cm, 너비 100cm이다. 유물은 철부와 도자가 출토되었다. 주구묘의 경우 유물은 대부분 주구 내에서 출토되었으며, 연질의 타날문토기편과 옹관편이 출토되었다.

율촌리 분구묘는 1998년과 1999년 두 차례에 걸쳐 발굴조사가 이루어졌다. 유적은 해발 25~30m의 저평한 구릉상에 위치하고 있으며, 모두 5기의 분구묘가 구릉 정상부를 따라 나란하게 분포하고 있다. 1호분은 분구를 성토하였지만, 매장주체부는 확인되지 않았으며 2호분은 분구를 성토하고 옹관 4기를 안치하였다. 3호분은 토광묘 2기와 옹관묘 3기가 확인되었다. 4호분은 민묘에 의해 일부 파괴되었으며, 5호분은 대형옹관을 매장주체부로 사용한 옹관묘이다.

간촌리유적은 주구묘 2기와 토광묘 4기, 옹관묘 2기가 조사되었다. 1호 주구가 2호 주구 일부를 파괴하고 축조되었으며, 주구의 평면형태는 방형에 가깝다. 1호 주구묘는 매장주체부는 확인되지 않았으며 주구내에서 두형토기편 · 적갈색연질토기편 · 회청색경질의 고배 · 직구호 등이 출토되었는데 고배와 직구호의 경우는 주구가 일정하게 퇴적된 이후에 유입된 것으로 보인다. 2호 역시 매장주체부는 확인되지 않았다. 토광묘는 4기로 목관을 사용한 것으로 보이며, 1호에서는 옥과 평저직구호 · 적갈색연질타날된 발이 출토되었고, 2호 토광묘에서는 곡옥과 환옥 · 철제도자 · 직구호 등이 출토되었다. 3호에서는 조형토기 1점과 원저단경호 1점이 출토되었고, 4호는 1호 주구묘의 주구를 파괴하고 축조되었으며 유물은 양이부호와 연질토기편이 출토되었다. 옹관묘는 2호 토광묘와 인접하며 1호가 단경호와 직구호를 합구시킨 것이나, 2호는 경작 등으로 대부분 파괴되어 거의 남아 있지 않아 형태를 알 수 없다.

모현동유적은 동쪽 능선에서 주구묘 1기가 조사되었다. 경작과정에서 삭평되어 매장주체부는 확인되지 않았지만, 평면형태는 장방형으로 추정된다. 주구는 'U'자형으로 굴착되어 있고, 소량의 연질토기편만이 출토되었다.

묵동유적은 분구묘와 토광묘가 조사되었다. 분구묘는 모두 5기로 평면 방형과 장방형이고, 매장주체부는 1호와 5호에서 확인되었는데 모두 토광묘이며, 주구는 'U'자형으로 굴착하였다. 토광묘는 3기로 분구묘와 동일한 구릉상에 분포하고 있다. 분구묘와 토광묘에서 출토된 유물은 직구호 · 단경호 · 뚜껑과 환두도 · 철도 · 철모 · 철도자 · 유리구슬 등으로 이를 고려할 때 5세기 중엽~후엽에 조성된 것으로 보고 있다.

내장유적은 2-2구역에서 주구를 두르고 있는 석곽묘 1기와 토광묘 4기, 옹관묘 1기가 조사되었고, 삼족기 · 병형토기가 출토되었다. 석곽묘는 조사지역의 중앙부에 위치하며, 바닥을 성토한 후 할석을 이용하여 축조한 횡구식석곽이다. 대부분 유실되어 바닥과 벽석 1단만 잔존하는데 묘실 바닥은 크고 작은 할석을 깔았고, 부장품은 출토되지 않았다. 성토부 주변에서는 호형토기가 출토되었으며, 석곽의 주변으로는 '∩'형 구를 갖추고 있고 내부에서는 호형토기편 · 회청색 경질토기편 · 삼족기가 출토되었다. 토광묘는 4기가 조사되었고, 삼족기 · 단경호 · 병형토기 · 소호 · 금제이식 · 옥 등 다양한 유물이 출토되었으며 이로 비추어 5세기 말로 편년될 수 있다. 이외에도 옹관묘 1기가 조사되었는데 형태가 동일한 장란형토기를 합구한 형식으로 문양은 승문이 타날되어 있다. 내장 · 묵동유적에서는 마한의 분구묘의 전통이 5세기 까지 지속되는 양상을 보이는 특징을 갖고 있다.

장신리유적은 남동-북서 방향으로 뻗은 해발 20m 이내의 낮은 구릉에 입지하고 있다. 분묘는 분구묘 4기, 토광묘 2기, 옹관묘 13기가 조사되었다. 분구묘는 4기가 조사되었는데 대체로 구릉정상부와 약간 사면에 분포하고 있으며, 매장주체부는 후대의 경작과 건축물이 들어서면서 대부분 유실된 상태로 확인되었다. 유물은 주구내에서 타날문토기편이 약간 출토될 뿐 다른 유물은 전혀 출토되지 않았다. 토광묘는 2기로 단독으로 축조되었고, 목관을 사용한 것으로 추정되며 유물은 광구호가 출토되었다. 옹관묘는 13기로 상면이 대부분 유실되었으며, 2옹 합구식이 대부분이다.

3) 기타

기타유구로는 수혈·구 등이 있다. 수혈은 신동, 장신리, 모현동, 신용리 갓점 등에서 조사되었다. 신동유적에서는 주거지와 함께 수혈 6기가 조사되었는데, 2호와 3호 2기에서 타날문토기편이 출토되어 주거지와 관련된 것으로 볼 수 있다. 모현동에서는 수혈 1기가 조사되었다. 장신리에서는 주거지와 함께 수혈 21기가 조사되었는데 내부에서는 탄화곡물과 호·옹·발·완 등 다양한 유물이 출토되었다.

구평리 Ⅳ유적은 수혈 24기가 조사되었다. 수혈은 남서사면부에 넓게 산포하고 있으며 서쪽주거지군이 위치하는 지점에 밀집된 양상이다. 수혈의 평면형태는 (장)방형·원형·타원형 등 다양하며 바닥면은 특별한 시설 없이 풍화암반을 그대로 이용하고 있다. 유물은 주로 장방형 수혈에서 출토되는데 18호 수혈에서 호형토기 3개체·시루·다수의 적갈색연질토기편·석촉이 출토되었고, 대부분 편으로 출토되었다. 유물이 출토되는 양상은 바닥면에 접하여 확인되는 경우가 드물고, 뜬 상태로 전체 기형의 파악이 불가능한 편이 주로 출토된다. 18호 수혈의 경우, 기형을 알 수 있는 토기가 다수 출토되었음에도 불구하고 퇴적토에서 파쇄된 상태로 확인되기 때문에 유물은 수혈의 기능이 상실된 후 유입되었을 가능성이 높다. 한편, 11호 수혈에서는 탄화팥이 바닥면에 접한 매몰토에서 다량 출토되어 주목된다.

이밖에 구상유구는 송학동과 구평리 Ⅳ유적에서 확인된다. 특히 구평리 Ⅳ유적에서 조사된 구상유구는 서사면 하단부의 해발 12.7~14m에 위치하고 있어 9 · 11호 주거지를 둥글게 감싸고 있는 형태로 각 주거지의 부속시설인 外溝로 추정된다. 주거지를 감싸는 구상유구는 익산 송학동유적에서도 조사된 바 있다. 구상유구는 생토면인 명갈색점질토를 굴광하여 축조하였으며 1호 구상유구의 형태가 전체적으로 9호 주거지를 감싼 원형을 이루고 있지만, 경사면 아래쪽인 남쪽이 개방되었고 북동쪽 부분도 단절된 양상이어서 주거지 내 · 외부를 잇는 통로로 추정된다. 위치별 구상유구의 너비와 깊이는 균일하지 않다. 2호 구상유구의 형태는 전체적으로 11호 주거지를 감싼 원형을 이루고 있으며 경사면 아래쪽인 남쪽이 개방되어 11호 주거지의 배수로가 자리하고, 북쪽 부분도 개방된 양상이다.

6. 삼국시대

1) 주거지

월곡유적에서는 모두 3기의 주거지가 조사되었다. 주거지는 부분적으로 유실되어 정확한 규모는 알 수 없으나 350~400cm 정도이고 방형이나 원형에 가까운 형태를 보이고 있다. 1호는 동쪽에 치우

표 9 삼국시대 주거지 조사 목록

유적명	조사기관	참고문헌
월곡유적	호남문화재연구원	『益山 源水里遺蹟』(2004)
신동리유적	원광대학교 마한·백제문화연구소	『益山 信洞里遺蹟 -5·6·7지구-』(2005) 『益山 信洞里遺蹟 -1·2·3지구-』(2006)
사덕유적	호남문화재연구원	『益山 射德遺蹟 I, II』(2007)
부송동 242-73유적	전북문화재연구원	『益山 富松洞 242-73 遺蹟』(2008)
황등리유적	전북문화재연구원	『益山 黃登里 遺蹟』(2009)
흥암리유적	호남문화재연구원	『益山 光岩里 遺蹟』(2009)
상마유적	대한문화유산연구원	『益山 多松里 上馬遺蹟』(2011)
모현동 2가유적	호남문화재연구원	『益山慕縣洞2街遺蹟 I』(2011) 『益山慕縣洞2街遺蹟 II』(2011)
오룡리유적	원광대학교 마한·백제문화연구소	『益山 伍龍里 遺蹟』(2012)
서두리2유적	호남문화재연구원	『益山 西豆里2·보삼리유적』(2013)
보삼리유적	호남문화재연구원	『益山 西豆里2·보삼리유적』(2013)
서두리1유적	호남문화재연구원	『益山 西豆里1·栗村里·新龍洞·慕縣洞 遺蹟』(2013)
율촌리유적	호남문화재연구원	『益山 西豆里1·栗村里·新龍洞·慕縣洞 遺蹟』(2013)
용기리유적	호남문화재연구원	『益山 龍機里 遺蹟』(2013)

처 화덕시설이 있으며, 할석으로 만든 연도는 북벽에 치우쳐 외부로 배연하도록 시설하였다. 2호와 3호 주거지에서는 중앙에 화덕시설이 확인되었다. 부뚜막과 ㄱ자형으로 길게 이어지는 연도와 배연구는

할석과 판석을 이용하여 만들었다. 3호 주거지에서는 2개소의 주공이 확인되기도 하였다. 출토유물은 발형토기 · 직구소호 · 삼족토기 등이 있다.

신동리유적에서는 웅진기에서 사비기에 이르는 백제시대 수혈주거지 14기와 벽주식 건물지 3기가 출토되었다. 수혈주거지의 평면형태는 장방형이나 말각방형으로서 규모는 710×680cm의 대형으로부터 320×244cm로 소형의 것도 있다. 내부에서는 부뚜막과 주혈 등이 확인되었으며, 직구소호 · 장경호 · 자배기 등의 토기와 백제시대 기와들이 출토되었다. 특히 4호 주거지에서는 태극문 수키와편과 원형인각명문와가 출토되어 주목된다. 벽주식 건물지는 동서 510~630cm, 남북 560~720cm로 비교적 큰 규모를 보인다. 남측 출입구를 제외하고는 전체적으로 구가 돌아가고 그 안에 대형이 중심기둥을 두고 사이에 보조기둥을 배치하였다. 내부 시설로는 부뚜막과 배수구가 확인되며, 자배기류와 석기 및 백제시대 기와가 출토되었다. 이와 같은 벽주건물지는 주로 금강유역인 공주와 부여를 중심으로 확인된 예가 있는데, 신동리유적 발굴조사로 익산지역에서는 처음으로 발견된 건물지 형식이다.

사덕유적에서는 주거지 95기와 벽주식건물지 9기가 조사되었다. 주거지의 평면 형태는 장방형과 방형인데 방형이 주류를 이룬다. 규모면에서도 한 변의 길이가 400cm 미만의 작은 것으로부터 700cm 이상의 대규모의 주거지도 확인되었다. 내부시설로는 주공은 없는 것부터 4주식과 벽체 아래에 주공을 배치한 형태까지 다양한 모습을 보이며, 벽구가 있는 주거지도 확인되었다. 부뚜막은 주로 벽쪽에 치우쳐 나타나며, 배연시설이 있는 것도 있는데 이와 관련하여 연통형토제품과 연가도 출토되었다. 주거지에서 출토된 유물은 호형토기 · 발형토기 · 장란형토기 · 옹형토기 · 자배기 · 이중구연토기 · 완 ·

개 · 배 · 삼족토기와 방추차 · 어망추 등 다양하다. 벽주식 건물지는 유실이 심하여 정확한 규모는 알 수 없지만 400~700cm 내외의 규모로 판단된다. 주공의 배치는 중심기둥과 그 사이에 보조기둥을 배열한 형태이며, 주공 외부에 구를 배치하고 있는 것이 대부분이다. 내부 시설로 돌로 만든 노지로 판단되는 벽주식 건물지도 확인되었다. 출토유물은 기종에 있어서 주거지 출토품과 유사하다.

부송동 242-73유적에서는 2기의 주거지가 조사되었다. 1기는 남쪽 중앙 부분이 돌출된 말각방형이며, 주거지의 내부시설은 부뚜막 · 배연시설 · 출입시설과 4주를 기본으로 하는 중심주혈과 보조주혈이 확인되었다. 1기는 삭평되어 정확한 형태를 알 수 없으나 방형에 가까운 모습을 보이며, 내부에서는 주혈만 확인되었으나 정형성은 없었다.

황등리유적에서는 2기의 주거지가 조사되었다. 1호 주거지의 평면형태는 540cm 크기의 원형에 가까운 모습을 보인다. 내부시설로는 단과 주혈이 확인되었다. 주혈은 벽선을 따라 만들어졌는데, 중심주혈과 보조주혈이 반복되고 있는 모습이다. 출토유물은 장란형토기 · 뚜껑편 · 고배편 · 지석 · 석촉 등이 있다.

다송리의 상마유적에서는 2기의 삼국시대 주거지가 조사되었다. 평면구조는 방형으로 장축 353cm, 단축 310cm의 규모이다. 여기에서 배 · 호형토기 · 시루 · 방추차 · 삼족배 등이 출토되었다.

모현동 2가에서 조사된 내장지구 3구역에서는 3기의 주거지가 조사되었다. 주거지는 방형의 평면구조에 석상형 부뚜막과 연도를 갖춘 형태를 보이고 있으며, 호형토기 1점도 출토되었다. 학동지구에서는 삭평되어 일부만 남아 있는 주거지가 확인되었는데 주공의 흔적이 있는 것으로 보고되었다. 내장지구에서는 3기의 지상건물지도 확인되었다.

익산 일반산업단지 조성지역인 오룡리유적 5지점에서는 680cm 내외의 방형으로 추정되는 주거지가 조사되었다. 내부에서는 경사 상단에 벽구가 확인되었으며, 중앙의 중심주혈과 벽면하부에 각각 5~6개의 보조주혈이 배치되어 있다. 출토유물은 단경호와 직경호 등이 있다. 9지점에서는 8기의 주거지가 확인되었다. 상당부분 유구가 유실되었으나 대체적으로 3.5m 내외의 방형에 가까운 형태를 보이며 출입구로 판단되는 돌출부가 있는 것도 있다. 내부에는 부뚜막과 더불어 정형성을 보이지 않는 주혈이 확인되고 있으며, 이러한 시설들을 확인할 수 없는 주거지도 있다. 발형토기 · 호형토기 · 시루 · 대형호와 더불어 지석 · 철촉 등도 확인되었다.

보삼리유적과 서두리2유적에서는 각각 1기와 10기의 주거지가 조사되었다. 전체적인 주거지 규모를 알 수 있는 주거지는 2기 뿐이지만 400cm 내외의 방형 형태를 보이고 있는 것으로 판단된다. 내부시설로는 부뚜막과 주공 · 벽구 · 장타원형 수혈 등이 확인되었다. 1호 주거지만 완벽한 형태의 4주식의 주공이 확인되었다. 출토유물로는 장란형토기 · 발 · 파수부호 · 주구토기 · 방추차 · 시루 등이 있다.

서두리1유적에서 3기와 율촌리유적에서 2기의 주거지가 조사되었다. 서두리1유적에서는 350cm 크기의 방형의 평면형태를 보이는 것으로 판단되며, 내부시설로는 벽구 · 주공 · 부뚜막 · 배연시설이 확인되었고, 연질토기편 · 연석 · 철부 등이 출토되었다. 3호 주거지는 주공의 상태로 보아 4주식이었을 가능성이 있다. 율촌리유적 1호 주거지는 방형의 형태로 450cm 내외의 규모이다. 내부시설로는 주공 · 벽구 등이 확인되었으며, 배수구는 남서쪽 모서리에 돌출된 형태를 보인다. 장란형토기 · 발형토기 · 방추차 · 연석 등이 출토되었다.

용기리유적에서는 1기의 주거지가 조사되었다. 평면 형태는 장방형으로 장축 길이 422cm, 단축길이 328cm의 규모이다. 주거지 내부시설은 확인되지 않았다. 다만 북서쪽 모서리 바닥에서 소결토가 다량 확인되었다. 출토 유물은 호형토기 구연부편·시루편 등 연질토기편이 출토되었다.

이상에서 보면 삼국시대 주거지는 오히려 청동기시대보다 적은 규모로 조사되었다. 주거지의 규모도 신동리유적과 오룡리유적, 사덕유적의 600~700cm 내외의 주거지를 제외하면 대체적으로 350~400cm 내외를 보인다. 평면의 형태는 대부분 방형의 형태이며 출입시설이 발견되기도 하였다. 내부에는 아무 시설이 발견되지 않았거나 4주식의 주공이 확인된 예, 벽체 아래에 주공을 배치한 예도 있다. 그리고 중앙에 화덕이 있는 예와 부뚜막시설이 있는 예도 밝혀졌다. 특히 월곡유적에서는 부뚜막과 벽체 아래에 연결된 연도와 배연구가 있는 독특한 구조도 확인되었다. 신동리유적에서는 익산에서 처음으로 벽주건물지가 밝혀졌으며, 사덕유적에서는 주공 밖으로 구를 둔 예도 있다. 특히 신동리유적에서는 주거지와 더불어 기와가 사용되고 있음이 주목된다. 4호 주거지 출토 인장와는 백제말기 의자왕대에 사용된 것으로 추정되기도 한다.

2) 분묘

삼국시대 분묘유적은 신목리·웅포리·입점리·금성리·성남리·쌍릉·사덕·금곡·광암리·동용리·용기리·와리 정동 등에서 석실분과 옹관묘 등이 조사되었다.

신목리 옹관묘는 승문이 타날된 적갈색연질의 장란형토기를 합구시킨 것으로 장축방향은 등고선과 나란한 남-북방향이다. 길이는 78cm이며, 묘광의 규모는 길이 119cm, 너비 67cm이다.

웅포리고분군은 함라산 서쪽으로 뻗어내린 해발 70~80m 내외의 야산으로 1986년 지표조사 당시 육안으로 약 60여 기의 고분이 확인

표 10 삼국시대 분묘 조사 목록

유적명	조사기관	참고문헌
쌍릉 (석실묘)	조선총독부	「益山 雙陵」, 『大正六年度調査報告』 (1920)
웅포리고분군 (석실묘)	원광대학교 마한·백제문화연구소	『益山 熊浦里 百濟古墳群 發掘調査報告書』(1988)
입점리고분군 (석실묘)	국립부여문화재 연구소	『익산 입점리고분 발굴조사보고서』 (1989)
원수리고분 (석실묘)	최완규	崔完奎, 1990, 「全北地方 錦江河口의 百濟石室墳」, 『이재용박사환력기념 韓國史學論叢』
무형리옹관묘 (옹관묘)	유병하	俞炳夏, 1994, 「益山茂形里甕棺墓」, 『湖南考古學報』1, 湖南考古學會
웅포리고분군 (석실묘)	원광대학교 박물관	『益山 熊浦里 百濟古墳群』(1995)
성남리고분군 (석실묘)	원광대학교 박물관	『益山 城南里 百濟古墳群』(1997)
입점리고분군 (석실묘)	원광대학교 마한·백제문화연구소	『益山 笠店里 百濟古墳群』(2001)
금곡유적 (옹관묘)	호남문화재연구원	『益山 源水里遺蹟』(2004)
원수리유적 (도관·석곽묘)	호남문화재연구원	『益山 源水里遺蹟』(2004)
신목리유적 (옹관묘)	원광대학교 마한·백제문화연구소	『群長産業團地 進入道路(大田-群山間) 工事區間 內 文化遺蹟 發掘調查 略報 告書』(2005)
사덕유적 (석실묘·옹관묘)	호남문화재연구원	『益山 射德遺蹟 Ⅰ·Ⅱ』(2007)
동용리고분군(석실· 석곽묘·옹관묘)	전북문화재연구원	『고속국도 25호선 논산-전주간 확장구 간 내 발굴조사 약보고서』(2008)
웅포리유적 (Ⅰ, Ⅱ)(석실묘)	전북문화재연구원	『益山 熊浦里 遺蹟 Ⅰ』(2008)
장신리유적 (석곽묘)	전북문화재연구원	『익산 장신지구 문화재 발굴조사 약보고서』(2008)
광암리유적 (석실묘)	전북문화재연구원	『益山 光岩里 遺蹟』(2009)

유적명	조사기관	참고문헌
부송동 부평유적 (석실 · 옹관묘)	전북문화재연구원	『益山 富松洞 富坪 遺蹟』(2009)
광암리유적 (석실묘)	호남문화재연구원	『益山 光岩里 遺蹟』(2009)
다송리 상마유적 (석실 · 토광묘)	대한문화유산연구원	『益山 多松里 上馬遺蹟』(2011)
모현동 2가유적 (석곽 · 옹관묘)	호남문화재연구원	『益山慕縣洞2街遺蹟Ⅰ』(2011) 『益山慕縣洞2街遺蹟Ⅱ』(2011)
서두리유적 (옹관묘)	전북문화재연구원	『益山 西豆里 遺蹟』(2011)
와리 정동유적 (석실 · 소형석관)	원광대학교 마한 · 백제문화연구소	『함열 돌숲공원 조성부지내 발굴조사 지도위원회의 자료집』(2012)
어량리유적 (분구묘)	호남문화재연구원	『益山 長善里 · 漁梁里 遺蹟』(2012)
장선리유적 (분구묘)	호남문화재연구원	『益山 長善里 · 漁梁里 遺蹟』(2012)
신작리유적 (옹관 · 토광묘)	전주문화유산연구원	『익산 신작리 유적』(2013)
오룡리유적 (석곽묘)	원광대학교 마한 · 백제문화연구소	『益山 伍龍里 遺蹟』(2012)
서두리2유적(분구 · 옹관묘 · 토광묘)	호남문화재연구원	『益山 西豆里2 · 보삼리 遺蹟』(2013)
서두리1유적(분구 · 옹관 · 토광묘)	호남문화재연구원	『益山 西豆里1 · 栗村里 · 新龍洞 · 慕縣洞 遺蹟』(2013)
율촌리유적(분구 · 옹관 · 토광묘)	호남문화재연구원	『益山 西豆里1 · 栗村里 · 新龍洞 · 慕縣洞 遺蹟』(2013)

되었다. 이 후 1987년 2기, 1992년과 1993년에 25기, 2004~2007년에 44기 등 총 71기의 삼국시대 분묘가 확인되었다. 71기의 가운데 그 구조를 파악할 수 있는 것이 횡혈식석실분 6기, 수혈식석곽묘 18기, 횡구식석곽묘 20여 기 등이다. 횡혈식석실분인 86-20호는 평면 방형으로 벽석은 할석을 사용하였다. 연도는 우측에 개설하였으며,

천장의 형태는 평면의 형태로 보아 궁륭상으로 추정된다. 석실 바닥에는 관대를 시설하였으며, 유물은 직구호·단경호와 개배류가 출토되었다. 07-24호 역시 평면 방형의 궁륭상 천장에 연도는 중앙에 개설되었고, 바닥에는 판석을 이용하여 3곳의 시상을 설치하였다.

웅포리고분군은 금강이남지역에서 확인된 대표적인 백제고분 밀집지역으로 수혈식-횡혈식-횡구식으로 변화과정을 엿 볼 수 있는 중요한 유적이다. 또한 출토유물 가운데 유개삼족토기·유개대부직구호·고배 등은 한강유역 출토품과 통하고 있어 양 지역간의 교류를 짐작할 수 있다.

입점리 고분군은 해발 120m 내외의 정상부와 동쪽 사면에 분포하고 있으며 주변으로는 어래산성(御來山城)과 도청산성(都靑山城)이 남북으로 지근거리에 마주하고 있다. 조사는 1986년 8기, 1998년 13기 등 모두 21기 가운데 백제시대 분묘는 횡혈식석실분 7기, 수혈식석곽묘 11기, 횡구식석곽묘 1기 등 19기이다.

횡혈식석실분인 86-1호분은 평면 방형으로 할석을 벽석으로 사용한 전형적인 궁륭식 천장으로 확인되었다. 연도는 우측에 개설하였으며, 연도의 전방으로는 배수로를 시설하였다. 유물은 금동관모를 비롯한 금동신발·금동이식·중국제청자호와 마구류(馬具類) 등이 출토되었다.

수혈식석곽묘인 98-1호분은 입점리고분군의 입지 가운데 가장 우월한 능선의 정상부에 남-북방향으로 조성되었다. 내부에서는 대부직구호를 비롯한 직구소호·단경호와 함께 이식과 경식이 출토되었다. 전체적인 고분의 구조와 출토유물로 보아 금강하류유역의 수혈식석곽묘를 사용하던 재지세력과 백제 중앙세력과의 교류관계를 엿볼 수 있는 유적이다.

금성리유적은 금강 연안의 함라산 줄기에서 동쪽으로 뻗은 해발

35m 내외의 정상부에서 횡혈식석실분 3기가 각각 일정한 거리를 두고 확인되었다. 확인된 석실분은 상부는 대부분 파괴되었으나, 잔존하는 양상으로 보아 조사된 3기 모두 평면형태는 방형으로 판단된다. 벽석의 축조는 할석을 사용한 것으로 추정되며, 연도는 좌편재(1호분)·중앙(2호분)·우편재(3호분)가 혼재하여 정형성을 보이고 있지는 않다. 전반적으로 평면 방형의 형태, 축조재료, 연도의 비규칙성 등으로 볼 때 초기유형으로 판단되며 유물은 직구소호·뚜껑 등이 출토되었다.

성남리고분군은 미륵산의 북쪽 능선으로 정상부와 동쪽 및 서쪽사면에 집중 분포하고 있다. 1994년부터 1995년에 걸쳐 조사한 결과 28기의 고분 가운데 횡혈식석실분 12기, 횡구식석곽묘 6기 등 모두 18기의 백제시대 분묘가 확인되었다.

횡혈식석실분의 대부분은 백제말기의 판석을 사용한 단면 육각형의 전형적인 고임식으로 사비유형에 속한다. 연도는 문틀식의 구조로 중앙에 개설하였고, 석실 내부에서 관정 혹은 관고리가 출토되는 것으로 보아 목관을 사용한 것으로 추정된다.

쌍릉은 사적 87호로 지정되었으며, 석왕동의 왕뫼라 불리는 구릉 위에 익산토성이 위치한 해발 146m의 오금산 서쪽 능선의 말단부 40m 내외의 구릉에 약 200m 거리를 두고 동-서로 대왕릉과 소왕릉이 자리하고 있다. 일제강점기에 조사된 쌍릉은 원형의 봉토가 비교적 양호하게 잔존하고 있다. 규모는 대왕릉이 직경 30m, 높이 5m이고, 소왕릉이 직경 24m, 높이 3.5m 내외이다. 봉토 저경에는 호석열이 시설되어 있다.

쌍릉의 석실은 전형적인 사비유형의 판석조 고임식(단면육각형) 석실분으로 석실의 규모는 대왕릉이 길이 380cm, 너비 178cm, 높이 227cm이고, 소왕릉은 길이 320cm, 너비 130cm, 높이 170cm이다. 연도는 중앙에 개설하였고 대왕릉의 내부에는 길이 270cm, 너비 85cm 내외의 관대를 설치하였다. 이러한 관대의 설치 예는 부여 왕릉인 능산리고분군의 동상총과 동하총에서 찾아볼 수 있어 무덤 피장자의 성격을 추정할 수 있다.

유물은 도굴되었으나, 대왕릉에서 목관·도제완·옥제장신구 등이 출토되었고 소왕릉에서는 도금관식금교구편 등이 출토되었다. 목관의 수종이 무령왕릉 및 능산리 고분군에서 출토된 관재와 동일한 금송(金松)으로 확인되었으며, 장신구 역시 부여 능산리 출토품과 동일한 형태의 것으로 확인되었다. 이와 같은 석실분의 구조와 출토유물 등으로 보아 7세기 전반경에 해당되며, 백제 30대 무왕과 왕비릉으로 추정하고 있다.

사덕유적은 해발 63m 내외의 구릉 정상에서 뻗은 동사면과 남쪽사면에서 마한~백제시대 주거지 105기, 수혈 124기, 토기가마 4기, 백제시대 분묘 31기가 조사되었다. 분묘의 유형은 횡혈식석실분 2기·횡구식석곽묘 24기·수혈식석곽묘 2기·호관묘 3기 등으로 조사지역 외곽으로 또 다른 분묘의 존재를 보고자는 상정하고 있다.

전체적인 분묘의 입지에서는 횡혈식석실분이 능선의 상단에 입지한 우월성이 간취되며, 특징적인 점은 석실분 경사면 상부에 눈썹형의 주구를 시설하였다는 점이다. 2기의 횡혈식석실분(3호·20호)의 잔존 양상으로 보아 장방형 평면에 우편재의 연도를 가진 석실분으로 벽석은 비교적 큰 장대석을 사용하였다. 전체적인 석실의 잔존 상태와 동반 분묘로 볼 때 6세기 후엽에서 7세기 초반으로 판단된다.

금곡유적은 합구식옹관묘 1기가 조사되었다. 상면은 대부분 유실되었으며, 합구부 측면은 10cm 크기의 할석을 놓아 견고하게 하였다. 아래는 장란형옹, 위쪽은 반란형에 가까운 연질토기를 합구하였다.

원수리에서는 도관묘 1기가 조사되었다. 남쪽 능선 정상의 서쪽 말단부인 해발 66.05m에 위치한다. 도관묘는 토광을 굴광하고 도관을 횡치하여 놓았다. 앞 뒤 벽은 기와로 마감하였으며, 뚜껑은 확인되지 않았다. 도관은 상단으로 갈수록 폭이 좁아진 형태이다.

광암리유적은 시대산에서 남쪽으로 뻗은 구릉으로 총 3개 지점으로 구분하여 조사되었다. 백제시대 유구만을 정리하면 2구역에서는 수혈 7기, 3구역에서는 주거지 10기, 수혈 31기, 토기가마 2기, 석실분 1기, 토광묘 2기, 5구역에서는 횡혈식석실분 2기가 조사되었다.

5구역의 횡혈식석실분은 남쪽 사면(해발 58m)에 자리하고 있지만 석실분의 상부가 파괴되어 정확한 양상을 알 수 없다. 다만 잔존하는 양상으로 보아 평면형태는 장방형으로 추정되며 석재는 치석한 장대석을 사용하였다. 석실 내부에는 2차례에 걸친 관대가 확인되었으며, 하층에 설치된 배수로는 석실내부에서 묘도를 거쳐 외곽으로 길게 시설하였다. 시설된 배수로로 보아 연도는 우측에 개설한 것으로 추정된다. 유물은 2호 석실분에서 백제말기로 볼 수 있는 삼족토기·병형토기·유병 등이 출토되었다.

동용리고분군은 천호산(해발 501m)에서 서쪽으로 뻗은 가지능선의 서사면(해발 80m)에 위치하고 있으며, 남동쪽으로 인접하여 학현산성이 자리하고 있다. 백제시대 횡혈식석실분 5기를 포함하여 수혈식·횡구식석곽묘 등 18기와 옹관묘 2기가 확인되었다. 횡혈식석실분은 평면 장방형의 형태에 괴석형 할석을 사용하여 축조하였다. 짧게 개설된 연도는 좌편재(4호·10호·15호·18호)와 우편재(8호)가 확인된다. 특징적인 것은 횡혈식석실분과 일부 수혈식석곽묘의 경사면 상단에 주구를 설치한 점이다. 출토된 삼족토기·개배·직구호·병형토기 등의 유물과 고분 구조로 볼 때 6세기 중엽으로 추정되며, 특히 유물가운데 16호에서 백제 고지에서는 처음으로 출토된 가야양식의 유개장경호가 주목된다.

서두리 2유적은 해발 10~20m의 낮은 동쪽 사면에 청동기시대 무덤과 마한시대 주거지, 분구묘 1기가 확인되었다. 분구묘의 매장주체시설은 횡혈식석실로 석실은 분구묘 대상부 중앙에 단독으로 조성되었다. 석실의 평면형태는 장방형으로 벽석은 할석을 사용하였다. 연도는 우측에 개설하였으며, 폐쇄는 부정형의 할석을 사용하였다. 바닥은 점토다짐을 한 것으로 추정되며, 하부에서 배수로가 확인되었다. 유물은 서장벽 중앙에서 병형토기 1점과 관정이 출토되었다. 석실을 감싸고 시설된 주구의 평면형태는 원형으로 주구 내부에서는 고배와 경질토기편과 함께 다량의 파수가 출토되었다.

와리 정동유적은 함열읍내의 해발 27m 저평한 구릉의 정상부와 서쪽 사면에 해당된다. 청동기시대 주거지를 비롯하여 분구묘 1기, 삼국시대 고분 3기가 조사되었다. 횡혈식석실분은 구릉 정상부에서 1기, 서쪽 사면부에서 1기 등 2기가 조사되었으나, 사면부의 2호 석실분은 파괴가 심하게 이루어졌다.

정상부의 1호 석실분은 전형적인 평면 장방형 단면 육각형의 사비유형의 고임식 석실분으로 치석된 판석을 사용하였다. 연도는 문지방석 상부와 양 장벽에 장대석을 세워 문주석을 삼아 중앙에 개설하였으며, 2매의 장대석으로 폐쇄하였다.

용기리유적은 익산 일반산업단지 조성공사로 조사가 이루어졌으며, 모두 9기의 석축묘가 조사되었다. 이 가운데 3기는 횡혈식석실로 구릉 하단부 해발 28m 지점에 위치하고 있다. 2호와 3호는 중복되어 있고, 1호 분은 도굴 되지 않은 상태로 남아 있었지만, 부장품은 전혀 출토되지 않았다.

횡혈식석실분은 모두 지하식의 구조로 평면형태는 장방형이다. 정연하게 치석한 판석을 사용하여 단면 육각형의 전형적인 사비유형의 고임식 석실분으로 연도는 문틀식으로 중앙에 개설하였다. 연도는 2

매의 장대석으로 폐쇄하였다.

3) 사지

한일합방 이후 익산지역 최초의 발굴조사는 사찰유적이었다. 미륵
사지는 1965년 간단한 긴급조사가 있었으며, 이후 1974년도에는 동
탑지 발굴조사가 있었다. 1980년부터는 문화재연구소에 의한 종합

표 11   삼국시대 사지 조사 목록

유적명	조사기관	참고문헌
미륵사지	원광대학교 마한 · 백제문화연구소	「益山彌勒寺址東塔址및西塔調查報告書」, 『馬韓 · 百濟文化』1(1974) 「彌勒寺址東塔址2次發掘調查報告書」, 『馬韓 · 百濟文化』2(1977)
	문화재관리국 문화재연구소	『彌勒寺遺蹟發掘調查報告書Ⅰ』(1989) 『彌勒寺址石塔』(2012)
	국립부여문화재연구소	『彌勒寺址東塔址基壇 및 下部調查報告書』(1992) 『彌勒寺遺蹟發掘調查報告書Ⅱ』(1996)
	호남문화재연구원	『益山 彌勒寺址-사적 제150호 익산 미륵사지 강당지 북편 배수로 정비사업 문화유적 발굴조사 보고서-』(2008)
대관사지	국립부여문화재연구소	『益山王宮里遺蹟發掘中間報告』(1992) 『王宮里發掘調查中間報告Ⅵ』(2008)
제석사지	원광대학교 마한 · 백제문화연구소	『益山 帝釋寺址 試掘調查報告書』(1994)
	원광대학교 박물관	『益山王宮里傳瓦窯址(帝釋寺廢棄場) 發掘調查報告書』(2006)
	국립부여문화재연구소	『益山帝釋寺址發掘調查報告書Ⅰ』(2011) 『益山帝釋寺址發掘調查報告書Ⅱ』(2013)
연동리 사지	원광대학교 마한 · 백제문화연구소	百濟 蓮洞里寺址 調查研究 (韓國哲學宗教思想史, 1990)
사자암	국립부여문화재연구소	『獅子庵發掘調查報告書』(1994)

적인 발굴조사가 있었는데, 이후 국립부여문화재연구소가 어어 받아 1996년 조사를 완료하였다. 이후 배수로 정비사업의 일환으로 호남문화재연구원에서 강당지 북편 일대를 조사하였으며, 미륵사지 서탑의 해체와 더불어 기단부에 대한 발굴조사가 있었다.

미륵사지는 잘 아는 바와 같이 발굴조사결과 일탑일금당의 전형적인 백제시대 가람배치 양식을 기본으로 한 삼원병치의 가람배치임이 확인되었다. 삼원병치의 가람은 미륵삼존이 출현하여 용화보리수 아래에서 삼회의 설법을 통해 중생을 구제한다는 미륵경전의 내용을 구상화한 독특한 모습을 보여주고 있다. 그리고 통일신라시대에 미륵사지 사역을 남쪽으로 확장하여 당간지주를 세우고 이를 둘러 싼 남회랑을 두었으며, 그 앞에 연못을 조성하였다. 미륵사지의 독특한 가람배치와 함께 최초의 석탑을 조성하고, 금당지 기단부에 공간을 만들었으며, 석등의 조성, 삼단계 위계를 갖는 가구식 기단을 완성했다. 또한 출토 유물에서도 상징적 의미를 갖는 문양을 조식한 사리장엄구, 6엽의 수막새와 더불어 녹유연목와의 사용, 와범에 의한 드림새를 갖춘 최초의 암막새 사용 등 그 독창적인 모습은 삼국시대 건축문화의 정점을 보여주는 사찰이었음이 밝혀졌다.

대관사지는 왕궁리유적 궁장 안의 핵심적인 위치인 중심축에서 조사되었다. 중앙 남문 북편과 제1석축 사이에 놓여 있는 대형의 22번 건물지는 궁성의 외조정전으로 파악하는 학자도 있지만 석축 위 목탑과 금당과 강당으로 이어지는 배례루的인 성격의 건물로 보기도 한다. 그렇다면 목탑과 금당과 강당의 일직선상의 배치는 전형적인 백제시대 가람배치를 따르면서 앞에 석축과 배례루를 둔 또 하나의 백제시대 독특한 가람배치 양식이라고 판단된다. 대관사지는 통일신라시대가 되면 석탑을 조성하고, 이중기단이었던 것으로 판단되는 금당은 단층기단의 건물지로, 대규모의 강당은 작은 규모로 다시 중건된다. 사역에서는 백제시대 부여식 8엽연화문수막새와 더불어 통일신라시대의 중판연화문수막새와 암막새, 그리고 大官官寺·官宮寺·王宮寺 등의 사찰명을 타날하거나 새긴 기와들이 출토되었다.

제석사지는 마한·백제문화연구소에 의해 사적지정을 하고자 사역의 범위와 가람배치 등을 확인하기 위하여 극히 제한적인 범위에서 시굴조사가 이루어졌다. 이후 국립부여문화재연구소에 의해서 종합적인 발굴조사가 진행되었다. 제석사지는 貞觀 13年(639) 뇌우에 의해 불탄 기록이 있는데, 이후 중건한 것으로 전해진다. 발굴조사 결과 사역은 상당부분 유실되었으나 남북일직선상에 중문과 탑·금당·강당을 배치하고 회랑을 둘렀으며, 회랑의 북쪽부분은 부속건물지와 연결되어 부여지역에서 확인된 전형적인 백제시대 가람배치임이 확인되었다. 중건가람에 사용된 기와도 8엽연화문수막새와 더불어 백제시대 암막새가 사용되었다. 제석사지 북쪽 구릉에서 조사된 폐기장은 원래 와요지로 전해왔는데, 정확한 성격을 밝히기 위하여 시굴조사를 실시했으나 정관년간 화재의 잔재물을 폐기한 것으로 확인되었다. 여기에서 출토된 유물은 주로 수막새와 소조상편들인데, 거의 절대년대를 파악할 수 있는 자료로서 특히 소조상은 백제인들의 뛰어난 조형감각과 사찰을 장엄하는 모습을 엿볼 수 있는 유물이다.

연동리사지는 연동리석불좌상과 광배의 보호각을 헐고 법당을 짓는 과정에서 조사되었다. 조사결과 금당지 단독의 건물을 갖는 가람구조로 판단되었다. 건물의 기단규모는 전면 13.8m, 측면 12.8m로 정방형에 가까운 전면 3칸, 측면 3칸의 규모이다. 외열주초는 모두 상면이 평평한 방형의 초석을 사용하였으나, 내진고주는 대형의 굴립주를 사용한 독특한 건물구조를 하고 있음이 특징이다. 조사 당시에는 막새기와가 전혀 출토되지 않았으나 최근 금당지 북쪽에서 백제시대 8엽연화문수막새가 출토된 바 있다.

사자암도 법당건립을 계기로 하여 발굴조사 되었다. 조사결과 지형적인 조건상 백제시대 유구는 확인할 수 없었으나 백제시대 평기와들이 출토되었으며, 사자사명 고려시대 암막새기와가 출토되어 이곳이『삼국유사』에 나오는 지명법사가 주석했던 백제시대 사자사지로 파악되었다. 출토유물은 삼국시대 요소를 살리고 있는 청동약사여래상, 통일신라와 고려시대의 금동불상 및 신장상 · 청동향로 등이 있다.

『신증동국여지승람』에 나오는 오금사지를 찾기 위한 조사도 있었으나 그 위치를 확인할 수 없었다.

이와 같이 익산에 전해지고 있는 백제시대 사찰 유적은 대부분 발굴조사 되었다. 이 중 대관사지와 미륵사지 · 제석사지는 국가적 차원에서 창건된 사찰로 판단되며, 사찰의 가람배치도 모두 다른 양상을 보이고 있다고 하는 점이 주목된다.

4) 가마

표 12 삼국시대 가마 조사 목록

유적명	조사기관	참고문헌
신용리 토기요지	전주시립박물관	「益山新龍里百濟土器窯址」 (『古文化』30, 韓國大學博物館協會, 1988)
사덕유적	호남문화재연구원	『益山 射德遺蹟Ⅰ, Ⅱ』(2007)
웅포리유적	전북문화재연구원	『益山 熊浦里 遺蹟(Ⅰ, Ⅱ지구) 회의자료』(2007)
연동리유적	원광대학교 마한 · 백제문화연구소	『益山 蓮洞里 遺蹟』(2013)

신용리 토기요지에서는 2기의 백제시대 가마터가 조사되었는데 모두 지하식의 등요이다. 1호 가마는 길이 약 850cm로 평면 형태는

독사머리형이며, 아취형 천정이 남아 있다. 요상의 최대 폭은 300cm
이고 높이는 90cm이며 20° 가량의 경사를 이루고 있다. 2호 가마의
길이는 1100cm이며, 평면 형태는 독사머리형 인데 아취형 천정이
남아 있다. 요상의 최대 폭은 320cm이고 높이는 200cm이다. 출토
유물은 광구호 · 단경호 · 직구호 · 삼족토기 · 개배 · 개 · 소형호 · 발
형토기 · 원통형옹 등이 있다. 가마의 운영 시기는 6세기 중반경으로
보고 있으며, 일본 오사카 스에무라 요지군의 가마와도 일맥상통한
것으로 보고되었다.

사덕유적에서는 천정부가 대부분 유실된 4기의 가마가 조사되었
다. 1~3호 가마는 비슷한 구조로 회구부와 함께 아궁이와 소성실이
이어진 반지하식 등요로 판단된다. 유실에 의해 정확한 규모는 알 수
없으나 1호 가마의 경우 남아있는 길이는 1400cm이며, 폭은 480cm
이다. 4호 가마 아궁이는 장방형 석재를 세워 만들었으며 연도부도
남아 있다. 1호에서는 회청색경질토기로 옹형토기와 대호가 출토되
었으며, 2호는 평행문과 격자문 및 승석문이 타날된 회색연질토기와
회청색경질토기가 출토되었다. 3호에서는 적갈색연질인 호형토기 ·
장란형토기 · 시루가 출토되었고, 4호에서는 모두 자배기편이 출토
되었다.

웅포리유적의 가마는 반지하식으로 추정되며 잔존규모는 415×
133×20cm이다. 연소실 · 소성실 · 굴뚝부를 갖춘 구조로 판단되지
만 현재 연소실과 소성실 일부를 제외하고는 모두 유실된 상태이다.
소성실을 중심으로 가마 벽체가 일부 확인되고 있으며 바닥에서 회
청색 연질 토기편들이 출토되었고, 가마의 연소실에서 약 5m 떨어져
회구부가 확인되었는데 대부분 유실되어 평면 형태는 알 수 없다.

연동리유적은 연동리석불좌상과 광배가 있는 연동리사지에 접하
고 있다. 2기의 가마가 확인되었으나 1호 가마는 2호 가마 축조과정

에서 많이 파괴되었다. 가마의 구조는 불턱이 마련된 소성실 경사도가 3도 내외인 지하식 평요의 형태이다. 2호 가마에서는 백제시대 연화문수막새와 연목와편, 上卩乙로 판단되는 인장와와 평기와들이 출토되었다. 아직까지 익산에서 백제시대 기와 가마가 밝혀지지 않아 연동리유적은 최초의 가마유적 조사라는 의미를 갖는다.

5) 성곽

왕궁리성지는 백제시대 궁성으로 전해져 오고 있다. 최초 원광대학교 마한·백제문화연구소에서 처음 궁장과 사지에 대한 시굴조사가 있었다. 당시 성곽의 규모가 밝혀졌으며, 사지에서 '官宮寺'명 기와가 출토된바 있다. 이후 1989년부터는 백제문화권 유적정비의 일환으로 처음 국립문화재연구소에서 발굴조사를 시작하였다. 그 후 국립부여문화재연구소가 발족되어 이 조사를 담당하여 오늘날에 이르기까지 20여년간 발굴조사가 계속되고 있다. 지금은 거의 전반적

표 13 삼국시대 성곽 조사 목록

유적명	조사기관	참고문헌
왕궁리성	원광대학교 마한·백제문화연구소	『익산 왕궁평 발굴조사 약보고서』 (마한백제문화 2, 1977)
	국립부여문화재연구소	『益山王宮里遺蹟發掘中間報告』(1992) 『王宮里發掘調査中間報告Ⅱ-Ⅸ』(1997~2013)
익산토성	원광대학교 마한·백제문화연구소	『報德城 發掘調査略報告(一名 益山土城)』 (1981)
	원광대학교 마한·백제문화연구소	『益山伍金山城發掘調査報告書』(1985)
저토성	원광대학교 마한·백제문화연구소	『益山猪土城試掘調査報告書』(2001)
낭산산성	전북문화재연구원	『익산 낭산산성』(2008)

인 지역에 대한 조사가 이루어진 상태이다. 궁장은 평면의 형태가 장방형으로 남북 190여 m, 동서 240여 m의 규모로 전반부와 후원부로 나눠진다. 전반부는 4개의 석축으로 대지가 구분되어 있는데, 선대건물지와 석축 일부를 파괴하면서 목탑과 금당 강당을 갖는 백제시대 대규모의 사찰건물지가 조성되었다. 제1석축 앞에는 대형의 토심적심의 건물지가 확인되는데, 이 건물지의 성격에 대해서는 외조 정전건물지로 보기도 하며, 사찰과 관련된 배례루로 보기도 한다. 이외에 전반부에서는 다양한 건물지와 함께 정원유구도 확인되었다. 여기에서는 백제시대 연화문수막새를 비롯하여 원형인각명문와, '首府'명 방형인각명문와가 출토되었다. 궁장의 서북부에는 공방지가 확인되었는데, 여기에서는 대형화장실도 발굴되었으며, 금제영락 등의 금제품과 유리제품을 생산하였던 것으로 확인되었다. 후원영역에서는 제일 높은 지점에서 건물지의 흔적이 확인되고 있으며, 후원의 넓은 영역을 감싸고 있는 환수구와 다양한 사행수로 등이 확인되었다. 통일신라시대에는 백제시대 목탑지 상면에 5층석탑을 건립하고 금당과 법당을 중창한 흔적도 확인되었다. 여기에서는 통일신라시대의 연화문수막새와 암막새 등이 출토되었다.

익산토성은 보덕국왕의 치소라고 하여 보덕성으로 불리기도 하는데 확실한 근거가 없으며, 오금산에 위치하기 때문에 오금산성으로 불리기도 한다. 성곽은 해발 125m와 100m 내외의 낮은 두 봉우리를 감싸 북변을 이루고 남쪽 낮은 수구지를 감싸는 형태로 성곽의 둘레는 714m이다. 성벽은 내탁기법으로 쌓았으나 남문과 더불어 수구대지를 지나는 곳은 협축한 형태이다. 조사 결과 백제시대에는 토성으로 축조되었으며, 뒤에 석성으로 개축되었음을 알 수 있었다. 마지막 시기의 남문은 수구대지 서쪽에 치우쳐 위치하는데 백제시대 판축토루를 절개하여 만들었으며, 초축 시기의 남문은 동쪽에 위하하는 것으로 확인되었으나 정확한 형태나 규모는 알 수 없다. 출토유물은 연화문과 태극문 및 소문수막새와 원형인각명문와가 있으며, 토기류는 개배 · 직구호 · 전달린토기 · 시루 · 벼루 등이 주류를 이룬다. 익산 토성은 초축된 이후 통일신라시대와 고려시대에 걸쳐 사용된 것으로 판단된다.

저토성은 도토성으로 불리기도 하는데 성벽의 둘레는 369m로 낮은 구릉을 감싸는 테머리식 산성이다. 성곽의 폭은 4m 내외의 판축토루로 내탁한 구조이며, 부분적으로 토루 앞에 석축을 했던 흔적이나 주공과 호석이 있다. 판축토루 앞에는 2m 내외의 회랑도를 두었는데 경사가 미약한 지역이나 능선으로 이어지는 부분은 공호를 파전면에 토루를 구축한 형태를 보인다. 출토유물은 백제시대 원형인각명문와와 평기와 및 토기편들이 주류를 이루며, 통인신라시대 막새류와 명문와, 토기류 및 중국청자편 등도 출토되었다. 문헌기록은 없지만 출토유물울 통해 볼 때 7세기 초반 경에 축조되어 9세기 중반경에 수축되고 나말려초까지 사용된 것으로 판단된다.

낭산산성은 남문지와 주변 일대에 대한 발굴조사가 이루어졌다. 마한시대의 성곽이라고 하여 '마한성'이라고 불려왔으나 발굴조사에서 마한과 관련지을 수 있는 유물은 전혀 출토되지 않았다. 남문지는 수축의 흔적이 확인되는데 선대성벽과 관련된 층위에서는 왕궁리유적 출토품과 유사한 파문수막새 등 백제시대 유물들이 출토되어 백제시대에 초축되었음을 알 수 있었다. 남문지 주변에서는 조선시대의 유물도 출토되고 있어 조선시대까지 사용된 성곽임을 알 수 있다.

6) 건물지

천동유적은 경지정리지구에 대한 시굴조사였다. 이미 일차 경지정리가 이루어진 지역이고 벽돌공장의 채토지역으로도 사용되었다. 건

표 14 삼국시대 건물지 조사 목록

유적명	조사기관	참고문헌
천동유적	원광대학교 박물관	『益山川東地區試掘調査報告書 -2004年 봄마무리耕地整理豫定地域-』(2006)
석왕동유적	전북문화재연구원	『익산 석왕동유적』(2012)

물지는 확인할 수 없었지만 익산천변과 가까운 지역에서 백제시대 연화문수막새 잔편과 백제시대 기와편이 다량으로 수습되어 막새를 사용했던 건물지가 있었던 것으로 판단된다. 수막새는 부여식 8엽연화문수막새로 왕궁리유적이나 미륵사지에서 출토된 예가 있다. 건물지의 위치나 구조는 알 수 없지만 백제 궁성유적인 왕궁리유적과 깊은 관련이 있는 건물지가 있었을 것으로 판단된다.

　석왕동유적은 익산쌍릉 주변의 공원조성과 관련하여 조사되었다. 여기에서도 정확한 건물지의 흔적이 확인되지 않았지만 백제시대 기와편과 더불어 7세기대로 편년되는 백제시대 연화문수막새가 출토되었다. 막새기와가 사용된 건물지는 왕릉의 수직과 관련된 것인지, 아니면 왕릉과 관련된 원찰에서 사용된 것인지 앞으로 백제 사비기 익산의 정체성을 밝히기 위하여 심도 있는 조사가 필요하다.

7. 통일신라시대

1) 분묘

　금성리유적에서는 12기의 석곽묘가 조사되었다. 묘실 평면의 규모는 길이 87~233cm, 너비 23~68cm이며, 할석으로 축조된 횡구식과 수혈식이 섞여있다. 바닥은 부석을 하거나 기와·토기편을 깔기

표 15 통일신라시대 분묘 조사 목록

유적명	조사기관	참고문헌
금성리 유적	원광대학교 마한 · 백제문화연구소	『群長産業團地 進入道路(大田-群山間) 工事區間內 文化遺蹟 發掘調査 略報告書』(2005)
서두리 유적	전북문화재연구원	『益山 西豆里 遺蹟』(2011)
신용리 갓점유적	원광대학교 마한 · 백제문화연구소	『익산 서동테마 농촌테마공원 조성부지 문화재 발굴조사 약보고서』(2012)

도 했다. 두침석과 족침석을 특별하게 놓은 경우도 있으며, 출토유물은 병 · 유개완 · 유개파수 · 직구호 · 청동제품 등이 있다. 전대의 석축묘를 계승한 것으로 판단된다.

서두리유적에서는 9기의 석곽묘가 조사되었다. 대부분 파괴 유실되어 정확한 축조방법 등은 알 수 없다. 할석조 석곽분으로 묘실의 규모는 길이 134~262cm, 너비 50~110cm로 내부에서는 유물이 거의 출토되지 않았다.

신용리 갓점유적에서는 석곽묘 1기가 조사되었다. 잔존규모는 길이 230cm, 너비 120cm로 대부분 파괴되었다. 대부완과 토기뚜껑이 출토되었다.

2) 성곽

미륵산성은 기준왕이 축성하였다는 기록이 있어 기준성이라고도 불렸다. 둘레가 1.8km에 달하고 체성의 폭이 850cm 내외의 대규모의 석성인데, 그 성격과 규모를 밝히기 위하여 2차에 걸친 발굴조사를 실시하였다. 조사결과 건물지가 있는 지역에서는 백제시대 토기들이 다량 수습되지만 유구는 확인되지 않았다. 석성과 관련된 동문지나 남문지에서는 백제시대 유물들이 전혀 출토되지 않아 통일신라

표 16 통일신라시대 성곽 조사 목록

유적명	조사기관	참고문헌
미륵산성	원광대학교 마한 · 백제문화연구소	『益山彌勒山城-東門址周邊發掘調査報告書』 (2001)
	원광대학교 박물관	『미륵산성-건물지 및 남문지 발굴조사보고서』 (2008)

시대에 초축된 것으로 확인되었다. 동문지는 점차 성문을 높여 수축하고 있음을 알 수 있으며, '宣德三年'(1428)명 명문와가 출토되어 세종 10년에 마지막으로 성벽을 일부 헐어내어 동문을 높여 쌓고 옹성을 설치하는 등 대대적인 보수가 이루어진 것을 알 수 있었다. 남문지도 3차에 걸친 유구가 확인되는데 통일신라시대에서 조선시대까지 문을 좁혀가며 사용하였으며, 마지막 성문은 현문식으로 추정되었다. 건물지는 석축단을 만들고 그 위에 건물을 두었는데 5단석축까지 조사되었다. 대부분 대규모의 건물지들로 통일신라시대와 고려시대 및 조선시대에 개축된 것이 확인되었으며, 일부 지역에서는 방형의 저수유구도 발굴되었다. 출토유물로는 '金馬渚城'·'金馬郡凡窯店'·'妙奉院'·'金馬郡'·'彌力寺'·'大寺' 등의 명문와와 함께 고려시대의 암수막새도 출토되었다.

3) 가마

표 17 통일신라시대 가마 조사 목록

유적명	조사기관	참고문헌
미륵사지 와요지	국립부여문화재연구소	『彌勒寺 遺蹟發掘調査報告書Ⅱ』(1996)
오룡리유적	원광대학교 마한 · 백제문화연구소	『益山 伍龍里 遺蹟』(2013)

미륵사지에서는 동연못 입수로 서편에서 2기의 와요지가 발굴되었다. 모두 반지하식 등요로 동쪽의 가마는 화구에서 소성실까지 430cm, 최대폭 185cm 규모이고 3차에 걸쳐 중수되었다. 서쪽의 가마는 화구에서 소성실까지 335cm, 최대폭 175cm 규모이고 화구는 2차에 걸쳐 조성되었다.

삼기면과 낭산면에 만들어지는 일반산업단지 조성부지내의 오룡리유적에서 통일신라시대 가마 1기가 조사되었다. 가마는 풍화암반층을 굴광한 후 조성된 반지하식 등요이다. 일부 유실되었는데 화구부 255cm, 소성실 114cm 길이이며 깊이는 각각 115cm, 64cm이다. 연소실과 소성실 사이에는 높이 40cm 가량의 불턱이 있으며, 소성실 바닥의 경사도는 25°이다. 출토유물은 자배기·완·접시·호·파수편 등이 있다.

4) 매납유구

표 18 통일신라시대 매납유구 조사 목록

유적명	조사기관	참고문헌
황등리유적	전북문화재연구원	『益山 黃登里 遺蹟』(2009)

유구는 회백색풍화암반층을 수직으로 굴착하고 내부 바닥에 대부완 1점을 놓고 완형토기 1점을 이용하여 뚜껑을 덮은 형태이다. 대부완 내부에는 회백색풍화암반토가 가득 들어 있었으며, 유물 등은 확인되지 않았다.

8. 고려시대

1) 주거지

표 19 고려시대 주거지 조사 목록

유적명	조사기관	참고문헌
고산유적	원광대학교 마한 · 백제문화연구소	『익산 일반산업단지 진입도로 개설공사 문화재 발굴조사(1차) 학술자문회의 자료』(2013)
중발유적	원광대학교 마한 · 백제문화연구소	『익산 일반산업단지 진입도로 개설공사 문화재 발굴조사(1차) 학술자문회의 자료』(2013)
오룡리유적	원광대학교 마한 · 백제문화연구소	『益山 伍龍里 遺蹟』(2013)

고산유적에서는 연접한 2기의 수혈 주거지가 조사되었다. 1호 주거지의 잔존규모는 동서 310cm, 남북 260cm이며, 깊이는 25cm 정도 남은 장방형의 형태이다. 내부에서는 맷돌로 추정되는 석재와 청자화형접시가 출토되었다. 2호 주거지는 장축이 378cm 정도의 타원형 수혈로 중앙에 타원형 구덩이가 이단으로 만들어져 있다. 유물은 바닥에서 청자편과 회청색경질토기편 등이 출토되었다.

오룡리유적에서는 1지점에서 3기, 4지점에서 2기의 고려시대 수혈주거지가 발굴되었다. 평면 형태는 타원형이거나 말각방형이다. 비교적 완벽한 형태의 1지점 1호 주거지는 타원형으로 장축의 길이 445m, 깊이 54cm의 규모이다. 주거지 안에서는 청자상감운학문유병 · 청자상감당초문대접 · 청자접시 · 도기편 · 시루편 · 지석 등이 출토되었다.

2) 분묘

원수리유적의 석곽묘는 1기가 조사되었다. 풍화암반층을 파고 천석과 할석을 이용하여 만든 횡구식으로 묘곽의 규모는 길이 307cm,

폭 118cm, 잔존깊이 80cm이다. 남쪽 장벽에 문주석으로 판단되는 석재 1매가 세워져 있고 목관을 사용한 흔적이 있다. 출토유물은 청동완 · 철제등잔 · 청자발 등이 있다.

월곡유적에서는 3기의 석곽묘가 조사되었다. 1호의 규모는 길이 126cm, 너비 46cm, 깊이 15cm이고, 광구소호 1점만 출토되었다. 2호 석곽은 길이 204cm, 너비 56cm, 깊이 44cm 규모이고, 청동제품과 관정이 출토되었다. 3호 석곽은 길이 184cm, 너비 60cm, 깊이 54cm 규모이고, 출토유물은 없다. 석곽은 모두 할석재를 사용하여 축조하였으며 일부 단벽에서는 시신을 안치하고 폐쇄석으로 막음한 흔적도 보인다.

표 20　고려시대 분묘 조사 목록

유적명	조사기관	참고문헌
원수리유적 (석곽)	호남문화재연구원	『益山 源水里遺蹟』(2004)
월곡유적 (석곽)	호남문화재연구원	『益山 源水里遺蹟』(2004)
유성유적 (석곽)	호남문화재연구원	『益山 源水里遺蹟』(2004)
신동리유적 (석곽)	원광대학교 마한 · 백제문화연구소	『益山 信洞里遺蹟 -5 · 6 · 7지구-』(2005)
광암리유적 (토광)	전북문화재연구원	『益山 光岩里 遺蹟』(2009)
부송동 부평유적 (토광)	전북문화재연구원	『益山 富松洞 富坪 遺蹟』(2009)
장신리유적 (석곽 · 토광)	전북문화재연구원	『益山 長新里 遺蹟 -高麗 · 朝鮮-』(2010)
서두리유적 (토광)	전북문화재연구원	『益山 西豆里 遺蹟』(2011)
신용리 갓점유적 (토광)	원광대학교 마한 · 백제문화연구소	『익산 서동테마 농촌테마공원 조성부지 문화재 발굴조사 약보고서』(2012)
오룡리유적 (석곽 · 토광)	원광대학교 마한 · 백제문화연구소	『益山 伍龍里 遺蹟』(2013)

유성유적의 석곽묘는 1기가 조사되었다. 석곽의 형태는 장방형으로 길이 240cm, 너비 100cm, 깊이 68cm이다. 할석을 사용하여 축조하였는데 출토된 유물은 없다.

신동리유적에서는 1기의 석곽묘가 조사되었는데 처녀분이다. 할석으로 축조된 길이 246cm, 너비 80cm, 높이 50cm 규모로 개석까지 남아 있는 횡구식석곽묘이다. 유물은 횡구부 바닥에서 청자대접·청자접시·청자발·청자유병과 토기병·청동숟가락·철제가위·동전이 출토되었다.

광암리유적에서 밝혀진 고려시대에서 조선시대에 이르는 토광묘는 모두 267기가 조사되었다. 토광묘에는 유물이 출토되지 않은 예도 많아 정확한 시기 구분은 어렵다. 조선시대 분청자나 백자가 출토되는 토광묘가 많아 조선시대가 주류를 이룬다. 일부 고려시대 유물이 출토되는 토광묘가 있는데 묘광의 규모는 대체적으로 장축이 200cm 내외이고, 단축은 60cm 내외의 크기이다. 출토유물은 청자병·청자완·청자대접·청자접시·청자발 등이 있다.

부송동 부평유적에서는 고려시대부터 조선시대에 이르는 토광묘 25기가 조사되었다. 대부분의 토광에서 유물이 출토되지 않기 때문에 정확한 시기를 구분하기는 어려운데 1기에서 청자대접과 자접시가 출토된 예가 있다. 묘광의 규모는 장축 234~342cm, 단축 75~179cm이다. 할석으로 축조하였는데 대부분 유실되었으며, 2호에서는 바닥에 판석을 깔았다. 출토유물은 청자병·청자완·토기발·청동완·철제등잔 등이 있다.

장신리유적 1~3구역에서는 총 25기의 토광묘가 조사되었다. 대부분 장축 190~200cm, 단축 60~90cm 내외의 규모이다. 목관이나 관정의 흔적이 전혀 확인되지 않고 있으며, 감실의 흔적도 발견되지 않았다. 출토유물은 청자광구병·청자매병·청자유병·청자발·청자완 · 청자대접 · 청자호 · 청자접시 · 청자잔이 있으며, 토기병 · 토기호, 청동제품으로는 인장 · 병 · 합 · 접시 · 숟가락 · 젓가락 · 동전 등이 있다.

서두리유적에서 조사된 33기의 토광묘 중에서 1기에서만 고려시대유물이 출토되었다. 길이 240cm, 너비 70cm, 깊이 42cm 규모이다. 청자발 · 청자완 · 청동발 · 청동숟가락이 출토되었다.

신용리 갓점유적에서는 2기의 토광묘가 조사되었다. 장벽은 220cm 내외이고, 단벽은 55cm 내외의 규모이나 안에서 철제과대 1점만 출토되어 정확한 토광묘의 시기를 결정하기는 어렵다.

오룡리유적에서는 고려시대에서 조선시대에 이르는 토광묘 54기가 조사되었다. 유물이 출토되지 않는 토광묘가 많아 정확한 시기를 나눌 수 없지만 조선시대 토광묘가 주류를 이룬다. 청자가 출토되는 토광묘 2기는 대부분 유실되었고, 청자완 · 청자발 · 청자접시 · 청자잔 · 청자유병과 철제가위 · 청동숟가락 · 관정 등이 출토되었다.

오룡리유적에서는 석곽묘 1기가 조사되었다. 규모는 길이 254cm, 너비 146cm로 장방형 할석을 이용해 축조하였는데 많은 부분이 유실되었다. 출토유물은 청자병 · 청자발 · 청자잔 · 청동숟가락 등이 있다.

3) 가마

표 21   고려시대 가마 조사 목록

유적명	조사기관	참고문헌
미륵사지	국립부여문화재연구소	『彌勒寺 遺蹟發掘調査報告書Ⅱ』(1996)
모현동 2가유적	호남문화재연구원	『益山慕縣洞2街遺蹟Ⅰ』(2011) 『益山慕縣洞2街遺蹟Ⅱ』(2011)

미륵사지에서 기와 가마가 동원 동회랑 동편에서 2기가 조사되었
다. 모두 반지하식 등요로 동쪽 가마는 화구에서 소성실까지 660cm,
최대폭 295cm 규모이다. 서쪽 가마는 화구에서 소성실까지 610cm,
최대폭 230cm 규모이다.

모현동 2가유적에서는 내장지구와 묵동지구에서 각각 1기씩 조사
되었다. 묵동지구 가마는 기와 가마로서 지하식 등요이다. 요전부·
연소실·소성실·연도부를 갖추고 있는데, 연소실과 소성실 사이에
는 불턱을 두었다. 연도부에서 아궁이까지 잔존길이 544cm이며, 최
대너비 178cm이다.

내장지구는 기와 가마로서 반지하식이며, 요전부·연소실·소성
실을 갖추고 있는데 연소실과 소성실 사이에는 불턱을 두었다. 가
마의 규모는 잔존길이 516cm, 벽체를 기준으로 잔존하는 최대너비
230cm이다. 여기에서는 연화문수막새와 평기와편들이 출토되었다.

4) 건물지

표 22 고려시대 건물지 조사 목록

유적명	조사기관	참고문헌
서두리유적	전북문화재연구원	『益山 西豆里 遺蹟』(2011)
오룡리유적 (지상건물지)	원광대학교 마한·백제문화연구소	『益山 伍龍里 遺蹟』(2013)

서두리유적의 상갈2-A지역에서 건물지로 판단되는 유구가 조사
되었다. 건물지 주변의 파괴가 심하여 규모나 성격은 알 수 없다. 건
물지는 아궁이와 고래시설이 확인되었다. 아궁이는 완만하게 굴착하
였으며, 불을 지핀 목탄흔이 확인되었다. 고래시설은 2열이 남아 있
고 잔존 길이는 320cm이다.

오룡리유적 건물지는 총 27기가 조사되었다. 이중 적심건물지는 9동이며 나머지는 지상건물지이다. 확실한 유물의 출토가 없는 곳이 많아 주로 고려시대에서 조선시대에 걸쳐 조성된 것으로 파악하고 있다.

9. 조선시대

1) 주거지

표 23 조선시대 주거지 조사 목록

유적명	조사기관	참고문헌
모현동 2가유적	호남문화재연구원	『益山慕縣洞2街遺蹟Ⅰ』(2011) 『益山慕縣洞2街遺蹟Ⅱ』(2011)
와리 정동유적	원광대학교 마한·백제문화연구소	『함열 돌숲공원 조성부지내 발굴조사 지도위원회의 자료집』(2012)
오룡리유적	원광대학교 마한·백제문화연구소	『益山 伍龍里 遺蹟』(2013)

모현동 2가유적 내장2지구에서 1기의 주거지가 조사되었다. 평면은 부정형이며 최대 382cm의 규모이고, 백자가 출토되었다. 섬다리지구에서는 모두 3기의 주거지가 조사되었다. 1기만이 완전한 형태를 보이는데 규모는 길이 310cm, 너비 274cm 규모이다. 주거지들의 내부에서는 아궁이와 주혈이 확인되는 곳도 있다. 분청자와 시루편 등이 출토되었다.

와리 정동유적에서는 5기의 주거지가 조사되었다. 방형과 원형, 타원형 등의 평면구조를 하고 있으며, 가장 긴 부분은 직경 420cm 정도로 파악된다. 내부에서는 주혈이나 석재로 만든 부뚜막이 발견되기도 하였다. 주로 자기편과 옹기저부편 등이 출토되었다.

오룡리유적에서는 조선시대 주거지 1기가 조사되었다. 평면의 형태는 원형에 가까우며 넓은 곳은 392cm이다. 내부 시설로는 아궁이가 발견되었으며, 백자저부·시루편·대상형파수·암키와 등이 있다.

2) 분묘

표 24 조선시대 분묘 조사 목록

유적명	조사기관	참고문헌
신동유적 (토광묘)	원광대학교 마한·백제문화연구소	『益山 新洞 文化遺蹟 發掘調査 報告書』 (2002)
원수리유적 (토광묘)	호남문화재연구원	『益山 源水里遺蹟』(2004)
유성유적 (토광묘)	호남문화재연구원	『益山 源水里遺蹟』(2004)
금성리유적 (토광묘)	원광대학교 마한·백제문화연구소	『群長産業團地 進入道路(大田-群山間) 工事區間內 文化遺蹟 發掘調査 略報告書』 (2005)
신동리유적 (토광묘)	원광대학교 마한·백제문화연구소	『益山 信洞里遺蹟 -5·6·7지구-』(2005)
부송동 부평 유적(토광묘)	전북문화재연구원	『益山 富松洞 富坪 遺蹟』(2009)
장신리유적 (토광묘)	전북문화재연구원	『益山 長新里 遺蹟 -高麗·朝鮮-』(2010)
다송리 상마유적 (토광묘)	대한문화유산연구원	『益山 多松里 上馬遺蹟』(2011)
모현동 2가유적 (토광묘)	호남문화재연구원	『益山慕縣洞2街遺蹟Ⅰ』(2011) 『益山慕縣洞2街遺蹟Ⅱ』(2011)
서두리유적 (토광묘, 석축묘)	전북문화재연구원	『益山 西豆里 遺蹟』(2011)
어량리유적 (토광묘)	호남문화재연구원	『益山 長善里·漁梁里 遺蹟』(2012)
구평리1유적 (토광묘)	전북문화재연구원	『익산 구평리Ⅰ·Ⅱ·Ⅲ, 연동리Ⅰ, 용기리Ⅰ·Ⅱ 유적』(2013)

유적명	조사기관	참고문헌
연동리1유적	전북문화재연구원	『익산 구평리 I · II · III, 연동리 I, 용기리 I · II 유적』(2013)
오룡리유적	원광대학교 마한 · 백제문화연구소	『益山 伍龍里 遺蹟』(2013)
율촌리유적	호남문화재연구원	『익산 서두리1 · 율촌리 · 신용동 · 모현동 유적』(2013)
신용동유적	호남문화재연구원	『익산 서두리1 · 율촌리 · 신용동 · 모현동 유적』(2013)
서두리1유적	호남문화재연구원	『익산 서두리1 · 율촌리 · 신용동 · 모현동 유적』(2013)
중발유적 (토광묘)	원광대학교 마한 · 백제문화연구소	『익산 일반산업단지 진입도로 개설공사 문화재 발굴조사(1차) 학술자문회의 자료』(2013)

신동유적에서는 모두 10기의 토광묘가 조사되었다. 토광의 구조는 1단토광묘와 2단토광묘 및 합장묘로 나눠진다. 유물은 1기에서 상평통보만 출토되었다.

원수리유적에서는 2기의 토광묘와 회곽묘 1기가 조사되었다. 토광묘는 각각 1단과 2단토광묘이다. 출토유물은 없다.

유성유적에서는 46기의 토광묘가 조사되었다. 토광묘의 구조는 1단토광묘와 2단토광묘로 구분된다. 1단토광묘 중에는 감실을 시설한 곳도 있다. 출토유물은 주로 백자 대접과 접시가 주류를 이루고, 청동숟가락과 젓가락이 출토되었다.

금성리유적에서는 6기의 토광묘가 조사되었다. 바닥 전면에 부석시설을 한 예가 있다. 1기에서는 분청자완이, 1기에서는 청동숟가락과 청동발이 출토되었다.

신동리유적 5지구에서는 5기의 토광묘가 조사되었다. 규모는 196~200cm이며, 폭은 56~100cm 규모이다. 2기는 장벽 쪽에 감실이 확인된다. 분청사기대접 · 분청사기발 · 청동숟가락 · 토제방추차 등이 출토되었다.

부송동 부평유적에서는 고려시대부터 조선시대에 이르는 토광묘 25기가 조사되었다. 대부분의 토광에서 유물이 출토되지 않기 때문에 정확한 시기를 구분하기는 어렵다. 백자접시와 백자대접이 출토된 예가 있으며, 이단토광과 감실을 갖춘 토광묘도 있다.

장신리유적에서는 총 172기의 토광묘가 조사되었는데, 유물이 출토된 것은 41기에 불과하다. 토광의 규모는 장축 175~248cm, 단축 34~120cm 내외이다. 목관의 사용 흔적은 확인되지 않았으며, 상당수의 토광묘에서 감실을 둔 흔적이 남아 있다. 출토된 유물은 분청자유병 · 분청자호 · 분청자대접 · 분청자접시와 백자유병 · 백자접시 · 백자발 · 백자완, 청동제품은 인장 · 접시 · 뚜껑 · 숟가락 · 젓가락 · 동전 · 쪽집개와 철체가위 및 유리옥 등 다양하다.

다송리 상마유적에서는 28기의 토광묘가 조사되었다. 묘광의 규모는 장축 200cm 내외가 주류를 이루며, 160cm 내외의 소형 토광묘와 250cm 이상의 대형도 소량 존재한다. 목관을 사용한 흔적과 감실도 확인된다. 내부에서는 대부분 출토유물이 없고 1기에서만 조선통보와 옷 · 관정이 출토되었다.

익산 모현동 2가유적에서 조사된 조선시대 토광묘는 내장지구 7기, 묵동지구 55기, 외장지구 7기, 학동지구 37기가 조사되었다. 토광의 규모는 길이 150~240cm, 너비 35~100cm가 일반적이다. 내부에서 관정이 출토되기 때문에 목관을 안치하였음을 알 수 있으며, 특징적인 내부구조로는 요갱 · 수혈 · 벽감시설 등을 들 수 있다. 대부분 유물이 부장되지 않은 경우가 많으나 자기, 청동제 식기류와 장신구 · 집게 · 옥류 · 관정 · 토기편 등이 출토되었다

서두리유적에서는 총 33기의 토광묘가 조사 되었다. 대부분 출토유물이 없어 시기를 파악하기 어려운데 이중 1기에서만 고려시대 유

물이 출토되었다. 평면 형태는 대부분 장방형이며, 규모는 길이 200cm, 너비 100cm 내외로 조사되었다. 출토유물은 분청자소호 · 분청자발과 철제가위 · 청동숟가락 등이 있다. 관정이 출토되는 것으로 보아 목관을 사용한 예가 있으며, 감실이 있는 경우도 있다.

어량리유적에서는 장축 196cm, 단축 60cm 규모의 토광묘 1기가 조사되었다. 북서벽에서 백자발과 백자완이 출토되었다.

구평리1유적에서는 13기의 토광묘가 조사되었다. 묘광의 형태는 일단토광묘와 이단토광묘, 합장묘로 구분되며 목관을 사용하지 않았던 것으로 판단하였다. 묘광의 규모는 장축 110~260cm, 단축 70~236cm 내외이며, 출토유물은 토기편과 자기편 · 지석 등이 있다.

연동리1유적에서는 2기의 토광묘가 조사되었다. 모두 일단토광 형식으로 묘광 내에서는 할석재 2매와 옹기편 등이 출토되었다.

중발유적에서는 1기의 토광묘가 조사되었으나 아직 정확한 내용은 보고되지 않았다.

오룡리유적에서는 고려시대에서 조선시대에 이르는 토광묘 54기가 조사되었다. 유물이 출토되지 않는 토광묘가 많아 정확한 시기를 나누기 어려우며 2기에서만 청자들이 출토되었을 뿐이어서 조선시대 토광묘가 주류를 이룬다. 묘광은 일단토광과 이단토광으로 나눠지며, 감실도 확인되었고 목관을 사용한 흔적이 남아 있는 토광묘도 있다. 출토유물은 분청자발 · 백자발 · 청동숟가락 · 관정 등이 있다.

율촌리유적에서는 1기의 토광묘가 조사되었다. 출토유물은 없고 일단토광의 형식이다.

신용동유적에서는 13기의 토광묘가 조사되었다. 일단토광형식이며 감실이 있는 곳도 있다. 청동숟가락만 출토되었다.

서두리1유적에서는 10기의 토광묘가 조사되었다. 일단토광형식이 주류를 이루며, 2단토광도 있고 목관을 사용한 예도 있다. 출토유

물은 분청자병·분청자종지·청동합·청동숟가락·동곳·관정·옥
등이 있다.

3) 가마

표 25 조선시대 가마 조사 목록

유적명	조사기관	참고문헌
미륵사지 와요지	국립부여문화재연구소	『彌勒寺 遺蹟發掘調査報告書 Ⅱ』(1996)
금성리 유적	원광대학교 마한·백제문화연구소	『群長産業團地 進入道路(大田-群山間) 工事區間內 文化遺蹟 發掘調査 略報告書』(2005)
장신리 유적	전북문화재연구원	『益山 長新里 遺蹟 -高麗·朝鮮-』(2010)
서두리 유적	전북문화재연구원	『益山 西豆里 遺蹟』(2011)
구평리 2유적	전북문화재연구원	『익산 구평리 Ⅰ·Ⅱ·Ⅲ, 연동리 Ⅰ, 용기리 Ⅰ·Ⅱ 유적』(2013)

미륵사지는 사역 중심곽 북쪽에서 2기의 기와 가마가 조사되었다.
가마가 모두 지하식 등요로 1호는 화구에서 소성실까지 880cm, 최
대폭 220cm 규모이고 82cm 높이의 불턱이 있다. 2호는 화구에서
소성실까지 923cm, 최대폭 202cm 규모이다.

금성리에서는 기와가마 1기가 조사되었다. 전체 길이는 884cm로
요전부·연소실·소성실·연도부로 이어진다. 높이 60cm의 불턱이
있다.

장신리유적에서는 가마는 5기가 조사되었다. 가마는 경사면을 따
라 축조된 등요로 2기는 72cm 정도의 거리를 두고 인접하고 있다.
1·2·3호 가마에서 유물은 거의 출토되지 않았으나 폐기장에서
주로 옹기와 소토가 확인되는 것으로 보아 옹기 가마로 추정된다.
4·5호 가마 소성실 바닥에서는 다량의 기와편들이 확인되어 기와

가마로 추정된다.

서두리유적에서는 기와 가마 1기가 조사되었다. 화구와 연소실만 남아 있는데 길이 196cm, 너비 172cm이다. 연소실 내부에는 단단하게 소결된 불턱 2개소가 확인되었다.

구평리2유적에서는 모두 12기의 가마가 조사되었다. 주로 기와 가마이며, 6호 가마는 도기 가마로 확인되었다. 가마의 구조는 오뚜기형·주걱형·장타원형으로 다양하며, 1기의 지하식 가마를 제외하고는 모두 반지하식이다. 고지자기측정에서 고려시대에서 조선시대로 나타나는데, 6호 도기가마는 고려 말 조선 초기의 가마로 보고되었다.

4) 건물지

표 26 조선시대 건물지 조사 목록

유적명	조사기관	참고문헌
송학동유적 (적심건물지)	전북문화재연구원	『益山 松鶴洞 遺蹟』(2008)
온수리유적 (지상건물지)	호남문화재연구원	『益山 光岩里 遺蹟』(2009)
신용리 갓점유적 (적심건물지)	원광대학교 마한·백제문화연구소	『익산 서동테마 농촌테마공원 조성부지 문화재 발굴조사 약보고서』(2012)
오룡리유적 (적심건물지, 지상건물지)	원광대학교 마한·백제문화연구소	『益山 伍龍里 遺蹟』(2012)

송학동유적에서는 1기의 적심건물지가 조사되었다. 대부분 삭평되고 초석적심만 남아 있는데 전면 1칸, 측면 1칸의 규모이다. 적심 내부를 정리하는 과정에서 회청색경질토기편·암키와편·지석이 소량 출토되었다.

신용리 갓점유적에서는 모두 5기의 건물지가 조사되었다. 1호 건물지는 전면 6칸, 측면 3칸의 구조이다. 3호 건물지는 전면 2칸, 측면 2칸의 구조이며, 5호 건물지는 전면 7칸, 측면 3칸의 구조이다. 3·4·5호 건물지 주변에서는 담장 및 적심들이 확인되어 여러 차례 건물지의 증개축이 있었던 것으로 보인다.

오룡리유적 건물지는 총 27기가 조사되었다. 이중 적심건물지는 총 9동이며 나머지는 지상건물지이다. 확실한 유물의 출토가 없는 곳이 많아 주로 고려시대에서 조선시대에 걸쳐 조성된 것으로 파악하고 있다.

V. 맺는말-과제

1. 선사시대

익산지역에서 최근까지 선사시대의 다양한 유구들이 확인되면서 선사시대 연구 또한 증가하고 있다. 그러나 지금까지 조사된 유적은 도시화가 이루어지거나 도로개설과 공단조성과 같은 공사로 인한 구제발굴이 대부분이며 많은 유적이 조사된 것에 비해 지역적인 편중현상도 있어 익산 선사시대 문화의 복원에는 한계가 있다. 여기에서는 익산지역 선사시대의 최근 성과와 과제를 중심으로 살펴보고자 한다.

익산지역 구석기시대는 2000년 이전까지는 지표조사나 다른 유적의 발굴조사에서 간헐적으로 수습된 석기를 중심으로 소개되었을 뿐, 문화층에 대한 발굴조사는 전무하였다. 그러다 2002년에 여산 신막유적이 조사되면서 익산에서 처음으로 구석기 문화층을 발굴하게 되었고, 최근에는 쌍정리, 다송리 상마, 서두리, 보삼리 등 많은 유적에서 층위발굴을 통하여 구석기문화층의 존재가 확인되면서 익산지역 구석기문화의 실체를 어느 정도 밝힐 수 있었다. 특히 서두리에서는 한반도에서 처음 출토된 유경첨두기로 유사한 형태의 유물은 일본열도에서 주로 출토되고 있는데 시기는 후기구석기 최말기에서 죠몬(繩文)시대 초기에 나타나는 석기로 보고 있어[78] 일본을 포함한 동아시아지역 구석기 조합과 비교연구가 이루어져야 할 것으로 보인다.

신석기시대는 아직까지 다른 시기에 비해 조사된 유적이 많지 않다. 다만 웅포리와 신용리 갓점에서 주거지가 조사되었고, 미륵사지와 율촌리에서도 비록 성토층이기는 하지만 빗살무늬토기가 수습된 것으로 보아 앞으로 주변지역에 대한 조사가 이루어진다면 보다 많은 신석기시대 유적이 찾아질 것으로 보인다.

청동기시대는 정식적인 발굴조사는 아니지만, 수습된 청동유물을 중심으로 학계에 간헐적으로 알려지면서 익산지역을 평양 · 경주와 함께 한반도 청동기문화의 중요한 거점의 하나로 익산청동문화권을 설정한 바 있다.[79] 청동기시대 유적에 대한 본격적인 조사는 90년대 중반부터이며 영등동유적의 발굴조사는 익산지역 청동기시대가 전기부터 시작되었다는 것을 증명한 계기가 되었다. 하지만 시기구분에 있어서는 아직도 해결되지 않은 과제들이 많다. 먼저 청동기시대 후기와 초기철기시대의 개념정립의 문제로 청동유물이 출토된 유적을 초기철기시대로 편년하려는 경향이 있다. 그렇다면 청동기시대는 청동유물이 없이 무문토기를 특징으로 하기 때문에 현재의 시기구분

---

78 湖南文化財硏究院, 『益山 西豆里 2 · 寶三里遺蹟』, 2013.
79 金元龍, 「益山地域의 靑銅器文化」, 『馬韓 · 百濟文化』 2, 圓光大學校 馬韓 · 百濟文化硏究所, 1977.

과 맞지 않다. 따라서 한반도에서 청동기제작이 가장 활발하게 이루어진 원형점토대토기를 특징으로 하는 시기와 철기가 유입되어 한반도에서 본격적으로 철기가 제작되는 시기와 구분할 필요가 있다. 그렇다면 송국리문화를 특징으로 하는 시기는 중기로 편년하고, 철기가 공반되지 않은 순수 청동기와 원형점토대토기를 특징으로 하는 시기는 청동기시대 후기로 편년[80] 한다면 시기편년에 있어 큰 문제는 되지 않는다고 본다.

다음으로 청동기와 점토대토기를 특징으로 하는 시기는 많은 분묘가 조사되었음에도 불구하고, 정작 그 사람들이 생활했던 주거지는 아직까지 조사된 예가 거의 없다. 이는 비단 익산지역만의 문제가 아니라 전북지역의 전반적인 양상으로 당시의 정치적인 상황과 결부하여 생각해 볼 필요가 있다. 최근 중부지역에서 조사된 고지성 취락의 존재로 보아 익산지역에서도 고지성 취락이 찾아질 가능성이 있기 때문에 그런 지역에 대한 조사시 주의가 필요 하다.

다음으로 기원전후부터 기원후 2세기까지의 유적은 현재까지 확인된 예가 거의 없는데 반하여 기원후 3세기를 전후하여 유적이 급증하고 있다. 그렇다면 약 2세기 정도의 시간적인 공백을 어떻게 해결해야 할 것인지 앞으로 논의가 이루어져야 할 것이다.

삼한과 삼국시대 유적은 최근 활발한 조사를 통하여 많은 유적들이 확인되었다. 그러나 기원후 3~4세기는 삼한과 삼국의 구분이 명확하지 않다. 문헌상으로는 삼국시대에 속하지만, 문화적으로는 이 시기를 마한과 백제문화로 구분하고 있다. 지금까지 보고서에 언급된 내용을 참조하면 이 시기를 마한~백제, 원삼국~백제, 마한, 삼국

---

80 金奎正, 「靑銅器時代 中期의 設定과 問題」, 『韓國靑銅器學報』 創刊號, 韓國靑銅器學會, 2007.

등 다양하게 기술되어 있다. 따라서 시기적으로는 삼국시대로 통일하고 문화적인 특징에 따라 마한과 백제로 구분해야 할 것으로 보인다.

이러한 여러 가지 문제에도 불구하고 최근 익산지역은 발굴조사를 통하여 선사시대의 다양한 유적들이 확인됨으로써 익산지역 선사시대에 대한 연구가 활발하게 진행될 수 있게 되었다. 그러나 앞으로 그동안 발굴조사 된 자료를 중심으로 보다 체계적인 연구가 진행되어야 익산지역 선사시대의 성격이 명확하게 밝혀질 것으로 보인다.

2. 역사시대

익산지역은 1990년대 까지 주로 백제문화의 실체와 정체성을 밝히기 위한 조사가 주로 이루어져 왔다. 이후 2000년대부터는 각종 개발 사업에 의한 구제발굴로 인해 구석기시대부터 조선시대에 이르는 많은 유적들이 조사되었다. 이러한 고고학적 자료는 앞으로 문화의 계통 및 전파와 그 실체를 밝히기 위한 심도 있는 연구가 필요하며, 현 시점이 그 때라고 할 수 있다.

익산은 기자조선 준왕의 남분지로 전승되고 있으며, 건마국설과[81] 목지국설[82] 등이 존재하고 있는 지역이다. 익산지역에서 조사된 외래적 요소가 강하게 나타나는 다송리유적, 용제동유적, 평장리유적, 신동리유적 등을 마한의 조기로 편년하고 있다. 이는 준왕의 남천시기와 대비할 수 있기 때문에 이를 계기로 익산지역은 강력한 구조를 가

---

81 준왕 남분의 위치비정에 있어서 김정배와 노중국은 익산설을 주장하고 있다.
82 정약용(『疆域考』 三韓總考), 韓鎭書(『海東繹史』 地理考), 신경준(『疆界誌』) 등이 준왕의 남분에 관련이 있다고 전해지는 익산에 관심을 두고 있다. 그리고 최몽룡은 나주 반남면의 최후 목지국 이전에 익산에 있었던 것으로 판단하고 있다.

진 마한의 중심세력으로 부상한 것으로 추정하고 있다.[83] 그러나 마한의 중심지로서 익산에 건마국이나 목지국이 있었다면 여기에 상당하는 정치체가 있었을 것이기 때문에 거기에 걸맞는 주거유적이나 무덤 등이 밝혀져야 할 것이다. 그러나 익산지역에서 밝혀진 마한관련 유적은 집중되지 못하고 있어 향후 이 문제를 해결하기 위해서는 더 많은 고고학적 자료들이 조사되어야 할 것이다.

삼국시대 백제고분 중 금강유역을 중심으로 성행했던 횡혈식 석실분이 입점리와 웅포리에서 대규모 군집의 형태로 나타난다. 금동관모 등의 위세품을 지닌 입점리 1호분을 통해서 이 지역이 정치적 권력의 핵심에 위치했던 것임을 알 수 있다. 7세기 무왕대를 전후한 시기에 정치권력이 내륙으로 이동된다. 내륙지역은 주구를 갖는 분구묘의 전통이 남아 있는데, 6세기경 동룡리나 사덕유적에서 수혈식석실분과 석곽분에 눈썹형 주구가 설치된 고분이 조사되었다. 이러한 특징적인 무덤이 분구묘의 전통 속에서 입지가 변화하면서 지속되는 것인지, 아니면 이와 다른 세력이 주구만을 수용하여 나타나는 것인지는 면밀한 검토가 필요하다고 한다.[84] 즉 분구묘의 전통이 남아 있는 익산 내륙지역에 백제 전통의 수혈식석실분이나 석곽분이 수용 전개되는가를 좀 더 구체적으로 밝혀 마한영역을 백제가 어떻게 통합해가는 가를 규명해야 할 것이다.

무왕대를 전후한 시기에 백제는 왕궁리 궁성이나 미륵사와 제석사, 그리고 주변의 많은 성곽들을 축조하면서 금마저를 건설하게 된다. 그러므로 익산은 백제고고학 분야에서 가장 핵심이 되는 유적들

---

83 崔完奎, 「益山地域의 馬韓文化」, 『益山의 先史와 古代』, 원광대학교 마한·백제문화연구소, 2003, p. 140.
84 李文炯, 「익산지역 백제 횡혈식석실분의 수용과 전개」, 『익산』, 국립전주박물관, 2013, p. 260.

이 산재해 있다. 그런데 금마저의 정체성에 대해서는 백제 무왕의 천도설과 별도설 외에도 삼경설,[85] 동서양성설,[86] 별부설,[87] 경영설,[88] 모후세력 근거지설,[89] 국사지설,[90] 복도설[91] 등 많은 이설과 함께 아직까지도 쟁점이 되고 있다. 이러한 쟁점을 해결하기 위해서는 왕궁리 궁성지의 성격에 대해 정확한 규명이 필요하다. 천도나 복도 혹은 이궁설을 주장하는 쪽에서는 왕궁리유적의 핵심적인 대형건물지인 22번 건물지에 대해서는 궁성의 외조정전인 태극전으로 보고자 하는 견해도 있으며,[92] 발굴조사보고서는 22번 건물지를 궁궐건물의 일부로 보고, 내전이나 조회·제례를 치르는 전각 건물의 성격을 가졌을 것으로 보고하고 있다.[93] 그러나 이 건물지를 대관사와 관련된 배례루 성격이며, 왕궁리 궁장과 대관사는 동시기에 건립된 것으로 보기도 한다.[94] 이와 관련해서는 앞으로 좀더 심도 있는 검토가 필요하다.

85 이기백,「사비시대 백제의 지방제도」,『제4회 마한·백제문화학술회의 발표요지』, 원광대학교 마한·백제문화연구소, 1977, pp. 11~12.

86 田中俊明,「百濟の復都·副都と東アジア」,『百濟-교류왕국, 대백제의 발자취를 찾아서』 2010세계대백제전 국제학술회의 발표요지, 충청남도역사문화연구원, 2011, pp. 282~285.

87 김주성,「백제 무왕의 즉위과정과 익산」,『마한·백제문화』17, 원광대학교 마한·백제문화연구소, 2007, pp. 218~219.

88 노중국,「백제사에 있어 익산의 위치」,『익산의 선사와 고대문화』, 원광대학교 마한·백제문화연구소, 2003, pp. 212~218.

89 김수태,「백제의 천도」,『한국고대사연구』36, 한국고대사학회, 2004, pp. 49~62.

90 신형식,「백제사상에 있어 익산의 위치」,『제12회 마한·백제문화 학술회의 자료집』, 원광대학교 마한·백제문화연구소, 1994, pp. 37~39.

91 박순발,「익산 고대 도시 구조와 미륵사」,『백제 불교문화의 보고 미륵사』, 학술심포지엄 논문집, 국립문화재연구소, 2010, pp. 285~292.

92 박순발,「동아시아 도성사에서 본 익산 왕궁리 유적」,『익산 왕궁리 유적 -발굴 20년 성과와 의의』, 주류성, 2009, p. 329.

93 국립부여문화재연구소,『왕궁리 발굴중간보고Ⅵ』, 2008, p. 248.

94 金善基,『益山 金馬渚의 百濟文化』, 학연문화사, 2012, pp. 157~158.

금마저의 정체성 문제에 있어서 짚고 넘어가야 할 문제는 당시 관아건물지나 도시건물지가 아직까지 전혀 조사되지 않고 있다는 점이다. 금마면 소재지 일원에 관련 건물지가 있었을 것으로 추정하고는 있으나 금마저의 정체성 문제를 해결하기 위해서는 이와 관련된 조사도 필요할 것이다.

그리고 무왕을 전후한 시기와 관련된 단면육각형의 횡혈식석실분은 익산 쌍릉이나 용기리유적, 성남리유적, 원수리유적 등에서 조사되었다. 성남리 유적을 제외한 유적들은 그다지 군집을 이루지 않고 있다. 금마저의 건설 시기를 위덕왕대로부터 의자왕까지로 볼 때[95] 관련고분들은 소량에 불과하다고 생각된다. 이러한 이유는 앞으로 금마저의 정체성 문제와 관련하여 검토되어야 할 것이다.

금마저에는 백제시대 궁성과 많은 사찰과 성곽 등이 조성되었다. 그러나 아직까지 여기에 사용되었던 기와를 조달하는 기와 가마들이 확인되지 않고 있다. 백제시대 기와 가마는 연동리유적에서 밝혀진 바 있지만 여기에서 구운 기와들은 극히 제한적인 지역에 사용되었을 것으로 판단된다. 부여의 금강 변 일원에서 많은 기와 가마들이 조영되었지만 아직까지 익산지역 유적에서 출토되고 있는 제석사지 암막새와 수막새 기와나 미륵사지에서 출토된 암막새와 수막새 및 연목와 등 백제시대 기와들을 제작한 흔적은 없다. 그러므로 금마저 일원에서는 분명 백제시대 기와 가마가 존재할 수 밖에 없다. 이러한 기와 가마를 찾아내는 것도 앞으로 고고학자가 해결해야 할 문제이다.

금마저는 백제가 멸망한 이후에도 신라는 이 지역을 포기하지 않고 미륵사의 확장, 왕궁리 궁장과 대관사의 중창, 미륵산 석성의 축

---

95 金善基, 『益山 金馬渚의 百濟文化』, 학연문화사, 2012, pp. 317~318.

성, 여타 토성의 석성으로의 개축 등 오히려 더 발전된 모습을 보이는 것이 아닌가 생각된다. 그러나 이와 관련된 유적들이 밝혀지고 있지 않은 점도 관심의 대상이다.

이후 고려시대와 조선시대의 관련유적들이 상당부분 드러나 중근세 고고학에 대한 중요성이 더해지고 있다. 앞으로 이러한 발굴유적에 대해서도 역사연구를 바탕으로 한 시대상과 관련하여 거시적인 안목으로 종합적인 검토가 필요하다고 생각한다.

부록 : 익산지역 발굴조사 연표

연번	조사 년도	조사명	조사 장소	발굴 기관	보고서명	유적시대	유적성격
1	1916	익산 대왕릉 소왕릉	익산시 석왕동	조선총독부	대정 6년도 고적조사보고서(1917)	백제	석실묘
2	1966	미륵사지(수습조사)	금마면 기양리	문화재관리국	백제미륵사지 발굴약보 약보 (고고미술 70, 1966)	백제~조선	사지
3	1967	오금산유적(수습유물)	금마면 동고도리	김원룡	익산 오금산 출토 다뉴세문경과 세형동검 (미술자료 8-3, 1967)	초기철기	청동유물
4	1974	미륵사지 동탑지	금마면 기양리	원광대학교 마한·백제문화연구소	미륵사지 동탑지 및 서탑조사보고서(마한백제문화 창간호, 1974)	백제	사지
5	1975	미륵사지 동탑지(2차)	금마면 기양리	원광대학교 마한·백제문화연구소	미륵사지 동탑지 2차 발굴조사보고(마한백제문화 2, 1977)	초기철기	석관묘
6	1975	다송리 청동유물출토묘	함열읍 다송리	전영래	익산 함열면 다송리 청동유물출토묘(전북유적조사보고 5, 1975)	백제	사지
7	1976	익산 왕궁리 성지 발굴조사	왕궁면 왕궁리	원광대학교 마한·백제문화연구소	익산 왕궁평 발굴조사 약보고(마한백제문화 2, 1977)	백제	왕궁
8	1980~1996	미륵사지	금마면 기양리	국립문화재연구소 국립부여문화재연구소	미륵사 I (1989) 미륵사 II (1996)	백제~조선	사지

번호	조사년도	조사명	조사장소	발굴기관	보고서명	유적시대	유적성격
9	1980	익산 토성문지 발굴조사	금마면 서고도리	원광대학교 마한·백제문화연구소	보덕성발굴약보고-일명 익산토성(마한백제문화 4·5합, 1981)	삼국	성곽
10	1984	익산 토성 발굴조사(2차)	금마면 서고도리	원광대학교 마한·백제문화연구소	익산오금산성 발굴조사보고서(1985)	삼국	성곽
11	1986	임점리고분군	웅포면 임점리	국립문화재연구소	임점리고분(1989)	백제	석실묘
12	1986~1987	익산 웅포리 폐고분 발굴조사	웅포면 웅포리	원광대학교 마한·백제문화연구소	익산 웅포리 백제고분군 발굴조사보고서(1988)	삼국	고분
13	1987	평장리유적(수습조사)	왕궁면 평장리	전영래	금강유역 청동기문화권 신자료(마한·백제문화 10, 1987)	초기철기	청동유물
14	1987	익산 신용리 백제토기요지	금마면 신용리	전주시립박물관	익산 신용리 백제토기요지(고문화 30, 1987)	백제	토기가마
15	1989~2014	왕궁리유적	왕궁면 왕궁리	국립부여문화재연구소	왕궁리 I~VIII (1992-2012)	삼국~고려	궁성, 사지
16	1989	연동리사지	삼기면 연동리	원광대학교 마한·백제문화연구소	백제 연동리사지 조사연구(한국철학종교사상사, 1990)	백제~통일신라	사지
17	1989	석천리유적(수습조사)	낭산면 석천리	이건무, 신광섭	익산 석천리 옹관묘에 대하여(고고학지 6, 1994)	청동기시대	옹관
18	1990~1991	익산 신용리 미륵산성 발굴조사	금마면 신용리	원광대학교 마한·백제문화연구소	익산 미륵산성 동문지 주변 발굴조사보고서(2001)	통일신라~조선	성곽

연번	조사년도	조사명	조사장소	발굴기관	보고서명	유적시대	유적성격
19	1991	미륵사지 동탑지 기단 및 하부조사	금마면 기양리	국립부여문화재연구소	미륵사지 동탑지 기단 및 하부조사보고서(1992)	백제	탑지
20	1991	익산 금마 서고도리 저토성 발굴조사	금마면 서고도리	원광대학교 마한·백제문화연구소	익산 저토성 시굴조사보고서(2001)	삼국~통일신라	성곽
21	1993	사자암	금마면 신용리	국립부여문화재연구소	사자암(1994)	백제~조선	사지
22	1993	익산 부송동 택지개발지구 내 긴급발굴조사	익산시 부송동	원광대학교 마한·백제문화연구소	이리 부송동유적(각자시발굴조사보고서, 2000)	청동기시대	주거지
23	1993	익산 왕궁리 제석사지 시굴조사	왕궁면 왕궁리	원광대학교 마한·백제문화연구소	익산 제석사지 시굴조사보고서(1994)	삼국~통일신라	탑지, 금당지, 강당지
24	1993	익산 웅포리 백제고분	웅포면 웅포리	원광대학교 박물관	익산 웅포리 백제고분군(1995)	백제	고분
25	1994~1995	익산 성남리 고분군	낭산면 성남리	원광대학교 박물관	익산 성남리 백제고분군(1997)	백제	석실묘
26	1994	무형리 백제 옹관묘(수습조사)	망성면 석천리	유병하	익산 무형리 백제 옹관묘(1994)	백제	옹관묘
27	1995~1996	익산 영등동 택지개발 예정지구내 문화유적 발굴조사(2차)	익산시 영등동	원광대학교 마한·백제문화연구소	익산 영등동 유적(2000)	청동기~고려	주거지, 주구묘, 수혈유구, 굴립주건물지, 토광묘, 석축묘
28	1997~1998	익산 서고도리 오금사지 시굴조사	금마면 서고도리	원광대학교 마한·백제문화연구소	익산 오금사지 – 각자시발굴조사보고서(2000)	-	-

번호	조사년도	조사명	조사장소	발굴기관	보고서명	유적시대	유적성격
29	1997~2002	익산 신동리 간이골프장 시설부지내 문화유적 발굴조사	춘포면 신동리	원광대학교 마한·백제문화연구소	익산 신동리 유적 (2005, 2006)	초기철기~조선	토광묘, 주거지, 석곽묘, 석축묘, 수혈유구, 건물지, 옹관묘, 구상유구
30	1998~1999	익산 율촌리 옹관묘 발굴조사	황등면 율촌리	원광대학교 마한·백제문화연구소	익산 율촌리 분구묘 (2002)	청동기~원삼국	주거지, 석관묘, 석개토광묘, 옹관묘, 토광묘, 분구묘, 옹관묘
31	1998	익산 임점리 고분군 발굴조사	웅포면 임점리	원광대학교 마한·백제문화연구소	익산 임점리 백제고분군 (2001)	삼국	석축묘, 옹관묘
32	1999	익산 화산리 신덕유적	망성면 화산리	국립전주박물관	익산 화산리 신덕유적 (2002)	청동기~삼국	옹관묘, 석관묘, 토광묘, 수혈
33	2000	익산 모현동 농가창고 신축부지내 문화재 시굴조사	익산시 모현동	원광대학교 마한·백제문화연구소	익산 모현동 유적 (2004)	청동기, 시대미상	주거지, 수혈유구, 구상유구, 수공
34	2000	익산 보건소 신축부지내 문화재 시굴조사	익산시 신동	원광대학교 마한·백제문화연구소	익산 신동 문화유적 발굴조사보고서 (2002)	원삼국~조선	주거지, 수혈유구, 토광묘
35	2001~2002	익산 웅포 곰개나루 관광지 문화재 시굴조사	웅포면 웅포리	원광대학교 마한·백제문화연구소	익산 웅포 곰개나루 관광지 문화재 시굴조사보고서 (2002)	청동기~조선	옹관묘, 토광묘
36	2001	하나로 개설공사 간촌리 유적	삼기면 간촌리	호남문화재연구원	익산 간촌리유적 (2002)	삼국	주구묘, 토광묘, 옹관묘
37	2002~2005	군장산업단지 진입로 (군산-대전)건설구간내 문화유적 발굴조사	함라면 신목리	원광대학교 마한·백제문화연구소	군장산업단지 도로개설부지내 문화유적 발굴조사 -익산 함열리유적 (2005)	고려	합석무지, 폐기장

번호	조사연도	조사명	조사장소	발굴기관	보고서명	유적시대	유적성격
38	2002 ~2003	익산 웅포관광지 조성사업 부지내 문화유적 시굴조사 (1-8지구)	웅포면 웅포리	원광대학교 마한·백제문화연구소	익산 웅포 관광단지 조성부지내 문화유적 시굴조사 약보고서(2003)	청동기 ~조선	고분, 주거지, 건물지, 요지
39	2002 ~2003	익산 웅포관광지 조성사업 부지내 문화유적 시굴조사 (1-2지구)	웅포면 웅포리	원광대학교 마한·백제문화연구소	익산 웅포 관광단지 조성부지내 백제고분군 시굴조사 보고서(2004)	백제	고분
40	2002	금마-연무대간 도로공사 원수리 유적	여산면 원수리	호남문화재연구원	익산 원수리유적(2004)	청동기 ~조선	주거지, 도관, 토광, 수혈
41	2002	익산농산물유통 및 가공단지 신축부지내 유적	여산면 원수리	호남문화재연구원	익산 신막유적(2002)	구석기	구석기, 수혈
42	2002	익산-서수간 도로공사	오산면 장신리	호남문화재연구원	익산 장신리유적 (金堤 대동리유적, 2002)	삼한	주거지, 토광묘
43	2002 ~2005	익산-장수간 고속도로공사 사덕 유적	왕궁면 구덕리	호남문화재연구원	익산 사덕유적 I, II (2007)	삼국	주거지, 수혈, 고분
44	2003	익산 쌍릉 정비지역내 문화유적 시굴조사	익산시 석왕동	원광대학교 마한·백제문화연구소	익산 쌍릉 정비지역내 시굴조사 약보고서(2003)	삼국?	원형유구, 구상유구, 주공, 주거지
45	2003	익산 왕궁리 전 와요지	금마면 왕궁리	원광대학교 박물관	익산 왕궁리 전와요지 (제석사폐기장) 시굴조사보고서(2006)	백제	제석사 폐기 유적
46	2003 ~2004	익산 부송2지구 국민임대 주택건설지구 시굴조사	익산시 부송동	전북문화재연구원	약보고서(2004)	구석기	석매 등
47	2004 ~2006	미륵산성 건물지 및 남문지	금마면 신용리	원광대학교 박물관	미륵산성(2008)	통일신라 ~조선	건물지, 남문지

번호	조사 년도	조사명	조사 장소	발굴 기관	보고서명	유적시대	유적성격
48	2004	익산 천동지구 경지정리 예정지역	춘포면 천동리	원광대학교 박물관	익산 천동지구 시굴조사보고서(2006)	구석기 ~삼한	구석기, 옹관묘, 주거지
49	2004 ~2007	익산 웅포관광지(3지구) 조성사업지역내 유적(1차)	웅포면 웅포리	전북문화재연구원	익산 웅포리유적 I (2008)	청동기 ~삼한	주거지, 석실묘, 석관묘, 토기가마
50	2005 ~2006	익산 낭산산성 남문지	낭산면 낭산리 산48	전북문화재연구원	익산 낭산산성 남문지 발굴조사 보고서(2008)	백제 ~조선	남문지, 수구지, 성벽
51	2005	익산 배산체육공원조성지 내 유적	익산시 모현동	전북문화재연구원	익산 배산유적(2007)	삼국	주거지, 수혈, 구상유구
52	2005 ~2006	익산 송학동 국민임대주택 부지 내 유적	익산시 송학동	전북문화재연구원	익산 송학동유적(2008)	청동기 ~조선	주거지, 수혈, 구상, 건물지
53	2006	익산 1종공인육상보조경 기장부지내 유적	익산시 부송동	전북문화재연구원	익산 팔봉동유적(2008)	청동기 ~삼국	주거지, 수혈
54	2006	익산 부송동 동도미소드림 아파트부지내 유적	익산시 부송동	전북문화재연구원	익산 부송동 242-73유적 (2009)	청동기 ~조선	주거지, 수혈, 토광묘
55	2006 ~2008	익산 장신지구 국민임대주 택건설부지내 유적	오산면 장신리	전북문화재연구원	익산 장신리유적 -고려~조선-(2010)	청동기 ~조선	주거지, 수혈, 석관묘, 석곽 묘, 옹관묘, 토광묘, 분구묘
56	2006	미륵사지 강당지 북편 배수로 정비구간내 유적	금마면 기양리	호남문화재연구원	익산 미륵사지(2008)	삼국	건물지, 초석, 배수로
57	2007 ~2013	제석사지	왕궁면 왕궁리	국립부여문화재연구소	제석사지 I (2011) 제석사지 II (2013)	백제 ~고려	사지
58	2007	익산 왕궁농공단지 내 유적(3차)	왕궁면 광암리	전북문화재연구원	익산 광암리유적(2009)	삼국 ~조선	주거지, 석실묘, 토광묘, 석곽묘, 토기가마, 수혈

번호	조사년도	조사명	조사장소	발굴기관	보고서명	유적시대	유적성격
59	2007 ~2008	익산 함열 체육공원조성부지내 유적	함열읍 와리	전북문화재연구원	익산 와리유적(2008)	청동기 ~삼국	수혈유구
60	2007	익산 환경자원관리시설부지내 유적	익산시 부송동	전북문화재연구원	익산 부송동 부평유적 (2009)	삼한 ~조선	옹관묘, 토광묘, 석실분
61	2007	익산 황등리 제석정화정부지내 유적	황등면 황등리	전북문화재연구원	익산 황등리유적(2009)	삼국 ~조선	주거지, 수혈, 수혈, 매납유구
62	2007	고속국도 제25호선 논산-전주간 확장공사(제2지역) 구간내 유적	황등면 광암리	호남문화재연구원	익산 광암리유적(2009)	청동기 ~조선	주거지, 분묘, 수혈, 지상건물지, 구
63	2007 ~2009	익산 배산지구 택지개발지 구내 유적	익산시 모현동	호남문화재연구원	익산 모현동 2가유적1·2 (2011)	청동기 ~조선	분구묘, 토광묘, 주거지, 원형수혈, 가마 등
64	2008 ~2009	익산 종합의료산업단지 조성사업 부지내 유적	함열읍 다송리	대한문화유산연구센터	익산 다송리 상마유적 (2011)	구석기 ~조선	유물포함층, 주거지, 수혈, 분묘, 구상유구, 토광묘, 소성유구
65	2008	논산-전주간 도로확장구 간(1지역)내 유적	황등면 동용리	전북문화재연구원	아보고서(2008)	청동기 ~조선	석실묘, 석곽묘, 옹관묘, 토광묘, 수혈
66	2008 ~2009	시도 31호선(용연~서두) 도로개설부지 내 유적	삼기면 서두리	전북문화재연구원	익산 서두리유적(2011)	삼국 ~조선	주거지, 옹개묘, 석곽묘, 와요지, 건물지, 토광묘, 수혈유구
67	2008	익산 부평선 도로개설공사 구간 내 유적	팔봉동, 부송동	전북문화재연구원	익산 부평유적(2010)	청동기 ~삼국	주거지, 수혈유구
68	2009 ~2110	미륵사지 석탑 기단부 조사	금마면 기양리	국립문화재연구소	미륵사지 석탑(2012)	백제	탑지

번호	조사년도	조사명	조사장소	발굴기관	보고서명	유적시대	유적성격
69	2009	익산 모현동 교회신축부지 내 문화재 발굴조사	익산시 모현동	원광대학교 마한·백제문화연구소	익산 모현동 교회신축부지 내 익산 모현동유적(2011)	청동기~조선	주거지, 수혈유구, 토기가마, 주구묘, 토광묘
70	2009	익산 부송동 토취장 사업부지 문화재 발굴조사	익산시 부송동	원광대학교 마한·백제문화연구소	익산 부송동 토취장 사업부지 문화재 발굴조사약보고서(2009)	청동기	주거지
71	2009~2010	익산 석릉 테마관광단지 조성사업부지내 문화재 발굴조사	익산시 석왕동	원광대학교 마한·백제문화연구소	익산 석왕동유적(2012)	삼국~고려	건물지, 구상유구, 우물, 토광묘
72	2009~2011	익산 일반산업단지 조성부지내 문화재 시발굴조사	삼기면 오룡리	원광대학교 마한·백제문화연구소	익산 일반산업단지 조성부 지내 I 지구 익산 오룡리 유적(2013)	초기철기~조선	토광묘, 주거지, 수혈유구, 석곽묘, 토기가마, 주거지, 건물지, 소성유구, 기와가마, 폐기장, 구상유구, 매납유구, 화장유구
73	2009~2010	익산 쌍정리 공장 신축부지 내 유적	황등면 쌍정리	전라문화유산연구원	익산 쌍정리 구석기유적(2012)	구석기	구석기문화층
74	2009~2010	익산 배재로 건설공사 2차 구간 내 유적	삼기면, 덕기동	전북문화재연구원	익산 기산리유적(2012)	삼한~조선	주거지, 토광묘, 수혈유구
75	2009~2011	익산 일반산업단지 조성부지 내(2지구) 유적	낭산면 구평리	전북문화재연구원	익산 구평리 I·II·III, 연동리 I, 용기리 I·II 유적(2013)	청동기~조선	주거지, 석실분, 석곽묘, 옹관묘, 토광묘, 수혈유구, 구상유구
76	2010	익산 팔봉근린공원 조성부지내(부송도서관부지) 문화재 시굴조사	익산시 부송동	원광대학교 마한·백제문화연구소	익산 팔봉근린공원 조성부 지내(부송도서관부지) 문화재 시굴조사 약보고서(2010)	삼국	지상건물지

번호	조사년도	조사명	조사장소	발굴기관	보고서명	유적시대	유적성격
77	2010~2011	호남고속철도(2-4공구 35구역) 내 신리리 유적	망성면 신리리	전주문화유산연구원	익산 신리리유적(2013)	삼국~조선	옹관묘, 토광묘, 회곽묘, 수혈유구, 구상유구
78	2010	호남고속철도 건설공사부지(익산 삼담리 유물산포지1)내 유적	낭산면 삼담리	호남문화재연구원	익산 삼담리유적(2012)	삼국	주거지, 수혈, 구
79	2010	호남고속철도 건설구간(익산 제문동 유물산포지)내 유적	익산시 신용동	호남문화재연구원	익산 제문동유적(2012)	초기철기~조선	토광묘, 민묘, 수혈, 가마
80	2010	호남고속철도 건설구간(익산 구평리 유물산포지2등 2개소)내 유적	낭산면 용기리	호남문화재연구원	약보고서	청동기~조선	주거지, 주공군, 수혈, 소형유구
81	2010~2011	호남고속철도 건설부지(익산 서두리 유물산포지2등 4개소)내 유적	삼기면 서두리	호남문화재연구원	익산 서두리2, 보삼리유적(2013)	구석기~조선	구석기문화층, 주거지, 토광묘, 옹관묘, 분구묘, 수혈 등
82	2010~2011	호남고속철도 건설부지(익산 서두리유물산포지1등 4개소) 유적	삼기면 서두리	호남문화재연구원	익산 서두리1, 율촌리, 신용동, 모현동유적(2013)	청동기~조선	주거지, 토광묘, 옹관묘, 수혈, 분구묘 등
83	2010	호남고속철도 건설부지내(여양리 구간)유적	망성면 장선리	호남문화재연구원	익산 장선리, 여량리유적(2012)	청동기~삼국	주거지, 석관묘, 석개토광묘, 토광묘, 옹관묘, 분구묘
84	2010~2011	호남고속철도 건설부지내(익산 용기리 유물산포지1) 유적	낭산면 용기리	호남문화재연구원	익산 용기리유적(2013)	삼국	수혈, 주거지, 구, 민묘 등
85	2011	익산 연동리 석조여래좌상 주변 정비공사부지내 문화재 발굴조사	삼기면 연동리	원광대학교 마한·백제문화연구소	익산 연동리유적(2013)	삼국	가마, 수혈유구

번호	조사년도	조사명	조사장소	발굴기관	보고서명	유적시대	유적성격
86	2011	익산 전북대학교 수의과학대학 진입로 개설공사 구간	익산시 월성동	전북문화재연구원	익산 월성동유적(2013)	삼한~조선	수혈유구, 구상유구
87	2011	함열읍 성당도진입로 금성화공사내 금성유적	함열읍 와리	전북문화재연구원	익산 금성유적(2013)	고려~조선	주거지, 수혈, 토광묘
88	2011~2012	익산 송하지역 주택조합 사업부지 내 유적	익산시 송하동	전주문화유산연구원	익산 송하리유적(2014)	청동기~조선	주거지, 토광묘, 수혈유적
89	2011	호남고속철도 건설구간 (익산 서두리 원동유물 산포지등 2개소)내 유적	삼기면 서두리	호남문화재연구원	약보고서	삼국	원형수혈
90	2011	호남고속철도 건설구간 (익산 용기리 유물산포지2 등 3개소)내 유적	낭산면 용기리	호남문화재연구원	약보고서	삼국	주거지
91	2012	익산 서동마 농촌테마공원 조성부지 문화재 발굴조사	금마면 신용리	원광대학교 마한·백제문화연구소	보고서 작업중-익산 신용리 갓점유적	신석기~조선	주거지, 수혈유구, 석곽묘, 건물지
92	2012	함열 돌숲공원 조성부지 문화재 발굴조사	함열읍 와리	원광대학교 마한·백제문화연구소	보고서 작업중 - 익산 와리 정동유적	청동기~조선	주거지, 수혈유구, 분구묘, 석곽묘, 구상유구, 소성유구
93	2013~2014	익산 일반산업단지 진입도로 개설공사 부지 내 유적(1차)	망성면 무형리	원광대학교 마한·백제문화연구소	조사중	청동기~조선	석관묘, 옹관묘, 토광묘, 주거지, 수혈유구
94	2013~2014	익산 하림공장 증축사업부지내 유적	망성면 어량리	호남문화재연구원	약보고서	청동기~삼국	주거지, 수혈, 구, 토광묘 등